Access/VBA
GE-PACKT

Meinhard Schmidt

Access/VBA GE-PACKT

Bibliografische Information Der Deutschen Bibliothek
Die Deutsche Bibliothek verzeichnet diese Publikation
in der Deutschen Nationalbibliografie;
detaillierte bibliografische Daten sind im
Internet über http://dnb.ddb.de abrufbar.

ISBN 3-8266-1312-0
1. Auflage 2003

Printed in Germany

Lektorat: Sabine Schulz
Korrektorat: Petra Heubach-Erdmann
Satz und Layout: mediaService, Siegen
Druck: Kösel, Kempten

mitp

Inhaltsverzeichnis

1 Einleitung ... 7

1.1 Was finden Sie in diesem Buch? ... 7

1.2 Wie ist das Buch aufgebaut? ... 7

1.3 Was Sie vergebens suchen ... 8

1.4 Was im Internet steht ... 10

1.5 Und nun noch etwas zur Syntax ... 11

1.6 Danksagung ... 12

2 Makros ... 13

2.1 Makroaktionen ... 14

2.2 Makrokonvertierung ... 27

3 Schlüsselwörter, Kommentare und Platzhalter ... 29

3.1 Schlüsselwörter ... 29

3.2 Kommentare ... 32

3.3 Platzhalter ... 33

4 Operatoren ... 37

5 Datentypen und Eingabeformate ... 61

5.1 Variablen-Deklaration und Geltungsbereich ... 61

5.2 Allgemeine Syntax von Eingabeformaten ... 63

5.3 Spezielle Syntax ... 65

6 Objekte ... 79

7 Eigenschaften ... 139

8 Methoden ... 213

9 Ereignisse ... 239

10 Funktionen ... 265

11 Anweisungen ... 295

12 ADO (ActiveX Data Objects) ... 323

12.1 Objekte und Auflistungen ... 328
12.2 Eigenschaften ... 335
12.3 Methoden ... 343
12.4 Ereignisse ... 351

13 Datenexport/Datenimport ... 353

13.1 Der menügesteuerte Export/Import ... 353
13.2 Die Methode TransferDatabase ... 354
13.3 Export/Import über SQL-Anweisungen ... 355
13.4 Access und XML ... 356

14 Access und die Web-Anbindung ... 361

14.1 Hyperlinks ... 362
14.2 Datenzugriffsseiten ... 367
14.3 HTML und ASP ... 369

S Stichwortverzeichnis ... 373

1 Einleitung

1.1 Was finden Sie in diesem Buch?

Ein Hilfsmittel für den Programmierer, der zwar eigentlich weiß, was er will, der aber nicht über das phänomenale Gedächtnis verfügt, das man besitzen müsste, um beispielsweise alle Parametrierungen einer Anweisung sofort parat zu haben. Sie erhalten einen schnellen Überblick über die wichtigsten Objekte, Methoden, Eigenschaften usw., die in Microsoft Access existieren und die für die Basisprogrammierung benötigt werden. Weiterhin liefert dieses Buch eine Aufstellung der in Access vorhandenen oder von dieser Office-Anwendung im Rahmen der VBA-Programmierung mitbenutzten Datentypen, Funktionen und Möglichkeiten, auf Objekte in Ausdrücken zuzugreifen. Daraus folgt, dass dieses Buch für den Programmentwickler gedacht ist, der schnell etwas nachschlagen möchte, ohne erst lange in der Hilfe der Anwendung herumsuchen zu müssen.

1.2 Wie ist das Buch aufgebaut?

Dieses Buch besteht aus mehreren großen Kapiteln und einigen Bereichen, die wir in das Internet ausgelagert haben (Einzelheiten hierzu finden Sie in diesem Kapitel im Abschnitt *Was im Internet steht*). Sie erhalten allgemeine Informationen zu Microsoft Access, wie zum Beispiel welche Spezifikationen für Microsoft-Access-Datenbanken und -Projekte gelten und welche Schlüsselwörter und Eingabeformate existieren. Weiter geht es mit Makros und den mit ihnen zusammenhängenden Aktionen und Ereignissen und einem Überblick über das, was ein Makro kann, mit welcher VBA-Methode es korrespondiert und auf welche Objekte es sich auswirkt (was deswegen wichtig ist, weil Makros auch aus dem Programmcode heraus aufgerufen werden können). Wir beschäftigen uns mit Access Visual Basic und den dazugehörenden Objekten und einem Überblick über die wichtigsten Eigenschaften, Methoden, Ereignisse. Zum Abschluss werfen wir einen Blick auf die Funktionen und Anweisungen von ActiveX-Datenobjekten (ADO) und Sie erhalten, im Rahmen eines Kapitels zum Datenexport, einen Einstieg in die neuen XML-Funktionalitäten (insbesondere die von Microsoft Access 2003) und Access und das Internet. Zusätzlich Informationen darüber, wie man Microsoft Access im Internet bzw. Intranet als Datenquelle einsetzen kann, und es gibt einen Index, der das Manövrieren in diesem Buch erleichtern soll.

Die einzelnen Elemente sind in den entsprechenden Abschnitten alphabetisch sortiert. Die jeweiligen Elemente enthalten die Kategorie, zu der sie gehören, ihre Syntax, eine Erklärung aller angegebenen Parameter und häufig kleinere Beispiele, um die trockene Theorie mit praktischen Einschüben aufzulockern.

Zu den Dingen, die wir aus Platzgründen in das Internet ausgelagert haben, gehört eine Gegenüberstellung deutscher und englischer Programmieranweisungen; man kennt zwar manchmal den deutschen Begriff, hat aber den englischen nicht parat und umgekehrt, und eines ist gewiss: Wenn man die Begriffe einfach übersetzt, liegt man mit Sicherheit falsch.

1.3 Was Sie vergebens suchen

DAO ist out. In der neuen Version von Microsoft Office, der Version 2003, sind die Microsoft Data Access Objects (DAO) nicht mehr weiterentwickelt worden. Schon bei Office XP hatte Microsoft angekündigt, dass die ActiveX-Objekte (ADO) und der Datenbankzugriff über OLE DB auf Dauer DAO ablösen sollen, und diese Ablösung wird jetzt umgesetzt. DAO wird zwar noch unterstützt, weil es die Basis für viele ältere Access-

Projekte ist, aber die eindeutige Empfehlung für neue Projekte ist ADO. Aus diesem Grund habe ich darauf verzichtet, DAO in dieses Kompendium aufzunehmen, und es vorgezogen, dem Arbeiten mit den XML-Funktionalitäten von Microsoft Access ein eigenes Kapitel zu widmen.

Weiterhin suchen Sie vergebens Informationen zum Arbeiten mit der Maus. Wie Sie ein Formular, einen Bericht oder eine Abfrage mit Hilfe der grafischen Oberfläche erzeugen, ist für dieses Buch nicht so sehr von Interesse (ich setze einfach voraus, dass Sie wissen, wie das geht). Interessant sind dann aber wieder die Eigenschaften, die Sie innerhalb der so erzeugten Objekte parametrieren können – und diese Informationen finden Sie natürlich in den entsprechenden Kapiteln.

Ebenfalls vergebens suchen Sie einen Überblick über die eingebauten Konstanten, die in der gesamten Anwendung verwendet werden können. Es gibt spezielle Access-Konstanten (sie fangen häufig mit **ac**... an) und die Visual-Basic-Konstanten (die mit **vb**... beginnen). Sie finden die eingebauten Access-Konstanten im Modulfenster im Menü ANSICHT|OBJEKTKATALOG, während Sie die Visual-Basic-Konstanten in der Access-Hilfe im Visual-Basic-Sprachverzeichnis nachschlagen können. Ein Auflisten und Beschreiben nur der wichtigsten Konstanten wäre Stoff für ein neues Buch. Die Konstanten, auf die in diesem Buch eingegangen wird, können Sie problemlos über den Index herausbekommen.

Was Sie leider auch vergebens suchen, ist ein »Blätterverhinderungsmechanismus«. Microsoft Access baut auf Objekte auf, die Ereignisse und Methoden kennen, die wiederum Eigenschaften besitzen. Viele Objekte besitzen mehr als eine Methode. Und viele Methoden kommen bei vielen Objekten vor. Gleiches gilt für Eigenschaften usw. Dieses Buch wäre gut einen halben Meter dick geworden, wenn es ohne den Zwang für Sie ausgekommen wäre, ab und an blättern zu müssen. Es hat aber einen großen Vorteil: Es ist strukturiert aufgebaut, besitzt einen ausführlichen Index, kennt Querverweise und verfügt in den Kapiteln über eine alphabetische Hierarchie, so dass Sie recht schnell die Informationen zusammen haben, die Sie benötigen, um vernünftig arbeiten zu können.

Desweiteren erhebt das Buch keinen Anspruch auf Vollständigkeit. Um den Rahmen des Buches als ge-packte Referenz nicht zu sprengen, können jeweils nur die wichtigsten Elemente beschrieben werden, die Sie regelmäßig in der täglichen Praxis brauchen. Wir haben versucht, die Schnittmenge der Elemente zu beschreiben, die am häufigsten benötigt werden.

Und es fehlt so gut wie alles, was nicht Microsoft Access vorbehalten ist. Dinge, die Office-übergreifend gelten oder eigentlich originärer Bestandteil von Visual Basic sind, müssen Sie in den entsprechenden Quellen nachschlagen. Dieses Buch beschäftigt sich ausschließlich mit den Dingen, die um Access kreisen.

1.4 Was im Internet steht

Dieses Buch sollte ein Nachschlagewerk sein, das Sie als Programmierhilfe im Alltag begleitet. Damit musste eine Auswahl der Dinge getroffen werden, die zwar interessant sind, die aber den hier gesetzten Rahmen sprengen. Zu den Punkten, die dabei durch das Raster fielen, gehören:

- Eine Auflistung der reservierten Schlüsselwörter und Visual Basic-Ausdrücke in Deutsch/Englisch und Englisch/Deutsch als Übersetzungshilfe. Diese finden Sie in der Datei »Übersetzungshilfen«.
- Eine Auflistung aller Objekte und ihrer dazugehörigen Eigenschaften.
- Eine separate Auflistung aller Eigenschaften und wo sie vorkommen.
- Eine Auflistung aller Access-Ereignisse, die aufzeigt, in welchem Objekt ein Ereignis vorkommen kann.

Die letzten drei Punkte sind in der Datei »Überblick« zusammengefasst.

Jede Programmiersprache kennt Bezeichnungen, die beispielsweise reserviert sind und somit nicht »frei« verwendet werden können. Die oben aufgeführten Tabellen liefern zum einen eine zweisprachige Aufstellung der Wörter, die Sie bei der VBA-Programmierung nicht eigenständig verwenden können oder sollten, und beinhalten zum anderen einen umfassenden Überblick darüber, was wo vorkommen kann.

Damit Sie jetzt nicht ganz auf diese Informationen verzichten müssen, haben wir Sie auf der Website des Verlags für Sie bereitgestellt. Schauen Sie doch einfach einmal rein: *www.mitp.de*. Wenn Sie den Suchbegriff »Access« eingeben, finden Sie einen Link zu dem Titel und dort einen Link zu den oben angegebenen Inhalten.

1.5 Und nun noch etwas zur Syntax

Die Syntax in diesem Buch entspricht den Regeln, die normalerweise für das Beschreiben von Code gelten.

Objekte besitzen Argumente, die entweder erforderlich oder optional sind und die durch Kommata voneinander abgetrennt werden. Optionale Angaben sind in eckigen Klammer [ ] geschrieben, wie das folgende Beispiel zeigt.

```
DoCmd.Rename(<NewName>[, <ObjectType>][, <OldName>]
```

Die Methode **Rename** besitzt eine erforderliches Argument (**NewName**) und zwei optinale (**ObjectType** und **OldName**). Der Name in den spitzen Klammern (< >) steht für einen Platzhalter, der im Text näher erläutert wird.

Existiert eine Liste möglicher Argumente, aus denen Sie eines auswählen können, sind diese Argumente in der Klammer oder innerhalb eines Kommabereichs durch einen senkrechten Strich (|) voneinander getrennt.

```
<Report>.Print [Spc(n) | Tab(n)]
```

Im obigen Beispiel (der Methode **Print** eines **Report**-Objekts) gibt es ein optionales Argument, das Ihnen zwei Möglichkeiten bietet: entweder **Spc(n)** oder **Tab(n)**. Wollen Sie das Argument verwenden, müssen Sie sich für eine der beiden Möglichkeiten entscheiden. Existieren zwar alternative Argumente (wie im letzten Beispiel), sind Sie aber gezwungen, eines dieser Argumente zu verwenden, wird eine solche Liste in geschweifte Klammern gesetzt und die Schreibweise sieht dann wie folgt aus:

```
Anweisung({Argument1 | Argument2 | ...} ...)
```

1.6 Danksagung

Bedanken möchte ich mich – wieder einmal – bei meiner Lektorin, Frau Sabine Schulz, für ihre Anregungen und Vorschläge und bei meiner Frau, die die Hoffnung immer noch nicht aufgegeben hat, dass ich es einmal schaffe, ein Buchprojekt in der geplanten Zeit abzuliefern.

Nun bleibt mir nur noch übrig zu hoffen, dass Sie dieses Buch genau so hilfreich finden, wie es sein sollte. Ich hoffe auch auf ein Feedback mit Ihren Vorschlägen und gefundenen Fehlern, um beim nächsten Mal alles besser zu machen.

2 Makros

Das Arbeiten mit Microsoft Access ist bekanntlich für den Programmentwickler ein zweigeteiltes: Da gibt es zum einen die Möglichkeit, immer wiederkehrende Aktionen zu automatisieren, indem man Makros einsetzt, während komplexere Abläufe am besten mit Hilfe der Programmiersprache VBA erledigt werden. Makros stellen ein einfaches und leicht zu erlernendes Werkzeug dar und bieten sich deshalb für einen schnellen Einstieg in die Programmierung von Access an.

Bei Makros handelt es sich um eine oder mehrere Aktionen, die Sie automatisch ablaufen lassen. Makros werden in einem Fenster, dem Makrofenster, erstellt und bearbeitet. Sie bieten sich an, wenn es darum geht, einfache Aufgaben wie das Schließen eines Fensters auszuführen. Dieses Ausführen von Aufgaben wird *Aktion* genannt. Für viele Aktionen müssen Sie *Argumente* angeben, die die Makroaktion steuern, und das Ausführen von Makros kann an *Bedingungen* geknüpft werden (so lässt sich beispielsweise ein Fenster nur dann öffnen, wenn ein anderes Fenster geschlossen worden ist).

Wenn Sie ein Makro ausführen wollen, können Sie seinen Namen entweder an eine ereignisorientierte Eigenschaft eines Formulars (zum Beispiel **Beim Schließen**) binden oder es manuell im Datenbankfenster durch Klicken aktivieren. Soll ein Makro automatisch unmittelbar nach dem Start der Datenbank ausgeführt werden, geben Sie ihm den Namen `Autoexec`.

Die Aktionen eines Makros werden in der Reihenfolge ausgeführt, in der sie im Makrofenster angeführt sind. Da Sie in einem Makro sehr viele Aktionen ausführen können, bietet Microsoft Access als Arbeitsvereinfachung an, Gruppen von Aktionen in einem Makro einen Namen zuzuweisen. Diese Aktionen werden dann quasi als Makro im Makro ausgeführt.

Wenn Sie eine Makroaktion in Visual-Basic-Prozeduren ausführen wollen, verwenden Sie zu diesem Zweck das Objekt **DoCmd** und fügen Sie Ihrer Prozedur eine Methode dieses Objekts hinzu. Die meisten Aktionen haben eine entsprechende **DoCmd**-Methode.

Verwenden Sie hierzu folgende Syntax:

```
DoCmd.Methode [Argumente]
```

`Methode` ist der Name einer Methode. `Argumente` sind die Methodenargumente, die verwendet werden.

Wenn Sie eine Prozedur erstellen, die die Aktion **ÖffnenTable** ausführt, fügen Sie der Prozedur die Methode **OpenTable** des Objekts **DoCmd** hinzu. Das folgende Beispiel entspricht der Aktion **ÖffnenTabelle** und öffnet die Tabelle `Umsatz`:

```
DoCmd.OpenTable "Umsatz"
```

2.1 Makroaktionen

Access-Makros können die Aktionen ausführen, die im Folgenden aufgelistet sind. Diese Aktionen werden auch *Ereignisse* genannt und können nicht nur Makros, sondern auch VBA-Prozeduren zugeordnet werden. Sie finden Näheres zu diesen Prozeduren weiter hinten im Kapitel »Ereignisse«. Makros können in der Programmierumgebung auch über Methoden-Aufrufe gestartet werden. Sie finden eine Gegenüberstellung der deutschen Makro-Aktionen und der (englischsprachigen) Methodenaufrufe im Kapitel *Übersetzungshilfen* im Abschnitt *Wichtige Methoden.* Dieses Kapitel finden Sie im Internet auf der Webseite von mitp.

Sie können, bis auf wenige Ausnahmen, alle Makroaktionen auch direkt in Visual Basic mit Methoden des **DoCmd**-Objekts ausführen lassen. Sie finden die zu einer Aktion korrespondierende Methode nicht nur als Übersicht im Kapitel *Übersetzungshilfen* im Internet, sondern auch in dem zu jeder Aktion gehörenden Abschnitt *Korrespondierende Methode.* Weiter hinten in diesem Buch finden Sie ein Kapitel, das sich nur mit

Methoden beschäftigt. Methoden, die mit Aktionen korrespondieren, sind dort nur noch mit einem Verweis auf dieses Kapitel hier aufgeführt und nicht mehr beschrieben, weil die Argumente der Methoden mit denen der Aktionen (dieses Kapitels) übereinstimmen.

Alle Aktionsargumente werden im Abschnitt AKTIONSARGUMENT des Makrofensters eingegeben.

AbbrechenEreignis

Bricht das Ereignis ab, das zum Start des Makros führte.

Korrespondierende Methode: CancelEvent

Wirkt sich aus auf: AnwendenFilter, Beenden, BeiMaustasteAb, Beim Doppelklicken, BeiOhneDaten, BeiTaste, Drucken, Entladen, Filter, Format, Geändert, Löschen, Öffnen, VorAktualisierung, VorEingabe, VorLöschbestätigung

AktualisierenDaten

Aktualisiert die Daten eines Steuerelements, die auf Tabellen oder Abfragen basieren.

Korrespondierende Methode: Requery

Wirkt sich aus auf: Listenfelder, Kombinationsfelder, OLE-Objekte, Steuerelemente (wenn sie Aggregatfunktionen für Domänen enthalten), Unterformular-Steuerfelder

Anmerkung: Die Aktion hat keinen Einfluss auf die Position des Datensatzzeigers.

AktualisierenObjekt

Aktualisiert ein Datenbankobjekt und führt alle anstehenden Neuberechnungen für Steuerelemente des Objekts aus.

Korrespondierende Methode: RepaintObject

Wirkt sich aus auf: Abfrage, Bericht, Datenzugriffsseite, Diagramm, Formular, Funktion, gespeicherte Prozedur, Makro, Modul, Serversicht, Tabelle

AnwendenFilter

Filtert die Datensätze eines Formulars oder Berichts.

Korrespondierende Methode: ApplyFilter

Anmerkung: FILTERNAME muss leer bleiben, wenn die Aktion zum Anwenden eines Serverfilters verwendet wird. Ein solcher Filter kann nicht auf die Datenquelle einer gespeicherten Prozedur verwendet werden.

AnzeigenAlleDatensätze

Entfernt alle Filter des aktiven Formulars.

Korrespondierende Methode: ShowAllRecords

Wirkt sich aus auf: Aktives Formular

AusführenAnwendung

Startet eine DOS- oder Windows-Anwendung.

Korrespondierende Methode: Es existiert keine korrespondierende Methode. Verwenden Sie stattdessen die VB-Funktion **Shell**.

AusführenBefehl

Führt einen Menübefehl aus. Diese Aktion ersetzt zusammen mit den neuen Menü- und Symbolleistenfunktionen die in Vorgängerversionen verwendete Aktion **AusführenMenübefehl**.

Korrespondierende Methode: RunCommand

AusführenCode

Führt eine VBA-Funktion aus.

Korrespondierende Methode: Diese Aktion ist in Visual Basic nicht verfügbar.

AusführenMakro

Führt ein Makro aus.

Korrespondierende Methode: RunMacro

Anmerkung: Geben Sie für WIEDERHOLUNGEN oder für WIEDERHOLBEDINGUNG keinen Wert ein, wird das Makro so oft ausgeführt, wie entweder durch die Zahl in WIEDERHOLUNGEN angegeben wird oder bis WIEDERHOLBEDINGUNG den Wert **False** ergibt, je nachdem, welcher Fall zuerst eintritt.

AusführenSQL

Führt eine SQL-Aktionsabfrage aus.

Korrespondierende Methode: RunSQL

Wirkt sich aus auf: Aktualisierungsabfrage (UPDATE), Anfügeabfrage (INSERT INTO), Löschabfrage (ENTF), Tabellenerstellungsabfrage (SELECT... INTO), Index erstellen (CREATE INDEX), Index löschen (DROP INDEX), Tabelle ändern (ALTER TABLE), Tabelle erstellen (CREATE TABLE), Tabelle löschen (DROP TABLE)

Anmerkung: Mit dieser Aktion können nur SQL-Anweisungen ausgeführt werden, die nicht mehr als 255 Zeichen besitzen. Für längere Anweisungen müssen Sie die Methode **RunSQL** verwenden.

Ausgabeln

Exportiert ein Objekt in das HTML-, ASP-, IIS-, Rich-Text-, Excel- oder Textformat.

Korrespondierende Methode: OutputTo

Wirkt sich aus auf: Abfrage (für ein Abfragedatenblatt), Bericht, Datenzugriffsseite, Formular (für ein Formular oder ein Formulardatenblatt), Funktion, gespeicherte Prozedur, Modul, Serversicht, Tabelle (für ein Tabellendatenblatt)

Anmerkung: Makros können nicht ausgegeben werden.

AuswählenObjekt

Wählt ein Datenbankobjekt aus.

Korrespondierende Methode: SelectObject

Wirkt sich aus auf: Abfrage, Bericht, Datenzugriffsseiten, Diagramm, Formular, Funktion, gespeicherte Prozedur, Makro, Modul, Serversicht, Tabelle

Drucken

Druckt Datenblätter, Formulare oder Berichte.

Korrespondierende Methode: PrintOut

Wirkt sich aus auf: Abfrage, Bericht, Datenzugriffsseiten, Diagramm, Formular, Funktion, gespeicherte Prozedur, Makro, Modul, Serversicht, Tabelle

Echo

Legt fest, ob Access den Bildschirm während der Makroausführung aktualisiert.

Korrespondierende Methode: Echo

Anmerkung: Bei ausgeschaltetem Echo sollte man die Sanduhr-Aktion verwenden, mit der der Mauszeiger als Sanduhr dargestellt wird, um anzuzeigen, dass das System beschäftigt ist.

EinblendenSymbolleiste

Aktiviert oder deaktiviert eine Access-Symbolleiste.

Korrespondierende Methode: ShowToolbar

Anmerkung: Interne Symbolleisten können mit dieser Aktion nur dann angezeigt werden, wenn das Kontrollkästchen EINGEBAUTE SYMBOLLEISTEN ZULASSEN im Menü EXTRAS|START aktiviert ist.

GeheZuDatensatz

Macht einen bestimmten Datensatz zum aktuellen Datensatz.

Korrespondierende Methode: GoToRecord

Wirkt sich aus auf: Abfrage, Formular, Funktion, gespeicherte Prozedur, Serversicht, Tabelle

GeheZuSeite

Bewegt den Fokus des aktiven Formulars auf das erste Steuerelement einer bestimmten Seite.

Korrespondierende Methode: GoToPage

GeheZuSteuerelement

Gibt einem bestimmten Feld oder Steuerelement den Fokus.

Korrespondierende Methode: GoToControl

Wirkt sich aus auf: Geöffnetes Abfragedatenblatt, geöffnetes Formular, geöffnetes Formulardatenblatt, geöffnetes Tabellendatenblatt

Anmerkung: Diese Aktion wirkt sich nicht auf ausgeblendete Formulare aus.

HinzufügenMenü

Erstellt einen neuen Hauptmenüpunkt für ein benutzerdefiniertes Menü.

Korrespondierende Methode: AddMenu

Wirkt sich aus auf: Bericht, Formular

KopierenDatenbankdatei

Kopiert die aktuell mit Microsoft Access verbundene Datenbank eines Microsoft SQL Servers 7.0 oder höher.

Korrespondierende Methode: CopyDatabaseFile

KopierenObjekt

Kopiert ein beliebiges Objekt des Datenbankfensters.

Korrespondierende Methode: CopyObject

Wirkt sich aus auf: Abfrage, Bericht, Datenzugriffsseite, Diagramm, Formular, Funktion, gespeicherte Prozedur, Makro, Modul, Serversicht, Tabelle

LöschenObjekt

Löscht ein Objekt des Datenbankfensters.

Korrespondierende Methode: DeleteObject

Wirkt sich aus auf: Abfrage, Bericht, Datenzugriffsseite, Diagramm, Formular, Funktion, gespeicherte Prozedur, Makro, Modul, Serversicht, Tabelle

Maximieren

Bringt das aktive Fenster auf Vollbildgröße.

Korrespondierende Methode: Maximize

Meldung

Zeigt ein Dialogfenster mit einem Text an.

Korrespondierende Methode: Es existiert keine korrespondierende Methode. Verwenden Sie stattdessen die VB-Funktion `MsgBox`.

Minimieren

Reduziert das aktive Fenster auf Symbolgröße.

Korrespondierende Methode: Minimize

ÖffnenAbfrage

Öffnet eine Abfrage.

Korrespondierende Methode: OpenQuery

Wirkt sich aus auf: Auswahl- und Kreuztabellenabfragen in der Datenblattansicht, Entwurfsansicht oder Seitenansicht

Anmerkung: Diese Aktion kann nur in der Microsoft-Access-Datenbank-Umgebung (MDB) verwendet werden. Sie kann nicht in der Microsoft-Access-Projekt-Umgebung (ADP) eingesetzt werden.

ÖffnenBericht

Öffnet einen Bericht.

Korrespondierende Methode: OpenReport

ÖffnenDatenzugriffsseite

Öffnet eine Datenzugriffsseite in der Browser- oder der Entwurfsansicht.

Korrespondierende Methode: OpenView

ÖffnenDiagramm

Öffnet ein Datenbankdiagramm eines Microsoft-Access-Projekts.

Korrespondierende Methode: OpenDiagram

Anmerkung: Das Diagramm wird nur in der Entwurfsansicht geöffnet.

ÖffnenFormular

Öffnet ein Formular.

Korrespondierende Methode: OpenForm

Wirkt sich aus auf: Formular in der Datenblattansicht, Formularansicht, Formular-Entwurfsansicht oder Seitenansicht

ÖffnenFunktion

Öffnet eine benutzerdefinierte Funktion in einem Microsoft-Access-Projekt.

Korrespondierende Methode: OpenFunction

Wirkt sich aus auf: Benutzerdefinierte Funktion in der Datenblattansicht, Entwurfsansicht der Inlinefunktion, SQL-Texteditor-Ansicht (für eine Skalar- oder benutzerdefinierte Funktion) oder Seitenansicht

ÖffnenGespeicherteProzedur

Öffnet eine gespeicherte Prozedur.

Korrespondierende Methode: OperStoredProcedure

Wirkt sich aus auf: Datenblattansicht, Entwurfsansicht der gespeicherten Prozedur oder Seitenansicht

ÖffnenModul

Öffnet ein VBA-Modul.

Korrespondierende Methode: OpenModule

Wirkt sich aus auf: Ereignisprozedur, Function-Prozedur oder Sub-Prozedur

ÖffnenSicht

Öffnet eine Sicht in einem Microsoft-Access-Projekt.

Korrespondierende Methode: OpenView

Wirkt sich aus auf: Datenblattansicht, Entwurfsansicht der Sicht oder Seitenansicht

ÖffnenTabelle

Öffnet eine Tabelle.

Korrespondierende Methode: OpenTable

Wirkt sich aus auf: Datenblattansicht, Entwurfsansicht oder Seitenansicht

Positionieren

Verschiebt die Position oder ändert die Größe des aktiven Fensters.

Korrespondierende Methode: MoveSize

Anmerkung: Die Maßangeben werden standardmäßig in cm vorgenommen.

Sanduhr

Zeigt eine Sanduhr anstelle des Mauszeigers an.

Korrespondierende Methode: Hourglass

Schließen

Schließt ein Fenster.

Korrespondierende Methode: Close

SendenObjekt

Verschickt ein Objekt als Mailanhang über das Netzwerk.

Korrespondierende Methode: SendObject

Anmerkung: Makros können mit **`SendenObjekt`** nicht versendet werden. Module können nur im Textformat und Datenzugriffsseiten nur im HTML-Format versendet werden.

SetzenMenüelement

Deaktiviert einen Menüpunkt oder markiert ihn mit einem Häkchen.

Korrespondierende Methode: SetMenuItem

Anmerkung: Die Aktion **`SetzenMenüelement`** funktioniert nur mit benutzerdefinierten und globalen Menüleisten, die mit Menüleistenmakros erstellt worden sind.

SetzenWert

Verändert den Wert eines Feldes, eines Steuerelements oder einer Eigenschaft.

Korrespondierende Methode: Diese Aktion ist in Visual Basic nicht verfügbar.

Wirkt sich aus auf: Bericht, Formular, Formulardatenblatt

Signalton

Erzeugt einen kurzen Ton über den PC-Lautsprecher.

Korrespondierende Methode: Beep

Speichern

Speichert ein Objekt.

Korrespondierende Methode: Save

Anmerkung: Folgende Elemente können mit der Aktion **Speichern** nicht unter einem neuen Namen gespeichert werden: ein Bericht in der Seitenansicht, ein Formular in der Formularansicht oder Datenblattansicht, ein Modul, eine Abfrage in der Datenblattansicht oder Seitenansicht, eine Datenzugriffsseite in der Datenzugriffsseiten-Ansicht, eine gespeicherte Prozedur in der Datenblattansicht oder Seitenansicht, eine Serveransicht in der Datenblattansicht oder Seitenansicht und eine Tabelle in der Datenblattansicht oder Seitenansicht.

StoppAlleMakros

Beendet alle momentan ausgeführten Makros.

Korrespondierende Methode: Diese Aktion ist in Visual Basic nicht verfügbar.

StoppMakro

Beendet das momentan ausgeführte Makro.

Korrespondierende Methode: Diese Aktion ist in Visual Basic nicht verfügbar.

SuchenDatensatz

Sucht einen Datensatz.

Korrespondierende Methode: FindRecord

SuchenWeiter

Wiederholt die letzte Suche nach Datensätzen.

Korrespondierende Methode: FindNext

Tastaturbefehle

Simuliert das Drücken von Tasten.

Korrespondierende Methode: SendKeys

TransferArbeitsblatt

Tauscht Daten mit einer Tabellenkalkulation aus.

Korrespondierende Methode: TransferSpreadsheet

Anmerkung: Der Transfertyp **Verknüpfen** wird für Microsoft-Access-Projekte (ADP) nicht unterstützt.

TransferDatenbank

Tauscht Daten zwischen Datenbanken aus.

Korrespondierende Methode: TransferDatabase

Anmerkung: Der Transfertyp **Verknüpfen** wird für Microsoft-Access-Projekte (ADP) nicht unterstützt.

TransferSQLDatenbank

Kopiert eine Microsoft-Access-Projekt-Datenbank auf einen Microsoft SQL Server 7.0 oder höher.

Korrespondierende Methode: TransferSQLDatabase

Anmerkung: Während des Datentransfers ist die Datenbank für alle anderen Aktionen gesperrt.

TransferText

Im- oder exportiert Textdateien oder verknüpft sie mit einer Access-Datenbank.

Korrespondierende Methode: TransferText

UmbenennenObjekt

Benennt das ausgewählte Datenbankobjekt um.

Korrespondierende Methode: Rename

Anmerkung: Geöffnete Objekte können nicht umbenannt werden.

Verlassen

Beendet Access.

Korrespondierende Methode: Quit

Warnmeldungen

Unterdrückt die Ausgabe von Systemmeldungen.

Korrespondierende Methode: SetWarnings

Wiederherstellen

Bringt das aktive Fenster wieder auf seine ursprüngliche Größe.

Korrespondierende Methode: Restore

2.2 Makrokonvertierung

Makros sind statisch, das heißt, dass sie zu einer Datenbank gehören und je Element der Datenbank neu erstellt werden müssen. Makrogruppen werden schnell unübersichtlich und damit schwer zu verwalten. Dies sind u.a. Gründe dafür, Makros wirklich nur als Einstieg in die Programmentwicklung und für rein modulbezogene Routineabläufe zu verwenden.

Wenn Sie irgendwann einmal feststellen, dass Sie mit Access VBA flexibler arbeiten können, sind Sie nicht gezwungen, alles das, was Sie bisher als Makros angelegt haben, neu aufzusetzen. Microsoft Access bietet mit der Makrokonvertierung ein Tool an, das Ihre Makros in VBA-Code umwandelt, den Sie dann ganz normal weiterbearbeiten und -verwenden können.

Vorgehensweise

1. Markieren Sie im Makrofenster das Makro, das Sie konvertieren wollen.
2. Öffnen Sie das Menü EXTRAS|MAKRO|MAKROS ZU VISUAL BASIC KONVERTIEREN.
3. Lassen Sie die beiden Kontrollkästchen FEHLERBEHANDLUNG ZUR ERZEUGTEN FUNKTION HINZUFÜGEN und MAKROKOMMENTARE EINBEZIEHEN aktiviert.
4. Klicken Sie auf die Schaltfläche KONVERTIEREN.

Bei dieser Vorgehensweise werden Ihre alten Makros nicht gelöscht. Die neuen VBA-Module finden Sie im Modulfenster der Datenbank. Dort können sie von Ihnen weiterbearbeitet und wie normale VBA-Module verwendet werden.

3 Schlüsselwörter, Kommentare und Platzhalter

Bei Schlüsselwörtern handelt es sich um Wörter oder Symbole, die als Teil der Programmiersprache von Visual Basic erkannt werden, während Kommentare der besseren Lesbarkeit von Anweisungen dienen. Platzhalter haben die Aufgabe, als so genannte Joker, auch *Wildcards* genannt, eingesetzt zu werden. Man verwendet sie immer dann, wenn man schnell ein Suchergebnis haben will.

3.1 Schlüsselwörter

Bei den klassischen Schlüsselwörtern handelt es sich um Begriffe, die als Bestandteil der Programmiersprache Visual Basic eingesetzt werden, wie beispielsweise eine Anweisung, ein Funktionsname oder ein Operator. Dieses Kapitel enthält eine Auflistung der Schlüsselwörter, die Access VBA kennt, und eine Information darüber, wo diese Schlüsselwörter verwendet werden.

Schlüsselwort	Verwendet in Anweisung (A) oder Funktion (F)
AS	Const (A), Declare (A), Dim (A), Function (A), Name (A), Open (A), Private (A), Property Get (A), Property Let (A), Property Set (A), Public (A), ReDim (A), Static (A), Sub (A), Type (A)
Binary	Open (A), Option Compare (A)
ByRef	Call (A), Declare (A), Function (A), Property Get (A), Property Let (A), Property Set (A), Sub (A)
ByVal	Call (A), Declare (A), Function (A), Property Get (A), Property Let (A), Property Set (A), Sub (A)

Schlüsselwort	Verwendet in Anweisung (A) oder Funktion (F)
Date	Date-Datentyp, Date (F), Date (A)
Else	If...Then...Else (A), Select Case (A)
Empty	Variant-Untertyp; zeigt einen nicht initialisierten Variablenwert an
Error	Error (F), Error (A), On Error (A)
False	Hat den Wert 0
For	For...Next (A), For Each...Next (A), Open (A)
Friend	Ändert die Definition einer Prozedur
Get	Get (A), Property Get (A)
Input	Input (F), Input # (A), Line Input # (A), Open (A)
Is	If...Then...Else (A), Is-Operator, Select Case (A)
Len	Len (F), Open (A)
Let	Let (A), Property Let (A)
Lock	Lock, Unlock (A), Open (A)
Me	Verhält sich wie eine implizit deklarierte Variable
Mid	Mid (F), Mid (A)
New	Dim (A), Private (A), Public (A), Set (A), Static (A)
Next	For...Next (A), For Each...Next (A), On Error (A), Resume (A)
Nothing	Hebt die Verbindung einer Objektvariablen zum zugehörigen Objekt auf (`Set MeinObjekt = Nothing`)
Null	Variant-Untertyp; zeigt an, dass eine Variable keine gültigen Daten enthält.
On	On Error (A), On...GoSub (A), On...GoTo (A)
Option	Option Base (A), Option Compare (A), Option Explicit (A), Option Private (A)

Schlüsselwort	Verwendet in Anweisung (A) oder Funktion (F)
Optional	Declare (A), Function (A), Property Get (A), Property Let (A), Property Set (A), Sub (A)
ParamArray	Declare (A), Function (A), Property Get (A), Property Let (A), Property Set (A), Sub (A)
Print	Print-Methode, Print # (A)
Private	Const (A), Declare (A), Enum (A), Function (A), Option Private (A), Private (A), Property Get (A), Property Let (A), Property Set (A), Sub (A), Type (A)
Property	Property Get (A), Property Let (A), Property Set (A)
Public	Const (A), Declare (A), Enum (A), Event (A), Function (A), Property Get (A), Property Let (A), Property Set (A), Public (A), Sub (A), Type (A)
Resume	On Error (A), Resume (A)
Seek	Seek (F), Seek (A)
Set	Set (A), Property Set (A)
Static	Function (A), Property Get (A), Property Let (A), Property Set (A), Static (A), Sub (A)
Step	For...Next (A), For Each...Next (A)
String	String-Datentyp, String (F)
Then	#If...Then...#Else (A), If...Then...Else (A)
Time	Time (A), Time (F)
To	Dim (A), For...Next (A), Lock, Unlock (A), Private (A), Public (A), ReDim (A), Select Case (A), Static (A), Type (A)
True	Hat den Wert -1
WithEvents	Dim (A), Private (A), Public (A)

3.2 Kommentare

Kommentare dienen, wie zu Beginn dieses Kapitels kurz erwähnt, der besseren Lesbarkeit von Anweisungen. Wenn Sie die Standardeinstellungen von Access nicht geändert haben, werden Kommentare grün dargestellt. Achten Sie darauf, dass Kommentare in der Regel nur einzeilig geschrieben werden dürfen. Soll der Kommentar über mehrere Zeilen gehen, muss jede Zeile mit einem Unterstrich (_) beendet werden.

Rem

```
REM <Text des Kommentars>
```

Das Kommando **REM** leitet eine Kommentarzeile ein, die von Access nicht ausgewertet wird.

Anmerkung

REM kann nicht zusammen mit einer Anweisung in einer Zeile verwendet werden.

Programmierbeispiel

```
REM Dies ist ein Kommentar, _
der über mehrere Zeilen geht.
```

' (Kommentar)

```
' <Text des Kommentars>
```

Das Kommando **'** (Apostroph) leitet eine Kommentarzeile ein, die von Access nicht ausgewertet wird.

Anmerkung

Dieses Kommentarzeichen kann zusammen mit einer Anweisung in einer Zeile verwendet werden.

Programmierbeispiel

```
Dim USt as Single
' Definiert die Variable USt
```

3.3 Platzhalter

Platzhalter dienen als so genannte Joker, auch *Wildcards* genannt, die immer dann eingesetzt werden, wenn man schnell ein Suchergebnis haben will, ohne den Suchausdruck explizit einschränken zu wollen oder zu können.

Alle Platzhalter besitzen denselben Aufbau:

```
<Ergebnis> = <Zeichenfolge> Like <Muster>
```

Ergebnis: Eine beliebige numerische Variable

Zeichenfolge: Ein beliebiger Zeichenfolgenausdruck

Muster: Ein beliebiger Zeichenfolgenausdruck mit einem gültigen Vergleichsmuster

(einzelne zu suchende Ziffer)

Sucht nach einer beliebigen einzelnen Ziffer in einem Muster.

Anmerkung: Wenn Sie nach einem Nummerzeichen (#) suchen wollen, müssen Sie es in eckige Klammern setzen.

Programmierbeispiel

```
Dim Name
Name = "Mayer 3" Like "Mayer #"
```

Liefert **True** zurück

* (zu suchende(s) Zeichen)

Entspricht einer Zeichenfolge aus null oder mehr Zeichen. Dieser Platzhalter kann auch als Präfix oder Suffix bei **Like**-Operationen (Mustervergleich) oder in **Select**-Anweisungen verwendet werden.

Anmerkung: Wenn Sie nach einem Sternchen (*) suchen wollen, müssen Sie es in eckige Klammern setzen.

Programmierbeispiel

```
Dim Titel
Titel = "Das BGB im Alltag" Like "*BGB*"
```

Liefert **True** zurück

? (einzelnes zu suchendes Zeichen)

Sucht nach einem beliebigen einzelnen Zeichen. Dieser Platzhalter kann auch als Präfix oder Suffix bei **Like**-Operationen (Mustervergleich) oder in **Select**-Anweisungen verwendet werden.

Anmerkung: Wenn Sie nach einem Fragezeichen (?) suchen wollen, müssen Sie es in eckige Klammern setzen.

Programmierbeispiel

```
Dim Name
Name = "Mayer" Like "M??er"
```

Liefert **True** zurück

[!Zeichenfolge]

Sucht nach einem beliebigen einzelnen Zeichen, das nicht in `Muster` enthalten ist.

Anmerkung: Wenn Sie nach einer linken eckigen Klammer ([) suchen wollen, müssen Sie sie in eckige Klammern setzen. Die rechte eckige Klammer (]) kann nicht innerhalb einer Gruppe zu vergleichender Zeichen verwendet werden.

Programmierbeispiel

```
Dim Muster
Muster = "X" Like "[!S-Z]"
```

Liefert **False** zurück, da das X in der Liste vorkommt

[Zeichenfolge]

Sucht nach einem beliebigen einzelnen Zeichen, das in `Muster` enthalten ist.

Anmerkung: Wenn Sie nach einer linken eckigen Klammer ([) suchen wollen, müssen Sie sie in eckige Klammern setzen. Die rechte eckige Klammer (]) kann nicht innerhalb einer Gruppe zu vergleichender Zeichen verwendet werden.

Programmierbeispiel

```
Dim Muster
Muster = "X" Like "[S-Z]"
```

Liefert **True** zurück, da das X in der Liste vorkommt

4 Operatoren

Ein Operator ist ein Symbol, das die Ausführung einer Aktion mit einem oder mehreren Ausdrücken festlegt und ein Ergebnis zurückliefert. Diese Ausdrücke werden *Operatoren* oder *Argumente* genannt. Sie lassen sich grob wie folgt kategorisieren:

- **Arithmetische Operatoren**: Führen mathematische Operationen mit zwei Ausdrücken mit beliebigen Datentypen der numerischen Datentypkategorie aus.
- **Zuweisungsoperator**: Mit dem Zuweisungsoperator, dem Gleichheitszeichen (=), kann eine Beziehung zwischen zwei Ausdrücken hergestellt werden.
- **Bitweise Operatoren**: Bearbeiten Bits aus zwei Ausdrücken eines Datentyps der ganzzahligen Datentypkategorie.
- **Vergleichsoperatoren**: Testen, ob zwei Ausdrücke gleichwertig sind.
- **Logische Operatoren**: Logische Operatoren testen den Wahrheitswert einer Bedingung.
- **Operator für das Verketten von Zeichenfolgen**: Der Operator für das Verketten von Zeichenfolgen wird durch das kaufmännische Und (&) dargestellt und fügt zwei Zeichenfolgen aneinander.
- **Unäre Operatoren**: Unäre Operatoren führen eine Operation mit nur einem Ausdruck eines Typs der numerischen Datentypkategorie aus.

So wie in der Mathematik Punkt- vor Strichrechnung geht, besitzen auch Operatoren eine Reihenfolge, in der die einzelnen Operationen in komplexeren Anweisungen durchgeführt werden. Diese Reihenfolge wird auch *Wertigkeit* genannt. Die Ausführungsreihenfolge kann sich entscheidend auf das Ergebnis auswirken. Bei einer Verarbeitung werden zunächst die arithmetischen, dann die Vergleichs- und zum Schluss die logischen Operatoren abgearbeitet.

Diese Wertigkeit der arithmetischen Operatoren sieht wie folgt aus (höchste Wertigkeit oben):

- + (Positiv), - (Negativ)
- ^ (Potenzierung)
- * (Multiplikation), / (Division)
- \ (Ganzzahldivision)
- Mod (Restwert)
- + (Addition), - (Subtraktion)
- & (Zeichenverkettung)

Alle Vergleichsoperatoren haben dieselbe Wertigkeit und werden so, wie sie vorkommen, von links nach rechts abgearbeitet.

- = (Gleich), > (Größer als), < (Kleiner als), >= (Größer oder gleich), <= (Kleiner oder gleich), < > (Ungleich), Like, Is

Auch die logischen Operatoren besitzen eine Wertigkeit (höchste Wertigkeit oben):

- Not
- And
- Or
- Xor
- Eqv
- Imp
- All, Any, Between, In, Like, Or, Some
- = (Zuweisung)

Besitzen zwei Operatoren in einem Ausdruck die gleiche Ebene in der Rangfolge, werden sie von links nach rechts, ausgehend von ihrer Position innerhalb des Ausdrucks, ausgewertet.

Im Folgenden finden Sie eine Übersicht über die Operatoren, die in Access-Anweisungen eingesetzt werden.

Referenz

– (Negativ)

```
<Ergebnis> = -<Ausdruck>
```

Ein Operator, der den negativen Wert eines numerischen Ausdrucks zurückgibt

Ergebnis: Eine beliebige numerische Variable

Ausdruck: Jeder gültige Ausdruck von einem Datentyp in der numerischen Datentypkategorie, mit Ausnahme des Datentyps **`Date`**

Programmierbeispiel

In diesem Beispiel wird eine Variable auf einen negativen Wert festgelegt.

```
Dim MeineZahl
MeineZahl = -123.45
```

In diesem Beispiel wird eine Variable negiert.

```
Dim Zahl As Integer
Zahl = 5
MsgBox (-Zahl)
```

In diesen Beispielen (Zugriffe auf eine SQL-Datenbank) wird nach negativen Werten gesucht bzw. mit einem negativen Feld gearbeitet.

```
SELECT * FROM orders
   WHERE qtysold = -1
SELECT * FROM emp
   WHERE -sal < 0
```

– (Subtraktion)

```
<Ergebnis> = <Ausdruck1> - <Ausdruck2> - [<Ausdruck3> ...]
```

Subtraktion zweier Zahlen. Mit diesem Operator kann auch eine Anzahl von Tagen von einem Datum subtrahiert werden.

Ergebnis: Eine beliebige numerische Variable

Ausdruck1, Ausdruck2, ...: Jeder gültige numerische Ausdruck

Programmierbeispiel

In diesem (etwas an den Haaren herbeigezogenen) Beispiel wird gezeigt, dass Access auch richtig rechnen kann.

```
Dim Kosten, Erloese, Gewinn As Integer
Kosten = -5
Erloese = -10
Gewinn = -(Erloese) - (-Kosten)
```

Ergibt einen Gewinn von 5.

& (Zeichenverkettung)

```
<Ergebnis> = <Ausdruck1> & <Ausdruck2>
```

Dieser Operator verknüpft zwei Ausdrücke bitweise als **And**-Operation.

Ergebnis: Ein Ausdruck vom Datentyp **String** oder **Variant**

Ausdruck1, Ausdruck2: Ein gültiger Ausdruck

Anmerkung

Mit dem bitweisen **&**-Operator wird zwischen zwei Ausdrücken ein bitweises logisches **And** ausgeführt, indem die jeweils entsprechenden Bits der beiden Ausdrücke verarbeitet werden.

Beim Durchführen aller bitweisen Operationen ist es wichtig, auf die Speicherlänge des Ausdrucks zu achten, der bei der bitweisen Operation verwendet wird. Es wird empfohlen, beim Abspeichern von Werten die gleiche Anzahl von Bytes zu verwenden.

* (Multiplikation)

```
<Ergebnis> = <Ausdruck1> * <Ausdruck2>
```

Multiplikation zweier Ausdrücke

Ergebnis: Eine beliebige numerische Variable

Ausdruck1, Ausdruck2: Jeder gültige numerische Ausdruck mit Ausnahme der Datumsdatentypen

Programmierbeispiel

In diesem Beispiel wird der Verkaufspreis um 12,3 % erhöht.

```
Dim VK As Double
Dim Zuschlag As Single
Kosten = Kosten * Zuschlag
```

/ (Division)

```
<Ergebnis> = <Dividend> / <Divisor>
```

Division einer Zahl durch eine andere

Ergebnis: Eine beliebige numerische Variable

Dividend: Der zu teilende numerische Ausdruck. `Dividend` kann nicht zu den Datumsdatentypen gehören.

Divisor: Der numerische Ausdruck, durch den der Dividend geteilt wird. `Divisor` kann nicht zu den Datumsdatentypen gehören.

Programmierbeispiel

In diesem Beispiel wird der arithmetische Operator für die Division dazu verwendet, die Höhe der Gewinnspanne (in Prozent) zu berechnen.

```
Dim Umsatz, Gewinn, GSpanne As Double
Umsatz = 500
Gewinn = 100
GSpanne = Gewinn / Umsatz * 100
MsgBox("Die Gewinnspanne beträgt " & GSpanne & " %")
```

\ (Ganzzahldivision)

```
<Ergebnis> = <Dividend> \ <Divisor>
```

Division einer Zahl durch eine andere. Es wird nur ein ganzzahliges Ergebnis zurückgeliefert.

Ergebnis: Eine beliebige numerische Variable

Dividend: Der zu teilende numerische Ausdruck. `Dividend` kann nicht zu den Datumsdatentypen gehören.

Divisor: Der numerische Ausdruck, durch den der Dividend geteilt wird. `Divisor` kann nicht zu den Datumsdatentypen gehören.

Anmerkung

Numerische Ausdrücke werden vor der Division in Ausdrücke der Typen **Byte**, **Integer** oder **Long** gerundet.

Programmierbeispiel

Für den Abtransport von Waren sollen immer nur komplette LKWs bestellt werden. Überzählige Kartons werden am Folgetag mit versendet. Auf einen LKW gehen 63 Kartons. Weiterhin will man wissen, wie viele Kartons liegen bleiben.

```
Dim ImLager, AufLKW, Versand, Rest, As IntegeAufLKW = 63
ImLager = 589
Versand = ImLager \ AufLKW 'Ergibt 9 LKW
Rest = ImLager Mod AufLKW ' Ergibt 22
```

^ (Potenzierung)

```
<Ergebnis> = <Zahl>^<Exponent>
```

Dieser Operator dient zur Potenzierung einer Zahl mit einem Exponenten.

Ergebnis: Jede gültige numerische Variable

Zahl: Ein beliebiger numerischer Ausdruck

Exponent: Ein beliebiger numerischer Ausdruck

Anmerkung

Das Argument **Zahl** darf nur dann negativ sein, wenn der Exponent ein ganzzahliger Wert ist.

Programmierbeispiel

```
Dim Zahl
Zahl = 5^4^3    ' Liefert 244.140.625
Zahl = 5^-3     ' Liefert 0,008
```

+ (Addition)

```
<Ergebnis> = <Ausdruck> + <Ausdruck> [ + <Ausdruck> ...]
```

Dient der Addition von Zahlen. Mit diesem Operator kann auch eine Anzahl von Tagen zu einem Datum addiert werden.

Ergebnis: Eine beliebige numerische Variable

Ausdruck: Jeder gültige Ausdruck des Datentyps **numerisch**

Programmierbeispiel

In diesem Beispiel wird in einer SQL-Abfrage für alle Artikel einer Tabelle `LagerBestand` der aktuelle Lagerbestand des Produkts zur Anzahl aller Produkteinheiten addiert, die wirklich geliefert worden sind.

```
USE MeineDatenbank
SELECT ArtikelName, Bestand + IstZugang AS BestandNeu
FROM LagerBestand
ORDER BY ArtikelName ASC
```

In diesem Beispiel wird eine Anzahl von Tagen zu einem Rechnungsdatum addiert.

```
Dim RDat, MahnDat As Date
Dim MahnTage As Integer
RDat = #10/12/2002#
MahnTage = 14
Mahndat = RDat + Mahntage
```

Die Rechnung wird am 14. Oktober 2002 fällig.

+ (Positiv)

```
<Ergebnis> = +<Ausdruck>
```

Ein Operator, der den positiven Wert eines numerischen Ausdrucks zurückgibt

Ergebnis: Eine beliebige numerische Variable

Ausdruck: Jeder gültige Ausdruck von einem Datentyp aus der numerischen Datentypkategorie, mit Ausnahme der Datumsdatentypen

Programmierbeispiel

In diesem Beispiel wird eine Variable auf einen positiven Wert festgelegt.

```
Dim MeineZahl As Double
MeineZahl = +29.36
```

+ (Verketten von Zeichenfolgen/Addition)

```
<Ergebnis> = <Ausdruck> + <Ausdruck>
```

Ein Operator in einem Zeichenfolgenausdruck, der zwei oder mehr Zeichenfolgen zu einem Ausdruck verkettet, wenn sie vom Typ **String**, **Variant** oder von einem numerischen Datentyp sind. Dabei dürfen die Ausdrücke vom Typ **String** und **Variant** nur Ziffern enthalten, wenn das Ergebnis der Verkettung eine Addition sein soll.

Ergebnis: Eine Variable vom **Variant**

Ausdruck: Jeder gültige Ausdruck von einem der oben aufgeführten Datentypen

Anmerkung

Die Kombination von Datentypen ergibt die folgenden Ergebnisse.

Kombination	Ergebnis
Beide Ausdrücke sind numerisch.	Addition
Beide Ausdrücke sind vom Typ **Variant**.	Addition
Ein Ausdruck ist NULL.	NULL
Beide Ausdrücke sind vom Typ **String**.	Verkettung
Ein Ausdruck ist vom Typ **Variant** und die Zuweisung erfolgt als Zeichenkette (zum Beispiel **"12"**), der andere vom Typ **String**.	Verkettung
Ein Ausdruck ist numerisch, der andere vom Typ **String**.	Fehlermeldung

Programmierbeispiel

In diesen Beispielen finden Sie unter »Liefert« immer das Ergebnis einer Verkettung der beiden Variablen durch +.

```
Dim Zahl As String, Var1, Var2 As Variant
Zahl = 10; Var1 = 10 ' Liefert 20
Zahl = "10"; Var1 = 10 ' Liefert 1010
Var1 = 5; Var2 = 5 'Liefert 10
Var 1 = "5"; Var2 = 5 'Liefert 10
Var 1 = "5"; Var2 = "5" 'Liefert 55
```

< (Kleiner als)

```
<Ergebnis> = <Ausdruck1> < <Ausdruck2>
```

Vergleicht zwei Ausdrücke miteinander. Das Ergebnis des Vergleichs ist **True**, wenn der linke Operand einen niedrigeren Wert als der rechte Operand besitzt; andernfalls ist das Ergebnis **False**.

Ergebnis: Eine beliebige numerische Variable

Ausdruck1, Ausdruck2: Ein beliebiger Ausdruck

Programmierbeispiel

```
Dim Wert1, Wert2, Ergebnis
Wert1 = "a": Wert2 = "b"
Ergebnis = (Wert1 < Wert2)   ' Liefert True
Ergebnis = (45 < 32)   ' Liefert False
```

<= (Kleiner als oder gleich)

```
<Ergebnis> = <Ausdruck1> <= <Ausdruck2>
```

Vergleicht zwei Ausdrücke miteinander. Beim Vergleich von Ausdrücken, die ungleich NULL sind, ist das Ergebnis **True**, wenn der linke Operand einen niedrigeren Wert besitzt als der rechte Operand oder einen Wert, der gleich hoch ist; andernfalls ist das Ergebnis **False**.

Ergebnis: Eine beliebige numerische Variable

Ausdruck1, Ausdruck2: Ein beliebiger Ausdruck

Programmierbeispiel

```
Dim Wert1, Wert2, Ergebnis
Wert1 = 29^(1/2): Wert2 = 5,37
Ergebnis = (Wert2 <= Wert1)   ' Liefert True
Ergebnis = (25 <= 32)   ' Liefert False
```

<> (Ungleich)

```
<Ergebnis> = <Ausdruck1> <> <Ausdruck2>
```

Vergleicht zwei Ausdrücke miteinander. Das Ergebnis des Vergleichs ist **True**, wenn der linke Operand einen anderen Wert als der rechte Operand besitzt; andernfalls ist das Ergebnis **False**.

Ergebnis: Eine beliebige numerische Variable

Ausdruck1, Ausdruck2: Ein beliebiger Ausdruck

Programmierbeispiel

```
Dim Wert1, Wert2, Ergebnis
Wert1 = "a": Wert2 = "b"
Ergebnis = (Wert2 <> Wert1)   ' Liefert True
Ergebnis = ("Wort" <> "Wort")   ' Liefert False
```

= (Gleich)

```
<Ergebnis> = <Ausdruck1> = <Ausdruck2> ...
```

Testet Ausdrücke auf Gleichheit.

Ergebnis: Eine beliebige numerische Variable

Ausdruck1, Ausdruck2: Jeder gültige SQL-Ausdruck, bei dem es sich um einen Spaltennamen, einen Parameter einer gespeicherten Prozedur, eine Variable, ein numerisches Literal, eine Funktion, die einen numerischen Wert zurückgibt, einen Ausdruck in Klammern oder einen Tabellenausdruck handeln kann.

Programmierbeispiel

```
Dim Wert1, Wert2, Ergebnis
Wert1 = "a": Wert2 = "b"
Ergebnis = (Wert2 = Wert1)    ' Liefert False
Ergebnis = ("Wort" = "Wort")    ' Liefert True
```

> (Größer als)

```
<Ergebnis> = <Ausdruck1> > <Ausdruck2>
```

Vergleicht zwei Ausdrücke miteinander. Das Ergebnis des Vergleichs ist **True**, wenn der linke Operand einen höheren Wert als der rechte Operand besitzt; andernfalls ist das Ergebnis **False**.

Ergebnis: Eine beliebige numerische Variable

Ausdruck1, Ausdruck2: Ein beliebiger Ausdruck

Programmierbeispiel

```
Dim Wert1, Wert2, Ergebnis
Wert1 = "a": Wert2 = "b"
Ergebnis = (Wert2 > Wert1)    ' Liefert True
Ergebnis = (25 > 32)    ' Liefert False
```

>= (Größer als oder gleich)

```
<Ergebnis> = <Ausdruck1> >= <Ausdruck2>
```

Vergleicht zwei Ausdrücke miteinander. Beim Vergleich von Ausdrücken, die ungleich null sind, ist das Ergebnis **True**, wenn der linke Operand einen höheren Wert besitzt als der rechte Operand oder einen Wert, der gleich hoch ist; andernfalls ist das Ergebnis **False**.

Ergebnis: Eine beliebige numerische Variable

Ausdruck1, Ausdruck2: Ein beliebiger Ausdruck

Programmierbeispiel

```
Dim Wert1, Wert2, Ergebnis
Wert1 = "a": Wert2 = "b"
Ergebnis = (Wert2 >= Wert1)    ' Liefert True
Ergebnis = ("Wort" >= "Worte")    ' Liefert True
```

AddressOf

AddressOf <Prozedurname>

Dieser Operator bewirkt, dass die Adresse der Prozedur, der er vorangestellt ist, an eine API-Prozedur übergeben wird, die an dieser Stelle in der Liste der Argumente einen Funktionszeiger sucht.

Prozedurname: Die Prozedur, deren Adresse übergeben werden soll

All

```
<Bedingung> {= | <>|!= | > | >= _
  | ! > | < | <= | !< } _
  All (<subquery>)
```

Stellt fest, ob die Zeilen im Resultset einer Unterabfrage die angegebenen Bedingungen erfüllen.

Bedingung: Jeder gültige SQL-Ausdruck

subquery: Eine Unterabfrage mit einem Resultset, das aus einer Spalte besteht. Der Datentyp der Spalte, die zurückgegeben wird, muss mit dem Datentyp von **Bedingung** übereinstimmen.

Programmierbeispiel

```
SELECT Bezeichnung FROM Artikel
   WHERE Bestand > ALL
     (SELECT Bestand FROM Lager, Artikel
      WHERE Artikel.Art_ID = lager.Art_ID
      AND Bestand < 200)
```

And

`<Ergebnis> = <Ausdruck> And <Ausdruck>`

Verknüpft zwei Ausdrücke und gibt **True** zurück, wenn beide Ausdrücke **True** sind. Werden in einer Anweisung mehrere logische Operatoren verwendet, werden **AND**-Operatoren zuerst ausgewertet. Sie können die Auswertungsreihenfolge ändern, indem Sie Klammern verwenden.

Ergebnis: Eine beliebige numerische Variable

Ausdruck: Ein gültiger SQL-Ausdruck, der einen Booleschen Wert zurückgibt: **True**, **False** oder **NULL**

Anmerkung

Die Ergebnisse des Vergleichs von **True**- und **False**-Werten unter Verwendung des **And**-Operators sehen wie folgt aus:

	TRUE	**FALSE**	**NULL**
TRUE	TRUE	FALSE	NULL
FALSE	FALSE	FALSE	FALSE
NULL	NULL	FALSE	NULL

Es wird darüber hinaus ein bitweiser Vergleich durchgeführt, dessen Ergebnis abgefragt und für eine Weiterverarbeitung verwendet werden kann, wie die folgende Tabelle zeigt.

Ausdruck1	**Ausdruck2**	**Ergebnis**
0	0	0
0	1	0
1	0	0
1	1	1

Programmierbeispiel

Dieses Beispiel fragt auf einem SQL-Server zwei Bedingungen ab.

```
SELECT *
   FROM Angestellte
   WHERE Beruf = 'Sachbearbeiter'
   AND AbtNr = 10
```

Ein bitweiser Vergleich führt zu folgendem Ergebnis.

```
8 And 10   ' liefert 2. da
     1000   (binäre 8)
And  1010   (binäre 10)
-------------------
     0010   (binäre 2)
```

Any | Some

```
<Ausdruck> {= | <>|!= | > | >= _
  | ! > | < | <= | !< }
{ Some | Any } (subquery)
```

Vergleicht einen Wert mit den Werten, die sich in einer Unterabfrage befinden, und prüft, ob die angegebene Bedingung erfüllt wird. (**ANY** und **SOME** sind Synonyme; im Abfragedesigner wird zur Bildung einer SQL-Anweisung **Any** verwendet.)

Ausdruck: Jeder gültige SQL-Ausdruck

{ = | <> | != | > | >= | !> | < | <= | !< }: Ein gültiger Vergleichsoperator

SOME | ANY: Legt fest, dass ein Vergleich durchgeführt werden soll.

subquery: Eine Unterabfrage mit einem Resultset, das aus einer Spalte besteht. Der Datentyp der Spalte, die zurückgegeben wird, muss mit dem Datentyp von **Ausdruck** übereinstimmen.

Programmierbeispiel

```
SELECT * FROM Angestellte
   WHERE Gehalt = ANY
  (SELECT Gehalt FROM Angestellte
   WHERE AbtNr = 30)
```

Between

`<Ausdruck> [Not] Between <min> And <max>`

Gibt einen Bereich an, in dem sich ein zu testender Ausdruck befindet.

Ausdruck: Der Ausdruck, für den getestet werden soll, ob er innerhalb des von **min** und **max** definierten Bereiches liegt. Ausdruck muss den gleichen Datentyp haben wie **min** und **max**.

Not: Gibt an, dass das Ergebnis des Prädikates negiert wird.

min: Ein gültiger Ausdruck. **min** muss den gleichen Datentyp haben wie Ausdruck und **max**.

max: Ein gültiger Ausdruck. **max** muss den gleichen Datentyp haben wie Ausdruck und **min**.

AND: Fungiert als Platzhalter, der anzeigt, dass sich **Ausdruck** in dem von **min** und **max** angezeigten Bereich befinden soll.

Ergebnistypen

BETWEEN gibt **True** zurück, wenn der Wert von Ausdruck größer oder gleich dem Wert von **min** und kleiner oder gleich dem Wert von **max** ist.

NOT BETWEEN gibt **True** zurück, wenn der Wert von Ausdruck kleiner als der Wert von **min** oder größer als der Wert von **max** ist.

Programmierbeispiel

Dieses Beispiel verwendet die Microsoft-Datenbank-Northwind und gibt den Lagerbestand je Produkt zurück, der zwischen 3.000 und 5.000 liegt.

```
SELECT ProductID AS ArtikelNr,
   unitPrice * unitsinstock AS Bestand
FROM Products
WHERE unitPrice * unitsinstock BETWEEN 3000 AND 5500
```

Eqv

```
<Ergebnis> = <Ausdruck1> Eqv <Ausdruck2>
```

Bestimmt logische Äquivalenzen (Gleichwertigkeit von Mengen).

Ergebnis: Eine beliebige numerische Variable

Ausdruck1, Ausdruck2: Ist ein beliebiger gültiger Ausdruck.

Anmerkung

Die Ergebnisse des Vergleichs von **True**- und **False**-Werten unter Verwendung des **Eqv**-Operators sehen wie folgt aus:

Ausdruck1	Ausdruck2	Ergebnis
TRUE	TRUE	TRUE
TRUE	FALSE	FALSE
FALSE	TRUE	FALSE
FALSE	FALSE	TRUE

Es wird darüber hinaus ein bitweiser Vergleich durchgeführt, dessen Ergebnis abgefragt und für eine Weiterverarbeitung verwendet werden kann, wie die folgende Tabelle zeigt.

Ausdruck1	Ausdruck2	Ergebnis
0	0	1
0	1	0
1	0	0
1	1	1

Programmierbeispiel

```
Dim Ergebnis, A, B, C, D
A = 20: B = 10: C = 6: D = 8
Ergebnis = A > B Eqv C < D   ' liefert True
```

Exists

`<Ausdruck> [NOT] Exists (<subquery>)`

Überprüft, ob eine Unterabfrage überhaupt Ergebnisse zurückgibt (nicht ein bestimmtes Ergebnis).

Ausdruck: Jeder gültige SQL-Ausdruck

subquery: Eine Unterabfrage mit einem Resultset, das aus einer Spalte besteht. Der Datentyp der Spalte, die zurückgegeben wird, muss mit dem Datentyp von **Ausdruck** übereinstimmen.

Programmierbeispiel

```
SELECT Bezeichnung
FROM Artikel
WHERE EXISTS
   (SELECT * FROM
   Bestellungen, Artikel
   WHERE Bestellungen.ArtNr
   = Artikel.ArtNr)
```

Imp

`<Ergebnis> = <Ausdruck1> Imp <Ausdruck2>`

Bestimmt logische Implikationen (»Wenn-dann-Beziehungen«).

Ergebnis: Eine beliebige numerische Variable

Ausdruck1, Ausdruck2: Ist ein beliebiger gültiger Ausdruck.

Anmerkung

Die Ergebnisse des Vergleichs von **True**- und **False**-Werten unter Verwendung des **Imp**-Operators sehen wie folgt aus:

Ausdruck1	Ausdruck2	Ergebnis
TRUE	TRUE	TRUE
TRUE	FALSE	TRUE

Ausdruck1	Ausdruck2	Ergebnis
TRUE	NULL	TRUE
FALSE	TRUE	TRUE
FALSE	FALSE	FALSE
FALSE	NULL	NULL
NULL	TRUE	TRUE
NULL	FALSE	NULL
NULL	NULL	NULL

Es wird darüber hinaus ein bitweiser Vergleich durchgeführt, dessen Ergebnis abgefragt und für eine Weiterverarbeitung verwendet werden kann, wie die folgende Tabelle zeigt.

Ausdruck1	Ausdruck2	Ergebnis
0	0	1
0	1	1
1	0	0
1	1	1

Programmierbeispiel

```
Dim Ergebnis, A, B, C, D
A = 20: B = 10: C = 6: D = 8
Ergebnis = A > B IMP C < D    ' liefert True
```

In

```
<Ausdruck> [NOT] In (<Wert1>, <Wert2>, ...)
```

Vergleicht eine Liste spezifischer Werte, indem überprüft wird, ob ein Ausdruck entweder in einer Werteliste oder im Resultset einer Unterabfrage erscheint.

Ausdruck: Name einer Spalte

Wert1, Wert2, ...: Eine zu vergleichende Werteliste

subquery: Eine Unterabfrage mit einem Resultset, das aus einer Spalte besteht. Der Datentyp der Spalte, die zurückgegeben wird, muss mit dem Datentyp von **Bedingung** übereinstimmen.

Programmierbeispiel

```
SELECT ArtikelNr, Bezeichnung
FROM Products
WHERE Land IN (DE, US, FR)
SELECT Bezeichnung, Preis FROM Artikel
   WHERE LieferantenNr IN
     (SELECT LieferantenNr FROM Lieferanten
      WHERE Land = "NL")
```

Is [Not] Null

```
<Ausdruck> Is [Not] Null
```

Bedingung für leeres Feld

Ausdruck: Name einer Spalte

Programmierbeispiel

Dieses Beispiel gibt alle Datensätze zurück, in denen das Geburtsdatum fehlt.

```
SELECT MeinVorName,MeinName FROM MeineTabelle
WHERE MeinGebDat IS NULL
```

Is

```
<Ergebnis> = <Objekt1> Is <Objekt2>
```

Vergleicht zwei Variablen miteinander, die auf ein Objekt verweisen. Das Ergebnis ist **True**, wenn beide Variablen auf dasselbe Objekt verweisen, anderenfalls ist es **False**.

Ergebnis: Eine beliebige numerische Variable

Objekt1, Objekt2: Ist ein beliebiger Objektname.

Like

`<Ergebnis> = <Zeichenfolge> [NOT] Like <Muster>`

Mit diesem Operator vergleicht man Zeichenfolgen. Wenn die Zeichenfolge und das Vergleichsmuster übereinstimmen, ist das Ergebnis **True**, anderenfalls **False**.

Ergebnis: Eine beliebige numerische Variable

Zeichenfolge: Ist eine beliebige Zeichenfolge.

Muster: Ist ein beliebiges Muster einer Zeichenfolge. Mustervorgaben und Beispiele finden Sie im Kapitel *Platzhalter* beschrieben.

Mod (Restwert)

`<Ergebnis> = <dividend> Mod <divisor>`

Gibt den Rest der Division einer Zahl durch eine andere zurück.

Ergebnis: Eine beliebige numerische Variable

dividend: Dies ist der numerische Ausdruck, der geteilt wird. `dividend` muss ein gültiger Ausdruck von einem Datentyp aus der ganzzahligen Datentypkategorie sein. (Das Ergebnis einer Modulo-Operation ist der Rest, der bei der Division zweier ganzer Zahlen übrig bleibt.)

divisor: Dies ist der numerische Ausdruck, durch den der Dividend geteilt wird. Divisor muss ein gültiger SQL-Server-Ausdruck von einem Datentyp aus der ganzzahligen Datentypkategorie sein.

Anmerkung

Der arithmetische Operator Modulo kann mit jeder Kombination aus Spaltennamen, numerischen Konstanten oder einem gültigen Ausdruck aus der ganzzahligen Datentypkategorie verwendet werden.

Programmierbeispiel

Dieses Beispiel gibt den Modulo zweier Zahlen zurück.

```
Dim MeineZahl1, MeineZahl2, Ergebnis As Long
MeineZahl1 = 199
MeineZahl2 = 66
Ergebnis = MeineZahl1 Mod MeineZahl2
```

Das Ergebnis beträgt 1 (die Division ergibt 3 Rest 1).

Not

```
<Ergebnis> = Not <Ausdruck>
```

Mit **Not** negieren Sie einen Ausdruck.

Ergebnis: Eine beliebige numerische Variable

Ausdruck: Jeder gültige Boolesche Ausdruck

Anmerkung

Die Ergebnisse des Vergleichs von **True**- und **False**-Werten unter Verwendung des **Not**-Operators sehen wie folgt aus:

	NOT
TRUE	FALSE
FALSE	TRUE
NULL	NULL

Es wird darüber hinaus ein bitweiser Vergleich durchgeführt, dessen Ergebnis abgefragt und für eine Weiterverarbeitung verwendet werden kann, wie die folgende Tabelle zeigt.

Ausdruck	**Ergebnis**
0	1
1	0

Programmierbeispiel

In diesem Beispiel findet ein Zugriff auf eine SQL-Datenbank statt und es werden in einer Tabelle Personen gesucht, die einen Beruf ausüben und die nicht in der Gehaltsklasse zwischen 1.000 und 2.000 liegen.

```
SELECT *
......FROM Angestellte
......WHERE NOT (Beruf IS NULL);
SELECT *
......FROM Angestellte
......WHERE NOT
.....(Gehalt BETWEEN 1000 AND 2000)
```

OR

```
<Ergebnis> = <Ausdruck1> OR <Ausdruck2>
```

Kombiniert zwei Bedingungen.

Ergebnis: Eine beliebige numerische Variable

Ausdruck1, Ausdruck2: Ist ein beliebiger gültiger Ausdruck.

Anmerkung

Werden in einem Ausdruck mehrere logische Operatoren verwendet, werden **OR**-Operatoren nach **AND**-Operatoren ausgewertet. Sie können die Auswertungsreihenfolge jedoch durch Verwenden von Klammern ändern.

Die Ergebnisse des Vergleichs von **True**- und **False**-Werten unter Verwendung des **Or**-Operators sehen wie folgt aus:

Ausdruck1	Ausdruck2	Ergebnis
TRUE	TRUE	TRUE
TRUE	FALSE	TRUE
TRUE	NULL	TRUE
FALSE	TRUE	TRUE

Ausdruck1	Ausdruck2	Ergebnis
FALSE	FALSE	FALSE
FALSE	NULL	NULL
NULL	TRUE	TRUE
NULL	FALSE	NULL
NULL	NULL	NULL

Es wird darüber hinaus ein bitweiser Vergleich durchgeführt, dessen Ergebnis abgefragt und für eine Weiterverarbeitung verwendet werden kann, wie die folgende Tabelle zeigt.

Ausdruck1	Ausdruck2	Ergebnis
0	0	0
0	1	1
1	0	1
1	1	1

Programmierbeispiel

In diesem Beispiel findet ein Zugriff auf eine SQL-Datenbank statt und es werden die Kunden einer Stammdatenverwaltung abgerufen, die einen Umsatz von mehr als 500.000 erzielt haben und die entweder in Deutschland oder in Holland wohnen. Falls die Klammern nicht verwendet werden, ermittelt die Klausel **WHERE** alle Kunden aus Deutschland und Holland, dort aber nur diejenigen, die einen Umsatz von mehr als 500.000 getätigt haben.

```
USE MeineKundenverwaltung
SELECT Firma, Umsatz
FROM Umsaetze
WHERE (Land = 'D' OR Land = 'NL') AND
   Umsatz > 500000
ORDER BY Firma
```

XOR

```
[<Ergebnis>] = <Ausdruck1> Xor <Ausdruck2>
```

Bestimmt logische Ausschlüsse.

Ergebnis: Eine beliebige numerische Variable

Ausdruck1, Ausdruck2: Ist ein beliebiger gültiger Ausdruck.

Anmerkung

Die Ergebnisse des Vergleichs von **True**- und **False**-Werten unter Verwendung des **Xor**-Operators sehen wie folgt aus:

Ausdruck1	Ausdruck2	Ergebnis
TRUE	TRUE	FALSE
TRUE	FALSE	TRUE
FALSE	TRUE	TRUE
FALSE	FALSE	FALSE

Es wird darüber hinaus ein bitweiser Vergleich durchgeführt, dessen Ergebnis abgefragt und für eine Weiterverarbeitung verwendet werden kann, wie die folgende Tabelle zeigt.

Ausdruck1	Ausdruck2	Ergebnis
0	0	0
0	1	1
1	0	1
1	1	0

5 Datentypen und Eingabeformate

Bei dem Datentyp eines Feldes handelt es sich um die Eigenschaft eines Feldes oder einer Variablen, die festlegt, welche Art von Daten das Feld bzw. die Variable aufnehmen kann. Microsoft Access kennt folgende grundsätzliche Datentypen: **Text**, **Memo**, **Zahl**, **Datum/Uhrzeit**, **Währung**, **AutoWert**, **Ja/Nein**, **OLE-Objekt**, **Hyperlink**, **String**, **Nachschlage-Assistent** und den Universaldatentyp **Variant**. Zu diesen Datentypen gehört teilweise eine Vielzahl von Formaten. Diese Formate legen u.a. fest, welche maximale Datenmenge in einem Feld gespeichert werden kann (zum Beispiel bei den Datentypen **Text**, **Zahl** oder **AutoWert**).

Beachten Sie bitte, dass nicht jeder Datentyp programmiertechnisch zugewiesen werden kann.

5.1 Variablen-Deklaration und Geltungsbereich

Das Deklarieren von Variablen macht eine Variable der Anwendung bekannt. Dazu lassen Sie sich einen einprägsamen Namen für Ihre Variable einfallen und weisen diesem einen bestimmten Datentyp zu. Im Regelfall erfolgt die Deklaration der Variablen mit der **Dim**-Anweisung, wobei der Datentyp mit **As** zugewiesen wird.

Der Name einer Variablen muss immer mit einem Buchstaben beginnen, darf nie mehr als 255 Zeichen besitzen, muss in seinem Gültigkeitsbereich eindeutig sein und darf keine Leerzeichen, Punkte und Typenkennzeichner enthalten. (Dies gilt übrigens auch für beliebige benutzerdefinierte Sprachelemente, wie zum Beispiel Prozeduren, Funktionen, Konstanten usw.)

Variablen können nicht nur explizit (zum Beispiel mit der Anweisung **Dim**) deklariert werden, sondern auch durch einfache Zuweisung im Code (zum Beispiel `MStr = 0.16`). Im letzten Beispiel ist ein Schreibfehler eingebaut worden (»MStr« statt »MWSt«), der im Programmverlauf zu unerfreulichen Nebenwirkungen führt, weil normalerweise mit der richtig geschriebenen Variablen weitergearbeitet wird. Um solche Fehler zu minimieren, lässt VBA zu, eine Deklaration der Variablen zu Beginn eines Modulteils zu erzwingen: die Anweisung **Option Explicit**. Von diesem Moment an werden nur noch Variablen akzeptiert, die explizit deklariert worden sind.

Variablen gelten normalerweise nur innerhalb der Prozedur, in der sie deklariert werden. Sollen sie sich auch auf Modulebene für alle dort angesiedelten Prozeduren und Funktionen auswirken, deklarieren Sie eine Variable auf Modul- und nicht auf Prozedurebene mit der Anweisung **Dim**. Wenn Sie möchten, dass eine auf Modulebene deklarierte Variable auch allen anderen Modulen der aktuellen Datenbank zur Verfügung stehen soll, müssen Sie sie durch **Public** als »öffentlich« kennzeichnen. Ein solche Deklaration hat folgendes Aussehen: **Public** `Variablenname` **As** `Datentyp`.

Das Pendant von **Public**, die Anweisung **Private**, können Sie im Regelfall ignorieren. Eine so gekennzeichnete Deklaration weist ausdrücklich darauf hin, dass die Variable nur innerhalb des Moduls zur Verfügung steht – was eigentlich mit allen auf Modulebene deklarierten Variablen der Fall ist, so dass die Deklaration mit **Dim** an dieser Stelle völlig ausreichend ist.

Die Lebensdauer einer lokalen Variablen beginnt normalerweise mit der Deklaration. Beim Aufruf einer Prozedur werden alle dort deklarierten Variablen initialisiert. Sobald eine Prozedur beendet ist, wird die Variable samt ihres Inhalts aus dem Arbeitsspeicher gelöscht. Wenn Sie die Lebensdauer einer Variablen erhöhen wollen, müssen Sie sie zu einer so genannten *statischen Variablen* machen. Die allgemeine Anweisung hierzu lautet **Static** `Variablenname` **As** `Datentyp`. Wenn die Prozedur erneut gestartet wird, initialisiert Access die Variable mit dem Wert, den sie zuletzt besaß.

Privat-, **Public**- und **Static**-Deklarationen gelten nicht nur für Variablen, sondern sind gleichermaßen auch auf Funktionen und Prozeduren anwendbar, wobei sie auch dort den Gültigkeitsbereich bzw. die Dauer festlegen, in der die Funktion ihren Wert behält: `Static Function` **`Funktionsname(Parameter) [As Datentyp]`**.

5.2 Allgemeine Syntax von Eingabeformaten

Wie viele andere Datenbank-Anwendungen auch, interpretiert Microsoft Access Zeichen, die in der Eigenschaft EINGABEFORMAT eines Datenfeldes definiert werden, so, wie es die folgende Tabelle zeigt. Darüber hinaus gibt es spezielle Eingabeformate, die feldtypabhängig sind und dort aufgeführt werden (zum Beispiel für den Datentyp **Zahl** usw.).

Zeichen	Beschreibung
L	Buchstabe (A bis Z, Eingabe erforderlich)
?	Buchstabe (A bis Z, Eingabe nicht erforderlich)
A	Buchstabe oder Ziffer (Eingabe erforderlich)
A	Buchstabe oder Ziffer (Eingabe nicht erforderlich)
&	Ein beliebiges Zeichen oder ein Leerzeichen (Eingabe erforderlich)
C	Ein beliebiges Zeichen oder ein Leerzeichen (Eingabe nicht erforderlich)
. , : ; - /	Platzhalter für Dezimalstellen und Trennzeichen für Tausender, Datum und Zeit. (Welches dieser Zeichen von Ihnen verwendet werden kann, hängt von den Einstellungen ab, die in der Microsoft-Windows-Systemsteuerung unter LÄNDEREINSTELLUNGEN definiert worden sind.)

Zeichen	Beschreibung
<	Bewirkt, dass alle nachfolgenden Zeichen in Kleinbuchstaben umgewandelt werden
>	Bewirkt, dass alle nachfolgenden Zeichen in Großbuchstaben umgewandelt werden
!	Bewirkt, dass die Anzeige im Eingabeformat von rechts nach links anstatt von links nach rechts erfolgt. Eingegebene Zeichen füllen das Eingabeformat immer von links nach rechts aus. Sie können das Ausrufezeichen-Symbol an jeder beliebigen Stelle im Eingabeformat einfügen.
\	Bewirkt, dass das nachfolgende Zeichen als Literalzeichen angezeigt wird. Dieses Symbol wird verwendet, um eines der in dieser Tabelle aufgeführten Symbole als Literalzeichen anzuzeigen (\# wird zum Beispiel einfach als # angezeigt).
Kennwort	Wenn Sie für die Eigenschaft EINGABEFORMAT (InputMask) die Einstellung KENNWORT festlegen, wird ein Textfeld zum Eingeben eines Kennworts erstellt. Jedes Zeichen, das hier eingegeben wird, wird als das eingegebene Zeichen gespeichert, es wird jedoch ein Sternchen (*) angezeigt.
0	Ziffer (0 bis 9, Eingabe erforderlich; Plus- [+] und Minuszeichen [-] sind nicht erlaubt)
9	Ziffer oder Leerzeichen (Eingabe nicht erforderlich; Plus- und Minuszeichen sind nicht erlaubt)
#	Ziffer oder Leerzeichen (Eingabe nicht erforderlich; Leerstellen werden in Leerzeichen konvertiert, Plus- und Minuszeichen sind erlaubt)

Programmierbeispiel

Definition des Eingabeformats	Eingabe	Ergebnis
"PLZ "0000	47877	PLZ 47877
"PLZ "999999999	789635	PLZ 789635
"PLZ "##############	78965-875	PLZ 78965-875
>L<????????????????	karlsbad	Karlsbad
>LLLLL	karls	KARLS
>LL\-99\#LL	aa12ky	AA-12#KY
>LL" - "99" # "<LL	aa12KY	AA - 12 # ky

5.3 Spezielle Syntax

AutoWert

AutoWert kann programmiertechnisch über die Methode **SetOption** zugewiesen werden.

Eine eindeutige Zahl, die von Microsoft Access automatisch vergeben wird, wenn ein neuer Datensatz einer Tabelle hinzugefügt wird. Diese Zahl kann entweder vom Typ **Long Integer** oder eine Replikations-ID sein. Ist **AutoWert** vom Typ **Long Integer**, können Sie festlegen, ob neue Zahlen jeweils um den Wert 1 erhöht oder als Zufallszahl eingefügt werden.

Größe: 4 Bytes (16 Bytes, falls die Eigenschaft FELDGRÖSSE auf die Replikations-ID festgelegt ist).

Anmerkung

Felder vom Typ **AutoWert** können nicht aktualisiert werden. Zahlen, die bereits vergeben waren, stehen auch nach dem Löschen eines Datensatzes nicht mehr zur Verfügung.

Datum/Uhrzeit(Date)

Date

Datums- und Zeitwerte für Datumsangaben vom 01. Januar 100 bis zum 31. Dezember 9999 und Uhrzeiten von 0:00:00 bis 23:59:59.

Größe: 8 Byte

Format

Vordefinierte Formate

Einstellung	Beschreibung/Beispiele
Standarddatum	Standardeinstellung. Diese Einstellung ist eine Kombination der Einstellungen **Datum, kurz** und **Zeit, lang**. Besteht der Wert nur aus einem Datum, wird keine Uhrzeit angezeigt. Enthält der Wert nur eine Uhrzeit, wird kein Datum angezeigt. Beispiele: 23.12.02; 20:39; 15.01.99 12:47:10
Datum, lang	Beispiel: Montag, 23. Dezember 2002
Datum, mittel	Beispiel: 23. Dez. 02
Datum, kurz	Beispiel: 23.12.02
Zeit	Beispiel: 12:47:10
Zeit, 12Std	Beispiel: 06:47
Zeit, 24Std	Beispiel: 14: 47

Benutzerdefinierte Formate

Sie können mit den in der folgenden Tabelle aufgeführten Zeichen benutzerdefinierte Datums- und Zeitformate erstellen.

Zeichen	Beschreibung
/	Datumstrennzeichen
: (Doppelpunkt)	Zeit-Trennzeichen. Die Einstellung der Trennzeichen erfolgt in der SYSTEMSTEUERUNG im Dialogfeld EIGENSCHAFTEN von LÄNDEREINSTELLUNGEN.
A/P	Amerikanisches Zwölf-Stunden-Format mit den Großbuchstaben A oder P
a/p	Amerikanisches Zwölf-Stunden-Format mit den Kleinbuchstaben a oder p
AM/PM	Amerikanisches Zwölf-Stunden-Format mit den Großbuchstaben AM oder PM
am/pm	Amerikanisches Zwölf-Stunden-Format mit den Kleinbuchstaben am oder pm
AMPM	Amerikanisches Zwölf-Stunden-Format (Es wird die Kennzeichnung für Vormittag/Nachmittag so übernommen, wie in der SYSTEMSTEUERUNG von Windows im Dialogfeld EIGENSCHAFTEN der LÄNDEREINSTELLUNGEN angegeben worden ist.)
c	Entspricht dem vordefinierten Format Standarddatum
d	Monatstag mit einer oder zwei Ziffern (1 bis 31)
h	Stunde mit einer oder zwei Ziffern (0 bis 23)
hh	Stunde mit zwei Ziffern (00 bis 23)
jj	Die letzten zwei Ziffern der Jahreszahl (01 bis 99)
jjjj	Vollständige Jahreszahl (0100 bis 9999)
m	Monat des Jahres mit ein oder zwei Ziffern (1 bis 12)
mm	Monat des Jahres mit zwei Ziffern (01 bis 12)
mmm	Die ersten drei Buchstaben des Monats (Jan bis Dez)

Zeichen	Beschreibung
mmmm	Vollständiger Name des Monats (Januar bis Dezember)
n	Minute mit ein oder zwei Ziffern (0 bis 59)
nn	Minute mit zwei Ziffern (00 bis 59)
q	Datum als Quartal angezeigt (1 bis 4)
s	Sekunde mit ein oder zwei Ziffern (0 bis 59)
SMS	Sekunde mit zwei Ziffern (00 bis 59)
tt	Monatstag mit zwei Ziffern (01 bis 31)
ttt	Die ersten drei Buchstaben des Wochentags (Mon bis Son)
tttt	Vollständiger Name des Wochentags (Montag bis Sonntag)
ttttt	Entspricht dem vordefinierten Format **Datum, kurz**
tttttt	Entspricht dem vordefinierten Format **Datum, lang**
w	Wochentag (1 bis 7)
ww	Kalenderwoche (1 bis 53)
y	Kalendertag (1 bis 366)
zzzzz	Entspricht dem vordefinierten Format **Zeit, lang**

Anmerkung

Bei der Einstellung **Datum, kurz** werden die Jahresangaben von 0 bis 29 als 2000 bis 2029 und von 30 bis 99 als 1930 bis 1999 interpretiert. Wenn Sie Fließkommazahlen im Quelltext zuweisen, dürfen Sie nicht das Komma, sondern müssen den Punkt als Dezimalzeichen verwenden.

Programmierbeispiel

```
Dim Dat, Datum, Zeit As Date
Dat = #12/23/2002 20:56#
Datum = Int(Dat)
Zeit = Dat - Int(Dat)
MsgBox("Datum = " & Datum & vbCrLf & "Zeit = " & Zeit)
Dim Datum As Date
Datum = 37613.555
MsgBox Datum
```

Hyperlink

Hyperlink

Text oder Kombinationen aus Text und Zahlen, die als Text abgespeichert und als Hyperlinkadresse verwendet werden.

Größe: Jeder Teil des aus vier Teilen bestehenden Datentyps **Hyperlink** kann bis zu 2048 Zeichen enthalten.

Anmerkung

Felder vom Typ **Hyperlink** können nicht indexiert werden. Die Eigenschaft **Hyperlink** ist für Textfelder, Kombinationsfelder, Befehlsschaltflächen, Bezeichnungsfelder und Bild-Steuerelemente verfügbar.

Programmierbeispiel

```
Dim WebAdresse As Hyperlink
```

Ja/Nein (Boolean)

Boolean

Dieser Datentyp ermöglicht es, die beiden Zustände Ja/Nein, True/False oder Ein/Aus zu speichern.

Größe: 1 Bit

Anmerkung

Der Dateityp **Boolean** ist mit allen numerischen Datentypen kompatibel. Weist man einem Booleschen Ausdruck eine Variable eines numerischen Datentyps zu, wandelt Access **True** in -1 und **False** in 0 um. Eine Ausnahme hiervon bietet der Datentyp **Byte**. Hier wandelt Access **True** in den Wert 255 um. **False** wird auch hier in den Wert 0 umgewandelt.

Programmierbeispiel

```
Dim Antwort As Boolean
```

Memo

Memo kann programmiertechnisch über die Methode **SetOption** zugewiesen werden.

Dieser Datentyp kann Text mit großer Länge oder Kombinationen aus Text und Zahlen aufnehmen.

Größe: Bis zu 65.535 Zeichen (= Byte). Es wird nur so viel Speicherplatz in der Datenbank belegt, wie Zeichen eingegeben worden sind.

Format

Sie können mit den in Tabelle 5.5 aufgeführten Sonderzeichen benutzerdefinierte Memo-Formate erstellen.

Sonderzeichen	Beschreibung
@	Ein Textzeichen, das auch ein Leerzeichen sein kann, muss angegeben werden.
&	Ein Textzeichen kann angegeben werden, muss aber nicht.
<	Alle folgenden Zeichen werden in Kleinbuchstaben umgewandelt.
>	Alle folgenden Zeichen werden in Großbuchstaben umgewandelt.

Benutzerdefinierte Formate für Felder vom Typ **Memo** können aus maximal zwei Bereichen bestehen, die durch ein Semikolon getrennt werden. Im ersten Bereich wird das Format hinterlegt, das verwendet werden soll, wenn in das Feld Daten eingegeben werden. Der zweite Bereich enthält in der Regel die Information, die ausgegeben wird, wenn im Feld eine leere Zeichenfolge eingegeben wird oder es einen NULL-Wert enthält (siehe Beispiele).

Anmerkung

Felder vom Typ **Memo** können nicht indexiert werden. Wird das Feld **Memo** durch DAO gesteuert und werden nur Text und Zahlen gespeichert, also keine binären Daten, ist die Größe des Feldes **Memo** durch die Größe der Datenbank begrenzt.

Programmierbeispiel

Definition des Eingabeformats	Eingabe	Ergebnis
@@-@@-@@@-@	4a8b777c	4a-8b-777-c
@@@@@@	4a-8b-77	4a-8b-77
>	4a8b777c	4a8b777c
>@@-@@-@@@-@	4a8b777c	4a-8b-777-c
>LLLLL	karls	KARLS
@@@@;"keine Angabe"	Test	Test
@@@@;"keine Angabe"	Leere Zeichenfolge	keine Angabe
@@@@;"keine Angabe"	NULL	keine Angabe

Null

Null

Null ist ein Untertyp von **Variant** und zeigt an, dass eine Variable keine gültigen Daten enthält.

Anmerkung

Man schreibt diesen Datentyp häufig auch in Großbuchstaben (NULL), um eine Unterscheidung zur Ziffer 0 (Null) zu haben.

Programmierbeispiel

```
Dim A As Variant
A = NULL
```

OLE-Objekt (Object)

```
Object
```

Dieser Datentyp kann ein Objekt, wie zum Beispiel ein Bild, eine Tabelle, ein Dokument oder andere binäre Daten aufnehmen, das mit einer Microsoft-Access-Tabelle verknüpft oder darin eingebettet ist.

Größe: 4 Byte

Anmerkung

Felder vom Typ **OLE-Objekt** können nicht indexiert werden. Sie können bis zu 1 GByte (durch den verfügbaren Festplattenspeicher begrenzt) aufnehmen.

String

```
String
String * n
```

Der Datentyp **String** kann Zeichenfolgen aufnehmen.

n: Maximale Anzahl der Zeichen innerhalb der Zeichenkette. Werden mehr Zeichen eingegeben, als **n** vorgibt, werden die überzähligen Zeichen bei der Verarbeitung unterdrückt.

Größe: Bei variabler Länge 10 Byte + Zeichenfolgelänge (bis ca. 2 Milliarden); bei fester Länge die Länge der Zeichenfolge

Text

Text kann programmiertechnisch über die Methode **SetOption** zugewiesen werden.

Bei diesem Datentyp handelt es sich um den Standarddatentyp eines Feldes. Der Datentyp **Text** kann reinen Text oder Kombinationen aus Text und Zahlen und auch Zahlen, die keine Berechnungen erfordern, zum Beispiel Postleitzahlen, aufnehmen.

Größe: Bis zu 255 Zeichen oder die in der Eigenschaft FELDGRÖSSE festgelegte Länge (je nachdem, welcher Wert kleiner ist). Microsoft Access reserviert keinen Platz für nicht genutzte Teile eines Textfeldes.

Format

Sie können mit den in Tabelle 5.7 aufgeführten Sonderzeichen benutzerdefinierte **Text**-Formate erstellen.

Sonderzeichen	Beschreibung
@	Ein Textzeichen, das auch ein Leerzeichen sein kann, muss angegeben werden.
&	Ein Textzeichen kann angegeben werden, muss aber nicht.
<	Alle folgenden Zeichen werden in Kleinbuchstaben umgewandelt.
>	Alle folgenden Zeichen werden in Großbuchstaben umgewandelt.

Benutzerdefinierte Formate für Felder vom Typ **Text** können aus maximal zwei Bereichen bestehen, die durch ein Semikolon getrennt werden. Im ersten Bereich wird das Format hinterlegt, das verwendet werden soll, wenn in das Feld Daten eingegeben werden. Der zweite Bereich enthält in der Regel die Information, die ausgegeben wird, wenn im Feld eine leere Zeichenfolge eingegeben wird oder es einen **Null**-Wert enthält (siehe Beispiele).

Programmierbeispiel

Definition des Eingabeformats	Eingabe	Ergebnis
@@-@@-@@@-@	4a8b777c	4a-8b-777-c
@@@@@@	4a-8b-77	4a-8b-77
>	4a8b777c	4a8b777c
>@@-@@-@@@-@	4a8b777c	4a-8b-777-c
@@@@;"keine Angabe"	Test	Test
@@@@;"keine Angabe"	Leere Zeichenfolge	keine Angabe
@@@@;"keine Angabe"	Null	keine Angabe

Variant

`Variant`

Bei diesem Datentyp handelt es sich um den Universaldatentyp, der keine Typkennzeichnung benötigt. Er kann numerische Werte, Zeichenketten, logische Ausdrücke und Datumswerte speichern. Wenn eine Variable vom Typ **Variant** Ziffern enthält, können diese in Abhängigkeit von ihrer Zuweisung entweder als Stringausdruck oder als Zahl interpretiert werden.

Größe: Bei **Variant** sind es 22 Byte + Länge der Zeichenfolge, bei **Variant** mit Zahl 16 Byte.

Anmerkung

Zeichenketten (Strings) fester Länge und benutzerdefinierte Typen können nicht gespeichert werden. Berechnungen und Zeichenkettenoperationen werden langsamer ausgeführt, als wenn man die entsprechenden speziellen Datentypen einsetzt.

Programmierbeispiel

```
Dim a As Variant
Dim b As String
Dim c 'Definiert c als Variant, da ohne Typkennzeichnung
a = 5
b = "10"
c= a * b   'Das Ergebnis ist 50
Dim a As Variant
Dim b As Variant
Dim c As Variant
a = "5"
b = "10"
c= a & b   'Das Ergebnis ist 15 (eins fünf)
```

Währung (Currency)

Currency

Dieser Festkomma-Datentyp wird für Währungswerte und numerische Daten benutzt, die in mathematischen Berechnungen verwendet werden und eine bis vier Dezimalstellen enthalten. **Currency** ist auf bis zu 15 Stellen links und bis zu 4 Stellen rechts vom Dezimaltrennzeichen genau.

Größe: 8 Byte

Programmierbeispiel

```
Dim Kosten. Ergebnis As Currency
Dim Zuschlag As Integer
Kosten = 15.398546
Zuschlag = 5.68
ergebnis = Kosten * Zuschlag / 100 + Kosten
MsgBox("Kosten alt: " & Kosten & VbCrLf & "Zuschlag: " & _
   Zuschlag & " Prozent" & VbCrLf & "Kosten neu: " & Ergebnis
```

Zahl

Der Datentyp **Zahl** wird als solcher programmiertechnisch nicht verwendet. Die Zuweisung erfolgt über die Eigenschaft FELDGRÖSSE (siehe Beispiele). Er enthält numerische Daten, die in mathematischen Berechnungen verwendet werden.

Größe: 1, 2, 4 oder 8 Byte (16 Byte, falls die Eigenschaft FELDGRÖSSE auf die Replikations-ID festgelegt ist).

Format

Standardformate

Datentyp	Beschreibung	Dezimale Genauigkeit	Größe
Byte	Speichert Zahlen von 0 bis 255 (keine Bruchzahlen).	Keine	1 Byte
Dezimal (Decimal)	Speichert Zahlen von –10^38-1 bis 10^38-1 (ADP); speichert Zahlen von –10^28-1 bis 10^28-1 (MDB)	28	12 Byte
Integer	Speichert Zahlen von –32.768 bis 32.767 (keine Bruchzahlen).	Keine	2 Byte
Long Integer (Long)	(Standard) Speichert Zahlen von -2.147.483.648 bis 2.147.483.647 (keine Bruchzahlen).	Keine	4 Byte
Single	Speichert Zahlen von -3.402823E38 bis -1.401298E-45 für negative Werte und von 1.401298E-45 bis 3.402823E38 für positive Werte.	7	4 Byte

Datentyp	Beschreibung	Dezimale Genauigkeit	Größe
Double	Speichert Zahlen von -1.79769313486231E308 bis -4.94065645841247E-324 für negative Werte, und von 4.94065645841247E-324 bis 1.79769313486231E308 für positive Werte.	15	8 Byte
Replikations-ID	Globally unique identifier (GUID)	n/v	16 Byte

Datentypkennzeichen

Hängt man bei einer Variablendeklaration dem Namen der Variablen ein Datentypkennzeichen an, erkennt Access den Datentyp anhand des Datentypkennzeichens. Für Zahlenformate gibt es die in Tabelle 5.10 aufgeführten Datentypkennzeichen.

Datentyp	Kennzeichen
Byte	keines
Currency	@
Double	#
Integer	%
Long	&
Single	!
String	$

Das Datentypkennzeichen für den Datentyp **Integer** ist das Prozentzeichen (%). Die Deklaration einer Zeichenkettenvariablen kann also mit den beiden folgenden Anweisungen erfolgen, die vom Ergebnis her identisch sind:

```
Dim Zuschlag As Integer
Dim Zuschlag%
```

Programmierbeispiel

```
Dim a, b, Ergebnis As Integer
'alternativ: Dim a%, b%, Ergebnis%
a = 10
b = 20
Ergebnis = a * b
MsgBox Ergebnis
```

6 Objekte

Die Vielzahl der Access-Elemente ist in Form von Objekten organisiert, die Sie ansprechen können. Objekte bilden eine hierarchische Ordnung, die stilisiert als Abbildung 6.1 dargestellt ist.

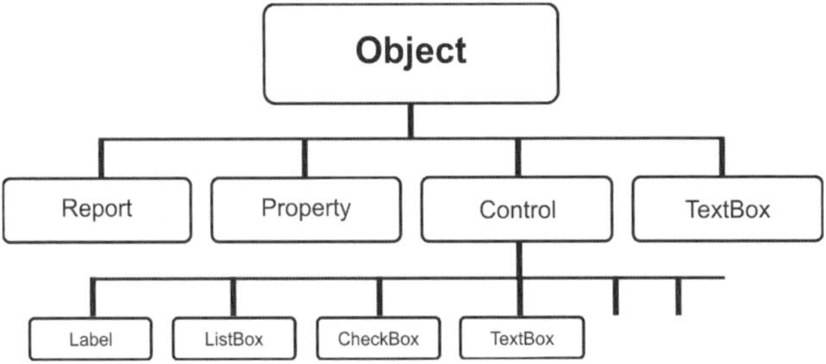

Abbildung 6.1: Grundlegende Objekttypen

Es gibt vordefinierte Objekte und benutzerdefinierte Objekte. Ein vordefiniertes Objekt ist zum Beispiel das Objekt **Forms**, das alle definierten Formulare enthält. Ein Objekt, das andere Objekte enthält, wird *Container*-Objekt genannt. Ein benutzerdefiniertes Objekt, wie zum Beispiel ein bestimmtes Formular, das diverse Befehlsschaltflächen enthält, zeichnet sich dadurch aus, dass seine Identifizierung über den Bezug auf ein vordefiniertes Objekt erfolgt. Die oberste Hierarchieebene hat den Namen **Application**. Wie diese Hierarchie aufgebaut ist, können Sie am besten der Microsoft-Access-Hilfe entnehmen. Sie erreichen den Eintrag »Microsoft Access-Objekte« (siehe Abbildung 6.2) unter dem Hilfe-Punkt »Programmieren in Visual Basic« im Unterthema »Microsoft Access Basic«.

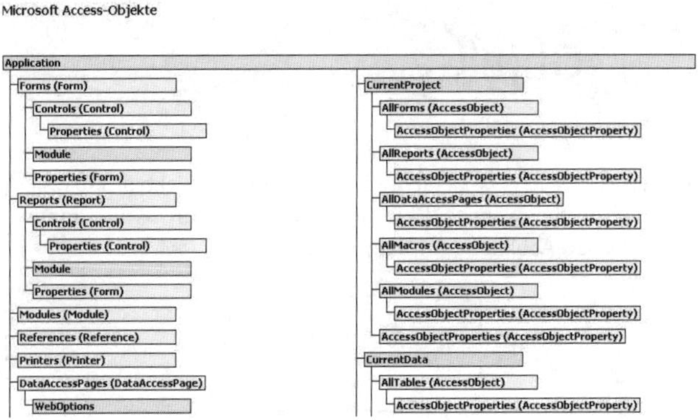

Abbildung 6.2: Die Objekthierarchie von Microsoft Access

Die generelle Adressierung der Beschriftung einer Befehlsschaltfläche, die sich im Formular `Auswahl` befindet, sähe wie folgt aus:

```
Application!Forms!Auswahl!_
cmdAbbruch.Caption = "Abbrechen"
```

Im Regelfall können Sie diesen Code wie folgt verkürzen:

```
Forms!Auswahl!cmdAbbruch.Caption="Abbrechen"
```

Wenn das Formular `Auswahl` das aktive Fenster ist, reicht es aus, folgenden Code zu schreiben:

```
cmdAbbruch.Caption="Abbrechen"
```

Das Objektmodell fasst gleichartige Objekte (zum Beispiel alle Berichte) in einem so genannten *Auflistung*-Objekt (in unserem Beispiel ist es das Auflistung-Objekt **`Forms`**) zusammen. Eine Auflistung ist also eine geordnete Folge von Elementen, auf die als Einheit Bezug genommen wird. Der allgemeine Typ für Auflistungen ist die **`Collection`**. Da die Objekte auch über ihre fortlaufende Nummer in der Objektliste adressiert werden können, lässt sich ein Formular `Personaldaten`, das das fünfte in der Objektliste ist, entweder über

```
Forms!Personaldaten.Visible = False
```

oder

```
Forms(4).Visible = False
```

»unsichtbar« machen. Zu der 4 in Klammern kommt es deshalb, weil Access mit 0 anfängt zu zählen.

Ein Objekt ist in der Regel in einer zwei- bis dreistufigen Hierarchie eingebunden: Es ist einerseits Bestandteil einer Auflistung oder eines Objekts und verweist andererseits auf weitere Objekte bzw. enthält ein weiteres Objekt. Dies wird durch die Abschnitte »Bestandteil von« und »Verweist auf Objekt in bzw. enthält« dargestellt. Dabei führt »Bestandteil von« die übergeordnete und »Verweist auf Objekt in bzw. enthält« die untergeordnete Hierarchieebene des Objekts auf.

Referenz

AccessObject (Objekt)

Verweist auf ein Microsoft-Access-Objekt. Es beinhaltet allgemeine Informationen über eine bestimmte Objektinstanz. Alle **AccessObject**-Objekte enthalten eine eigene **AccessObjectProperties**-Auflistung, die ihrerseits **AccessObjectProperty**-Objekte umfasst.

Bestandteil von: AllDataAccessPages (Auflistung), AllDatabaseDiagrams (Auflistung), AllForms (Auflistung), AllFunctions (Auflistung), AllMacros (Auflistung), AllModules (Auflistung), AllQueries (Auflistung), AllReports (Auflistung), AllStoredProcedures (Auflistung), AllTables (Auflistung), AllViews (Auflistung)

Verweist auf Objekt in bzw. enthält: AccessObjectProperties (Objekt)

Eigenschaften: CurrentView, DateCreated, DateModified, FullName, IsLoaded, Name, Parent, Properties, Type, Value

Programmierbeispiel

Dieses Beispiel gibt die Namen aller geöffneten Tabellen und Formulare der aktuellen Datenbank im Direktbereich zurück.

```
Sub Infos()
  Dim tbl, frm As AccessObject, dba, forms As Object
  Set forms = CurrentProject.AllForms
  Set dba = Application.CurrentData
  For Each frm In forms
    With frm
      Debug.Print frm.Name
    End With
  Next frm
  For Each tbl In dba.AllTables
    If tbl.IsLoaded = True Then
      Debug.Print obj.Name
      End If
   Next tbl
End Sub
```

AccessObjectProperties (Auflistung)

Diese Auflistung enthält alle benutzerdefinierten Objekte vom Typ **AccessObjectProperty**. Diese Objekte bezeichnen eine Instanz eindeutig. Alle **AccessObject**-Objekte enthalten eine eigene **AccessObjectProperties**-Auflistung.

Bestandteil von: AccessObject (Objekt), CodeProject (Objekt), CurrentProject (Objekt)

Verweist auf Objekt in bzw. enthält: AccessObjectProperty (Objekt)

Eigenschaften: Application, Count, Item, Parent

Methoden: Add, Remove

Anmerkung

Objekte, die von **CurrentData** abgeleitet wurden, können diese Auflistung nicht verwenden.

AccessObjectProperty (Objekt)

Dieses Objekt stellt eine Eigenschaft eines Objekts vom Typ **AccessObject** dar.

Bestandteil von: AccessObjectProperties (Auflistung)

Eigenschaften: Name, Value

Anmerkung

Objekte, die von **CurrentData** abgeleitet wurden, können dieses Objekt nicht verwenden. Verwenden Sie die folgende Syntax, wenn Sie in einer Auflistung auf ein eingebautes oder benutzerdefiniertes **AccessObject-Property**-Objekt über seine Ordnungszahl oder die Einstellung seiner **Name**-Eigenschaft verweisen wollen:

```
CurrentProject.AllForms("Formular1").Properties(0)
CurrentProject.AllForms("Formular1").Properties("Name")
CurrentProject.AllForms("Formular1").Properties![Name]
```

AllDataAccessPages (Auflistung)

Diese Auflistung enthält für jede Datenzugriffsseite der Objekte **CodeProject** und **CurrentProject**, das heißt für jede von Access aus veröffentlichte Webseite mit einer Verbindung zu einer Datenbank, ein **AccessObject**-Objekt.

Bestandteil von: CodeProject (Objekt), CurrentProject (Objekt)

Verweist auf Objekt in bzw. enthält: AccessObject (Objekt)

Eigenschaften: Application, Count, Item, Parent

Programmierbeispiel

Dieses Beispiel gibt den Namen der in der Auflistung **AllDataAccessPages** geöffneten **AccessObject**-Objekte zurück.

```
Sub Infos()
   Dim AccOb As AccessObject, dba As Object
   Set dba = Application.CurrentProject
   For Each AccOb In dba.AllDataAccessPages
      If AccOb Is Loaded = True Then
         Debug.Print AccOb.Name
      End If
   Next AccOb
   For Each tbl In dba.AllTables
End Sub
```

AllDatabaseDiagrams (Auflistung)

In der Auflistung **AllDatabaseDiagrams** sind alle Diagramme einer Datenbank in Form eines **AccessObject**-Objekts enthalten.

Bestandteil von: CodeData (Objekt), CurrentData (Objekt)

Verweist auf Objekt in bzw. enthält: AccessObject (Objekt)

Eigenschaften: Application

Anmerkung

Kann nicht unter Jet-Datenbanken (`.mdb`) verwendet werden. Die Anzahl der Datenbankdiagramme in einer Access-Datenbank (`.mdb`) ist null.

Programmierbeispiel

Dieses Beispiel gibt den Namen der in der Auflistung **AllDatabaseDiagrams** geöffneten **AccessObject**-Objekte zurück.

```
Sub Infos()
   Dim alldias As AccessObject, dba As Object
   Set dba = Application.CurrentData
   For Each alldias In dba.AllDatabaseDiagrams
      If alldias Is Loaded = True Then
         Debug.Print alldias.Name
```

```
      End If
   Next alldias
End Sub
```

AllForms (Auflistung)

In der Auflistung **AllForms** sind alle Formulare einer Datenbank in Form eines **AccessObject**-Objekts enthalten.

Bestandteil von: CodeProject (Objekt), CurrentProject (Objekt)

Verweist auf Objekt in bzw. enthält: AccessObject (Objekt)

Eigenschaften: Application, Count, Item, Parent

Anmerkung

Wenn Sie nur geöffnete Formulare geliefert bekommen wollen, verwenden Sie die Auflistung **Forms**.

Programmierbeispiel

Dieses Beispiel gibt den Namen der in der Auflistung **AllForms** geöffneten **AccessObject**-Objekte und die Information darüber zurück, ob sie geladen sind oder nicht.

```
Sub Infos()
Dim allfrm As AccessObject, pre as Object
Ser pre = Application.CurrentProject
   For Each allfrm In pre.AllForms
   Debug.Print allfrm.Name, allfrm.IsLoaded
Next allfrm
End Sub
```

AllFunctions (Auflistung)

In der Auflistung **AllFunctions** sind alle Funktionen einer Datenbank in Form eines **AccessObject**-Objekts enthalten.

Bestandteil von: CodeData (Objekt), CurrentData (Objekt)

Verweist auf Objekt in bzw. enthält: AccessObject (Objekt)

Eigenschaften: Application, Count, Item, Parent

Anmerkung

Kann nicht unter Jet-Datenbanken (.mdb) verwendet werden.

Programmierbeispiel

Dieses Beispiel gibt den Namen der in der Auflistung **AllFunctions** geöffneten **AccessObject**-Objekte zurück.

```
Sub Infos()
Dim allfunc As AccessObject, pre as Object
Ser pre = Application.CurrentData
   For Each allfunc In pre.AllFunctions
   If allfunc.IsLoaded = True Then
      Debug.Print allfunc.Name
   End If
Next allfunc
End Sub
```

AllMacros (Auflistung)

In der Auflistung **AllMacros** sind alle Makros einer Datenbank in Form eines **AccessObject**-Objekts enthalten.

Bestandteil von: CodeProject (Objekt), CurrentProject (Objekt)

Verweist auf Objekt in bzw. enthält: AccessObject (Objekt)

Eigenschaften: Application, Count, Item, Parent

Programmierbeispiel

Dieses Beispiel gibt den Namen der in der Auflistung **AllMacros** nicht geöffneten **AccessObject**-Objekte zurück.

```
Sub Infos()
Dim allmacr As AccessObject, pre as Object
Ser pre = Application.CurrentProject
   For Each allmacr In pre.AllMacros
   If allmacr.IsLoaded = False Then
```

```
        Debug.Print allmacr.Name
    End If
Next allmacr
End Sub
```

AllModules (Auflistung)

In der Auflistung **AllModules** sind alle Module einer Datenbank in Form eines **AccessObject**-Objekts enthalten.

Bestandteil von: CodeProject (Objekt), CurrentProject (Objekt)

Verweist auf Objekt in bzw. enthält: AccessObject (Objekt)

Eigenschaften: Application, Count, Item, Parent

Programmierbeispiel

Dieses Beispiel gibt den Namen der in der Auflistung **AllModules** geöffneten **AccessObject**-Objekte zurück.

```
Sub Infos()
Dim allmodu As AccessObject, pre as Object
Ser pre = Application.CurrentProject
    For Each allmodu In pre.AllModules
    If allmodu.IsLoaded = True Then
        Debug.Print allmodu.Name
    End If
Next allmodu
End Sub
```

AllQueries (Auflistung)

In der Auflistung **AllQueries** sind alle Abfragen einer Datenbank in Form eines **AccessObject**-Objekts enthalten.

Bestandteil von: CodeData (Objekt), CurrentData (Objekt)

Verweist auf Objekt in bzw. enthält: AccessObject (Objekt)

Eigenschaften: Application, Count, Item, Parent

Anmerkung

Kann nicht unter Jet-Datenbanken (`.mdb`) verwendet werden. Die Anzahl der Abfragen in einem Access-Projekt (`.adp`) ist null.

Programmierbeispiel

Dieses Beispiel gibt den Namen der in der Auflistung **AllQueries** geöffneten **AccessObject**-Objekte zurück.

```
Sub Infos()
Dim allquer As AccessObject, pre as Object
Ser pre = Application.CurrentData
   For Each allquer In pre.AllQueries
   If allquer.IsLoaded = True Then
      Debug.Print allquer.Name
   End If
Next allquer
End Sub
```

AllReports (Auflistung)

In der Auflistung **AllReports** sind alle Berichte einer Datenbank in Form eines **AccessObject**-Objekts enthalten.

Bestandteil von: CodeProject (Objekt), CurrentProject (Objekt)

Verweist auf Objekt in bzw. enthält: AccessObject (Objekt)

Eigenschaften: Application, Count, Item, Parent

Programmierbeispiel

Dieses Beispiel gibt den Namen der in der Auflistung **AllReports** geöffneten **AccessObject**-Objekte zurück.

```
Sub Infos()
Dim allrep As AccessObject, pre as Object
Ser pre = Application.CurrentProject
  For Each allrep In pre.AllReports
  If allquer.IsLoaded = True Then
    Debug.Print allquer.Name
  End If
```

```
Next allquer
End Sub
```

AllStoredProcedures (Auflistung)

In der Auflistung **AllStoredProcedures** sind alle gespeicherten Prozeduren einer Datenbank in Form eines **AccessObject**-Objekts enthalten.

Bestandteil von: CodeData (Objekt), CurrentData (Objekt)

Verweist auf Objekt in bzw. enthält: AccessObject (Objekt)

Eigenschaften: Application, Count, Item, Parent

Anmerkung

Kann nicht unter Jet-Datenbanken (`.mdb`) verwendet werden. Die Anzahl der gespeicherten Prozeduren in einer Access-Datenbank ist null.

Programmierbeispiel

Dieses Beispiel gibt den Namen der in der Auflistung **AllStoredProcedures** geöffneten **AccessObject**-Objekte zurück.

```
Sub Infos()
Dim allstor As AccessObject, pre As Object
Set pre = Application.CurrentData
  For Each allstor In pre.AllStoredProcedures
  If allstor.IsLoaded = True Then
    Debug.Print allstore.Name
  End If
Next allstore
End Sub
```

AllTables (Auflistung)

In der Auflistung **AllTables** sind alle Tabellen einer Datenbank in Form eines **AccessObject**-Objekts enthalten.

Bestandteil von: CodeData (Objekt), CurrentData (Objekt)

Verweist auf Objekt in bzw. enthält: AccessObject (Objekt)

Eigenschaften: Application, Count, Item, Parent

Programmierbeispiel

Dieses Beispiel gibt den Namen der in der Auflistung **AllTables** enthaltenen **AccessObject**-Objekte zurück, und zwar ungeachtet der Tatsache, ob sie geladen sind oder nicht.

```
Sub Infos()
Dim alltbl As AccessObject, pre As Object
  Set pre = Application.CurrentData
  For Each alltbl In pre.AllTables
    Debug.Print alltbl.Name, tbl.IsLoaded
  Next alltbl
End Sub
```

AllViews (Auflistung)

In der Auflistung **AllViews** sind alle Sichten einer Datenbank in Form eines **AccessObject**-Objekts enthalten.

Bestandteil von: CodeData (Objekt), CurrentData (Objekt)

Verweist auf Objekt in bzw. enthält: AccessObject (Objekt)

Eigenschaften: Application, Count, Item, Parent

Anmerkung

Die Anzahl der Sichten in einer Access-Datenbank (.mdb) ist null.

Programmierbeispiel

Dieses Beispiel gibt den Namen der in der Auflistung **AllViews** geöffneten **AccessObject**-Objekte zurück.

```
Sub Infos()
Dim allview As AccessObject, pre As Object
Set pre = Application.CurrentData
  For Each allview In pre.AllViews
    If allview.IsLoaded = True Then
      Debug.Print allview.Name
    End If
  Next allview
End Sub
```

Application (Objekt)

Dieses Objekt enthält alle Microsoft-Access-Objekte und -Auflistungen. Es steht an der Spitze der Objekthierarchie (siehe Abbildung 6.1) und stellt allgemeine Methoden und Eigenschaften zur Verfügung, die Access betreffen. Methoden und Eigenschaften, die Sie auf die gesamte Microsoft-Access-Anwendung anwenden wollen, stellen Sie über das Objekt **Application** ein.

Verweist auf Objekt in bzw. enthält: CodeData (Objekt), CodeProject (Objekt), Control (Objekt), CurrentData (Objekt), CurrentProject (Objekt), DataAccessPage (Objekt), DataAccessPages (Auflistung), DefaultWebOptions (Objekt), DoCmd (Objekt), Form (Objekt), Forms (Auflistung), Printer (Objekt), Printers (Auflistung), References (Auflistung), Report (Objekt), Reports (Auflistung), Screen (Objekt)

Eigenschaften: AnswerWizard, Application, Assistant, BrokenReference, Build, CodeContextObject, CodeData, CodeProject, COMAddIns, CommandBars, CurrentData, CurrentObjectName, CurrentObjectType, CurrentProject, DataAccessPages, DBEngine, DefaultWebOptions, DoCmd, FeatureInstall, FileDialog, FileSearch, Forms, IsCompiled, LanguageSettings, MenuBar, Modules, Name, NewFileTaskPane, Parent, Printer, Printers, ProductCode, References, Reports, Screen, ShortcutMenuBar, UserControl, VBE, Version, Visible

Methoden: AccessError, AddToFavorites, BuildCriteria, CloseCurrentDatabase, CodeDb, CompactRepair, ConvertAccessProject, CreateAccessProject, CreateControl, CreateForm, CreateGroupLevel, CreateNewWorkgroupFile, CreateReport, CreateReportControl, CurrentDb, CurrentUser, DAvg, DCount, DDEExecute, DDEInitiate, DDEPoke, DDERequest, DDETerminate, DDETerminateAll, DefaultWorkspaceClone, DeleteControl, DeleteReportControl, DFirst, DLast, DLookup, DMax, DMin, DStDev, DStDevP, DSum, DVar, DVarP, Echo, EuroConvert, Eval, ExportXML, FollowHyperlink, GetHiddenAttribute, GetOption, GUIDFromString, hWndAccessApp, HyperlinkPart, ImportXML, InsertText, LoadPicture,

NewAccessProject, NewCurrentDatabase, Nz, OpenAccessProject, OpenCurrentDatabase, Quit, RefreshDatabaseWindow, RefreshTitleBar, Run, RunCommand, SetDefaultWorkgroupFile, SetHiddenAttribute, SetOption, StringFromGUID, SysCmd

Programmierbeispiel

Dieses Beispiel stellt den Standardfeldtyp auf AUTOWERT ein.

```
Application.SetOption "Default Field Type", 5
```

BoundObjectFrame (Objekt)

Sie können mit Hilfe dieses Objekts, das einem gebundenen Objektfeld entspricht, ein OLE-Objekt, ein Diagramm oder ein Bild in einem Formular oder einem Bericht anzeigen lassen. Diese anzuzeigenden Objekte sind an ein Feld (vom Datentyp **OLE-Objekt**) der jeweils zugrunde liegenden Tabelle gebunden.

Verweist auf Objekt in bzw. enthält: Properties (Auflistung)

Eigenschaften: Action, AddColon, AfterUpdate, Application, AutoActivate, AutoLabel, BackColor, BackStyle, BeforeUpdate, BorderColor, BorderStyle, BorderWidth, Class, ColumnHidden, ColumnOrder, ColumnWidth, Controls, ControlSource, ControlTipText, ControlType, DisplayType, DisplayWhen, Enabled, EventProcPrefix, Height, HelpContextId, InSelection, IsVisible, LabelAlign, LabelX, LabelY, Left, Locked, LpOleObject, Name, Object, ObjectPalette, ObjectVerbs, ObjectVerbsCount, OldBorderStyle, OldValue, OLEType, OLETypeAllowed, OnClick, OnDblClick, OnEnter, OnExit, OnGotFocus, OnKeyDown, OnKeyPress, OnKeyUp, OnLostFocus, OnMouseDown, OnMouseMove, OnMouseUp, OnUpdated, Parent, Properties, Scaling, Section, ShortcutMenuBar, SizeMode, SourceDoc, SourceItem, SourceObject, SpecialEffect, StatusBarText, TabIndex, TabStop, Tag, Top, UpdateOptions, Value, Verb, Visible, Width

Methoden: Move, Requery, SetFocus, SizeToFit

Ereignisse: AfterUpdate, BeforeUpdate, Click, DblClick, Enter, Exit, GotFocus, KeyDown, KeyPress, KeyUp, LostFocus, MouseDown, MouseMove, MouseUp, Updated

CheckBox (Objekt)

Dieses Objekt (siehe Abbildung 6.3), das einem Kontrollkästchen auf einem Formular oder Bericht entspricht, zeigt einen **Ja/Nein**-Wert aus der zugrunde liegenden Datenquelle an.

Abbildung 6.3: Das Objekt **CheckBox**

Verweist auf Objekt in bzw. enthält: Properties (Auflistung)

Eigenschaften: AddColon, AfterUpdate, Application, AutoLabel, BeforeUpdate, BorderColor, BorderStyle, BorderWidth, ColumnHidden, ColumnOrder, ColumnWidth, Controls, ControlSource, ControlTipText, ControlType, DefaultValue, DisplayWhen, Enabled, EventProcPrefix, Height, HelpContextId, HideDuplicates, InSelection, IsVisible, LabelAlign, LabelX, LabelY, Left, Locked, Name, OldBorderStyle, OldValue, OnClick, OnDblClick, OnEnter, OnExit, OnGotFocus, OnKeyDown, OnKeyPress, OnKeyUp, OnLostFocus, OnMouseDown, OnMouseMove, OnMouseUp, OptionValue, Parent, Properties, ReadingOrder, Section, ShortcutMenuBar, SpecialEffect, StatusBarText, TabIndex, TabStop, Tag, Top, TripleState, ValidationRule, ValidationText, Value, Visible, Width

Methoden: Move, Requery, SetFocus, SizeToFit, Undo

Ereignisse: AfterUpdate, BeforeUpdate, Click, DblClick, Enter, Exit, GotFocus, KeyDown, KeyPress, KeyUp, LostFocus, MouseDown, MouseMove, MouseUp

Anmerkung

Dieses Objekt ist nicht mit dem Steuerelement **Dynamic HTML Check Box** (dem Kontrollkästchen für dynamisches HTML) identisch.

CodeData (Objekt)

Dieses Objekt besitzt mehrere Auflistungen, über die auf die **Code**-Objekte des Servers zugegriffen werden kann (siehe auch **CurrentData**).

```
AllTables!Objektname
AllFunctions![Name der Funktion]
AllViews("Sichtname")
AllQueries(Index)
```

Objektname: Name des Objekts, auf das verwiesen werden soll. Besitzt der Name ein Leerzeichen, muss er in eckige Klammern gesetzt werden.

Index: Einzelne Objekte innerhalb der Auflistung werden mit null beginnend indexiert. Sie können auf ein einzelnes **AccessObject**-Objekt in der Auflistung zugreifen, indem Sie entweder den Namen oder den Index des Objekts innerhalb der Auflistung angeben. Wenn Sie auf ein bestimmtes Element der Auflistung Bezug nehmen möchten, ist die Namensreferenz vorzuziehen, da sich der Index des Objekts ändern kann.

Bestandteil von: Application (Objekt)

Verweist auf Objekt in bzw. enthält: AllDatabaseDiagrams (Auflistung), AllFunctions (Auflistung), AllQueries (Auflistung), AllStoredProcedures (Auflistung), AllTables (Auflistung), AllViews (Auflistung)

Eigenschaften: AllDataAccessDiagrams, AllFunctions, AllQueries, AllStoredProcedures, AllTables, AllViews

CodeProject (Objekt)

Dieses Objekt besitzt mehrere Auflistungen, über die auf die **Code**-Objekte des Projekts zugegriffen werden kann (siehe auch **CurrentProject**).

```
AllForms!Objektname
AllForms![Name des Objekts]
AllForms("Objektname")
AllForms(Index)
```

Objektname: Name des Objekts, auf das verwiesen werden soll. Besitzt der Name ein Leerzeichen, muss er in eckige Klammern gesetzt werden.

Index: Einzelne Objekte innerhalb der Auflistung werden mit null beginnend indexiert. Sie können auf ein einzelnes **CodeProject**-Objekt in der Auflistung zugreifen, indem Sie entweder den Namen oder den Index des Objekts innerhalb der Auflistung angeben. Wenn Sie auf ein bestimmtes Element der Auflistung Bezug nehmen möchten, ist die Namensreferenz vorzuziehen, da sich der Index des Objekts ändern kann.

Bestandteil von: Application (Objekt)

Enthält: AccessObjectProperties (Auflistung), AllDataAccessPages (Auflistung), AllForms (Auflistung), AllMacros (Auflistung), AllModules (Auflistung), AllReports (Auflistung)

Eigenschaften: AllDataAccessPages, AllForms, AllMacros, AllModules, AllReports, Application, BaseConnectionString, Connection, FileFormat, FullName, IsConnected, Name, Parent, Path, ProjectType, Properties, RemovePersonalInformation

Methoden: CloseConnection, OpenConnection

Programmierbeispiel

```
AllMacros("macrPreiserhoehung")
AllMacros!macrPreiserhoehung
```

Sie finden unter den mit »All...« beginnenden Auflistungen weitere Beispiele für das Objekt **CodeProject**.

ComboBox (Objekt)

Dieses Objekt (siehe Abbildung 6.4), das einem Kombinationsfeld entspricht, gibt Ihnen die Möglichkeit, einen Wert aus einer vordefinierten Liste auszuwählen oder in eine Liste einzugeben. Diese Liste kann auch mehrspaltig sein.

Abbildung 6.4: Das Objekt **ComboBox**

Verweist auf Objekt in bzw. enthält: FormatConditions (Auflistung), Hyperling (Objekt), Properties (Auflistung)

Eigenschaften: AddColon, AfterUpdate, AllowAutoCorrect, Application, AutoExpand, AutoLabel, BackColor, BackStyle, BeforeUpdate, BorderColor, BorderStyle, BorderWidth, BoundColumn, Column, ColumnCount, ColumnHeads, ColumnHidden, ColumnOrder, ColumnWidth, ColumnWidths, Controls, ControlSource, ControlTipText, ControlType, DecimalPlaces, DefaultValue, DisplayWhen, Enabled, EventProcPrefix, FontBold, FontItalic, FontName, FontSize, FontUnderline, FontWeight, ForeColor, Format, FormatConditions, Height, HelpContextId, HideDuplicates, Hyperlink, IMEHold/HoldKanjiConversionMode, IMEMode/KanjiConversionMode, IMESentenceMode, InputMask, InSelection, IsHyperlink, IsVisible, ItemData, KeyboardLanguage, LabelAlign, LabelX, LabelY, Left, LimitToList, ListCount, ListIndex, ListRows, ListWidth, Locked, Name, NumeralShapes, OldBorderStyle, OldValue, OnChange, OnClick, OnDblClick, OnDirty, OnEnter, OnExit, OnGotFocus, OnKeyDown, OnKeyPress, OnKeyUp, OnLostFocus, OnMouseDown, OnMouseMove, OnMouseUp, OnNotInList, OnUndo, Parent, Properties, ReadingOrder, Recordset, RowSource, RowSourceType, ScrollBarAlign, Section, SelLength, SelStart, SelText, ShortcutMenuBar, SpecialEffect, StatusBarText, TabIndex, TabStop, Tag, Text, TextAlign, Top, ValidationRule, ValidationText, Value, Visible, Width

Methoden: AddItem, Dropdown, Move, RemoveItem, Requery, SetFocus, SizeToFit, Undo

Ereignisse: AfterUpdate, BeforeUpdate, Change, Click, DblClick, Dirty, Enter, Exit, GotFocus, KeyDown, KeyPress, KeyUp, LostFocus, MouseDown, MouseMove, MouseUp, NotInList, Undo

Anmerkung

Dieses Objekt ist nicht mit dem Steuerelement **`Dynamic HTML Combo Box`** (dem Dropdownlistenfeld für dynamisches HTML) identisch.

CommandButton (Objekt)

Dieses Objekt (siehe Abbildung 6.5), das einer Befehlsschaltfläche entspricht, kann Makros oder Ereignisprozeduren auslösen.

Abbildung 6.5: Das Objekt **`CommandButton`**

Verweist auf Objekt in bzw. enthält: Hyperlink (Objekt), Properties (Auflistung)

Eigenschaften: AddColon, Application, AutoLabel, AutoRepeat, Cancel, Caption, Controls, ControlTipText, ControlType, Default, DisplayWhen, Enabled, EventProcPrefix, FontBold, FontItalic, FontName, FontSize, FontUnderline, FontWeight, ForeColor, Height, HelpContextId, Hyperlink, HyperlinkAddress, HyperlinkSubAddress, InSelection, IsVisible, LabelAlign, LabelX, LabelY, Left, Name, ObjectPalette, OldValue, OnClick, OnDblClick, OnEnter, OnExit, OnGotFocus, OnKeyDown, OnKeyPress, OnKeyUp, OnLostFocus, OnMouseDown, OnMouseMove, OnMouseUp, OnPush, Parent, Picture, PictureData, PictureType, Properties, ReadingOrder, Section, ShortcutMenuBar, SpecialEffect, StatusBarText, TabIndex, TabStop, Tag, Top, Transparent, Value, Visible, Width

Methoden: Move, Requery, SetFocus, SizeToFit

Ereignisse: Click, DblClick, Enter, Exit, GotFocus, KeyDown, KeyPress, KeyUp, LostFocus, MouseDown, MouseMove, MouseUp

Anmerkung

Dieses Objekt ist nicht mit dem Steuerelement **Dynamic HTML Command Button** (dem Befehlsschaltfläche-Steuerelement für dynamisches HTML) identisch.

Control (Objekt)

Ein Objekt vom Typ **Control** stellt ein Steuerelement dar, das sich in einem Bereich, einem Bericht oder einem Formular befindet. **Control** kann Bestandteil eines anderen Steuerelements sein.

Bestandteil von: Application (Objekt), Controls (Auflistung), Form (Objekt), Report (Objekt), Screen (Objekt)

Verweist auf Objekt in bzw. enthält: Form (Objekt), Hyperlink (Objekt), Pages (Auflistung), Properties (Auflistung), Report (Objekt)

Eigenschaften: Application, Column, ColumnCount, ColumnHeads, Controls, Form, Hyperlink, ItemData, ItemsSelected, Object, ObjectVerbs, Pages, Parent, Properties, Report, Selected

Methoden: Dropdown, Move, Requery, SetFocus, SizeToFit, Undo

Programmierbeispiel

Sie können auf ein **Control**-Objekt entweder explizit oder implizit verweisen.

```
frmStamdaten.Controls!VName   'Expliziter Verweis
Me!VName   'Impliziter Verweis
```

Controls (Auflistung)

Eine Auflistung, in der sich pro Steuerelement des Formulars oder Berichts ein **Control**-Objekt befindet

Bestandteil von: Form (Objekt), Report (Objekt), SubForm (Objekt)

Verweist auf Objekt in bzw. enthält: Control (Objekt)

Eigenschaften: Application, Count, Item, Parent

Anmerkung

Controls-Auflistungen können durchlaufen und die Eigenschaften jedes Steuerelements festgelegt werden.

Die **Controls**-Objekte **TabControl** (Registersteuerelement) und **OptionGroup** (Optionsgruppe) besitzen Auflistungen, die mehrere Steuerelemente enthalten können. Die **Controls**-Auflistung zum Optionsgruppen-Steuerelement enthält ein beliebiges Optionsfeld, Kontrollkästchen oder Bezeichnungsfeld bzw. eine beliebige Umschaltfläche. Das Registersteuerelement enthält eine **Pages**-Auflistung.

Programmierbeispiel

Das folgende Beispiel durchläuft alle Steuerelemente in der Auflistung **Controls** eines Formulars. Die Prozedur wird von einem Formularmodul aufgerufen. Das Objekt **Form** wird mit dem Schlüsselwort **Me** an die Prozedur übergeben. Die Prozedur stellt einige Eigenschaften ein, falls das Steuerelement ein Textfeld ist.

```
TextfeldEigenschaftenEinstellen Me
Sub TextfeldEigenschaftenEinstellen(frm As Form)
  Dim ctl As Control
  For Each ctl In frm.Controls
    If ctl.ControlType = acTextBox Then
      With ctl
        .SetFocus
        .Enabled = True
        .Height = 400
        .SpecialEffect = 0
      End With
    End If
  Next ctl
End Sub
```

CurrentData (Objekt)

Über dieses Objekt kann auf alle Objekte (Datenbanken, Abfragen usw.) des Servers zugegriffen werden.

```
AllTables!Objektname
AllFunctions![Name der Funktion]
AllViews("Sichtname")
AllQueries(Index)
```

Objektname: Name des Objekts, auf das verwiesen werden soll. Besitzt der Name ein Leerzeichen, muss er in eckige Klammern gesetzt werden.

Index: Einzelne Objekte innerhalb der Auflistung werden mit null beginnend indexiert. Sie können auf ein einzelnes **CurrentDate**-Objekt in der Auflistung zugreifen, indem Sie entweder den Namen oder den Index des Objekts innerhalb der Auflistung angeben. Wenn Sie auf ein bestimmtes Element der Auflistung Bezug nehmen möchten, ist die Namensreferenz vorzuziehen, da sich der Index des Objekts ändern kann.

Bestandteil von: Application (Objekt)

Verweist auf Objekt in bzw. enthält: AllDatabaseDiagrams (Auflistung), AllFunctions (Auflistung), AllQueries (Auflistung), AllStoredProcedures (Auflistung), AllTables (Auflistung), AllViews (Auflistung)

Eigenschaften: AllDatabaseDiagrams, AllFunctions, AllQueries, AllStoredProcedures, AllTables, AllViews

Programmierbeispiel

```
AllFunctions!Summierung
AllFunctions("Summierung")
```

CurrentProject (Objekt)

Dieses Objekt enthält in Auflistungen die Objekte (auch ungeöffnete) des aktuellen Projekts.

```
AllForms!Objektname
AllForms![Name des Objekts]
```

```
AllForms("Objektname")
AllForms(Index)
```

Objektname: Name des Objekts, auf das verwiesen werden soll. Besitzt der Name ein Leerzeichen, muss er in eckige Klammern gesetzt werden.

Index: Einzelne Objekte innerhalb der Auflistung werden mit null beginnend indexiert. Sie können auf ein einzelnes **CurrentProject**-Objekt in der Auflistung zugreifen, indem Sie entweder den Namen oder den Index des Objekts innerhalb der Auflistung angeben. Wenn Sie auf ein bestimmtes Element der Auflistung Bezug nehmen möchten, ist die Namensreferenz vorzuziehen, da sich der Index des Objekts ändern kann.

Bestandteil von: Application (Objekt)

Verweist auf Objekt in bzw. enthält: AllDataAccessPages (Auflistung), AllForms (Auflistung), AllMacros (Auflistung), AllModules (Auflistung), AllReports (Auflistung)

Eigenschaften: AllDataAccessPages, AllForms, AllMacros, AllModules, AllowBreakIntoCode, AllowBuildInToolbars, AllowShortcutMenus, AllowSpecialKeys, AllowToolbarChangesAllReports, AppIcon, Application, AppTitel, BaseConnectionString, Connection, FileFormat, FullName, IsConnected, Name, Path, ProjectType, Properties, RemovePersonalInformation

Methoden: CloseConnection, OpenConnection

Programmierbeispiel

Dieses Beispiel gibt den Namen und die **AcFileFormat**-Konstante zurück, die das Microsoft-Access-Versionsformat des angegebenen Projekts bestimmt.

```
Sub PrintInfo()
   Dim app As Object
   Set app = Application.CurrentProject
   Debug.Print app.FullName
   Debug.Print app.FileFormat
End Sub
```

CustomControl (Objekt)

Das zusätzliche Eigenschaftenfenster stellt eine Schnittstelle zum Einstellen der wichtigsten Steuerelementeigenschaften bereit. Es ist Bestandteil einiger ActiveX-Steuerelemente (zum Beispiel des Kalender-Steuerelements).

Verweist auf Objekt in bzw. enthält: Properties (Auflistung)

Eigenschaften: About, Application, BorderColor, BorderStyle, BorderWidth, Cancel, Class, Controls, ControlSource, ControlTipText, ControlType, Custom, Default, DisplayWhen, Enabled, EventProcPrefix, Height, HelpContextId, InSelection, IsVisible, Left, Locked, LpOleObject, Name, Object, ObjectPalette, ObjectVerbs, ObjectVerbsCount, OldBorderStyle, OldValue, OLEClass, OnEnter, OnExit, OnGotFocus, OnLostFocus, OnUpdated, Properties, ReadingOrder, Section, SpecialEffect, TabIndex, TabStop, Tag, Top, Value, Verb, Visible, Width

Methoden: Move, Requery, SetFocus, SizeToFit

Ereignisse: Enter, Exit, GotFocus, LostFocus, Updated

Anmerkung

ActiveX-Steuerelemente, die über ein zusätzliches Eigenschaftsfenster verfügen, besitzen in den Eigenschaften den Eintrag BENUTZERDEFINIERT.

DataAccessPage (Objekt)

Dieses Objekt verweist auf eine Access-Datenzugriffsseite.

```
DataAccessPages!Seitenname
DataAccessPages![Seitenname]
DataAccessPages("Seitenname")
DataAccessPages(Index)
```

Seitenname: Name der Seite, auf die verwiesen werden soll. Besitzt der Name ein Leerzeichen, muss er in eckige Klammern gesetzt werden.

Index: Einzelne Objekte innerhalb der Auflistung werden mit null beginnend indexiert. Sie können auf ein einzelnes **`DataAccessObject`**-Objekt in der Auflistung zugreifen, indem Sie entweder den Namen oder den Index des Objekts innerhalb der Auflistung angeben. Wenn Sie auf ein bestimmtes Element der Auflistung Bezug nehmen möchten, ist die Namensreferenz vorzuziehen, da sich der Index des Objekts ändern kann.

Bestandteil von: Application (Objekt), DataAccessPages (Auflistung), Screen (Objekt)

Verweist auf Objekt in bzw. enthält: WebOptions (Objekt)

Eigenschaften: Name, Parent, RemovePersonalInformation, Tag, Visible, WebOptions, WindowHeight, WindowWidth

Methoden: ApplyTheme

Programmierbeispiel

Das folgende Beispiel erzeugt eine neue Datenzugriffsseite und gibt ihr einen Titel.

```
Sub SeiteNeu()
   Dim seite As AccessObject
    Set seite = CreateDataAccessPage("C:\Daten\Verkauf", True)
    seite.Tag = "Datenzugriffsseite Verkauf"
    DoCmd.Restore
End Sub
```

DataAccessPages (Auflistung)

Eine Auflistung, die die geöffneten Datenzugriffsseiten enthält.

Bestandteil von: Application (Objekt)

Verweist auf Objekt in bzw. enthält: DataAccessPage (Objekt)

Eigenschaften: Application, ConnectionString, Count, CurrentView, Document, Item, MailEnvelope, MSODSC, Parent

Programmierbeispiel

Das folgende Beispiel gibt die Datenzugriffsseiten einer **DataAccessPages**-Auflistung auf und gibt die Titel aller nicht geladenen Seiten zurück.

```
Sub NichtGeladeneSeiten()
   Dim seite As AccessObject
   Set pre = Application.CurrentProject
   For Each seite In pre.AllDataAccessPages
      If seite.IsLoaded = False Then
         Debug.Print seite.Name
      End If
   Next seite
End Sub
```

DefaultWebOptions (Objekt)

Dieses Objekt enthält globale Eigenschaften, die von Access verwendet werden, wenn Sie eine Datentzugriffsseite als Webseite speichern oder eine Webseite öffnen.

Bestandteil von: Application (Objekt)

Eigenschaften: AlwaysSaveInDefaultEncoding, Application, CheckIfOffice-IsHTMLEditor, DownloadComponents, Encoding, FolderSuffix, Followed-HyperlinkColor, HyperlinkColor, LocationOfComponents, OrganizeInFolder, Parent, TargetBrowser, UnderlineHyperlinks, UseLongFileNames

Programmierbeispiel

Das folgende Beispiel von Microsoft prüft bei der Anzeige einer gespeicherten Datenzugriffsseite, ob Microsoft Office Web Components übertragen wurden, und setzt dementsprechend den Wert einer Kennzeichnung.

```
Set objAnwendungsWebOptionen = _
   Application.DefaultWebOptions
With objAnwendungsWebOptionen
  If .DownloadComponents = True Then
    strKomponentenDownload = "Geladen"
  Else
    strKomponentenDownload = "Nicht geladen"
  End If
End With
```

DoCmd (Objekt)

Sie können mit Hilfe dieses Objekts Makroaktionen unter VBA ausführen.

Bestandteil von: Application (Objekt)

Methoden: AddMenu, ApplyFilter, Beep, CancelEvent, Close, CopyDatabaseFile, CopyObject, DeleteObject, DoMenuItem, Echo, FindNext, FindRecord, GoToControl, GoToPage, GoToRecord, Hourglass, Maximize, Minimize, MoveSize, OpenDataAccessPage, OpenDiagram, OpenForm, OpenFunction, OpenModule, OpenQuery, OpenReport, OpenStoredProcedure, OpenTable, OpenView, OutputTo, PrintOut, Quit, Rename, RepaintObject, Requery, Restore, RunCommand, RunMacro, RunSQL, Save, SelectObject, SendObject, SetMenuItem, SetWarnings, ShowAllRecords, ShowToolbar, TransferDatabase, TransferSpreadsheet, TransferSQLDatabase, TransferText

Anmerkung

Das Objekt **DoCmd** unterstützt keine Methoden, die den folgenden Aktionen entsprechen: **HinzufügenMenü**, **Warnmeldung** (verwenden Sie die Funktion **MsgBox**), **AusführenAnwendung** (verwenden Sie die Funktion **Shell**, um eine andere Anwendung auszuführen), **AusführenCode** (führen Sie die jeweilige Funktion direkt in Visual Basic aus), Tastaturbefehle (verwenden Sie die Anweisung **SendKeys**), **SetzenWert** (stellen Sie den Wert direkt in Visual Basic ein), **StoppAlleMakros**, **StoppMakro**.

Programmierbeispiel

Das Beispiel öffnet ein Formular, geht zu einer bestimmten Seite und aktiviert ein Steuerelement.

```
Sub ShowNewRecord()
    DoCmd.OpenForm "Artikelverwaltung", acNormal
    DoCmd.GoToPage(3)
    DoCmd.GoToControl ctlBearbeiten
End Sub
```

FileDialog (Objekt)

Sie können mit diesem Objekt Dateidialogfelder aufrufen. Aufrufen lassen sich in Access die Dialogfelder zum Öffnen und Auswählen von Dateien und dem Auswählen von Verzeichnissen. Das Speichern von Dateien funktioniert zumindest in der vorliegenden Version von Access XP nicht unbedingt. Diese Dialogfeldtypen lassen sich über die Funktion **FileDialog** abrufen.

Bestandteil von: Application (Objekt)

Verweist auf Objekt in bzw. enthält: FileDialogFilters (Ausflistung), FileDialogSelectedItems (Auflistung)

Eigenschaften: AllowMultiSelect, Application, ButtonName, Creator, DialogType, FilterIndex, Filters, InitialFileName, InitialView, Item, Parent, SelectedItems, Title

Methoden: Execute, Show

Anmerkung

Dieses Objekt ist kein originäres Access-Objekt. Es ist deswegen hier aufgenommen worden, weil Sie mit diesem Office-10-Objekt nicht länger gezwungen sind, Dateidialogfelder über zusätzliche OCX-Controls oder Windows-API-Aufrufe zu starten. Wenn Sie mehr über dieses Objekt wissen wollen, als Sie in diesem Buch finden, verweisen wir auf die Hilfe, und dort auf die »Microsoft Office Visual Basic-Referenz«, in der **FileDialog** ausführlich beschrieben ist.

Programmierbeispiel

Das folgende Beispiel ruft das Dialogfeld DATEI ÖFFNEN auf und zeigt das ausgewählte Objekt mit seinem vollständigen Pfad in einer Dialogbox an.

```
Dim dlg As FileDialog
Set dlg = Application.FileDialog(_
  msoFileDialogOpen)
  If dlg.Show Then
    MsgBox dlg.SelectedItems(1)
  End If
```

Form (Objekt)

Dieses Objekt repräsentiert ein Microsoft-Access-Formular.

```
Forms!Formularname
Formulare![Name des Formulars]
Forms("Formularname")
Forms(Index)
```

Formularname: Name des Formulars, auf das verwiesen werden soll. Besitzt der Name ein Leerzeichen, muss er in eckige Klammern gesetzt werden.

Index: Einzelne Objekte innerhalb der Auflistung werden mit null beginnend indexiert. Sie können auf ein einzelnes **Form**-Objekt in der Auflistung zugreifen, indem Sie entweder den Namen oder den Index des Objekts innerhalb der Auflistung angeben. Wenn Sie auf ein bestimmtes Element der Auflistung Bezug nehmen möchten, ist die Namensreferenz vorzuziehen, da sich der Index des Objekts ändern kann.

Bestandteil von: Application (Objekt), Control (Objekt), Forms (Auflistung), Screen (Objekt), SubForm (Objekt), SubReport (Objekt)

Verweist auf Objekt in bzw. enthält: Control (Objekt), Controls (Auflistung), Module (Objekt), Printer (Objekt), Properties (Auflistung), Section (Objekt)

Eigenschaften: ActiveControl, AfterBeginTransaction, AfterCommitTransaction, AfterDelConfirm, AfterFinalRender, AfterInsert, AfterLayout, AfterRender, AfterUpdate, AllowAdditions, AllowDatasheetView, AllowDeletions, AllowsDesignChange, AllowEdits, AllowFilters, AllowFormView, AllowPivotChartView, AllowPivotTableView, Application, AutoCenter, AutoRezise, BatchUpdates, BeforeBeginTransaction, BeforeCommitTransaction, BeforeDelConfirm, BeforeInsert, BeforeQuery, BeforeRender, BeforeScreenTip, BeforeUpdate, BeginBatchEdit, Bookmark, BorderStyle, Caption, ChartSpace, CloseButton, CommandBeforeExecute, CommandChecked, CommandEnabled, CommandExecute, CommitOnClose, CommitOnNavigation, ControlBox, Controls, Current-

Record, CurrentSectionLeft, CurrentSectionTop, CurrentView, Cycle, DataChange, DataEntry, DataSetChange, DatasheetBackColor, DatasheetBorderLineStyle, DatasheetCellsEffect, DatasheetColumnHeaderUnderlineStyle, DatasheetFontHeight, DatasheetFontItalic, DatasheetFontName, DatasheetFontUnderline, DatasheetFontWeight, DatasheetForeColor, DatasheetGridlinesBehavior, DatasheetGridlinesColor, DefaultControl, DefaultView, Dirty, DividingLines, FastLaserPrinting, FetchDefaults, Filter, FilterOn, Form, FrozenColumns, GridX, GridY, HasModule, HelpContextId, HelpFile, HorizontalDatasheetGridlineStyle, Hwnd, InputParameters, InsideHeight, InsideWidth, KeyPreview, LayoutForPrint, MaxRecButton, MaxRecords, MenuBar, MinMaxButtons, Modal, Module, MouseWheel, Moveable, Name, NavigationButtons, NewRecord, OnActivate, OnApplyFilter, OnClick, OnClose, OnConnect, OnCurrent, OnDblClick, OnDeactivate, OnDelete, OnDirty, OnDisconnect, OnError, OnFilter, OnGotFocus, OnInsert, OnKeyDown, OnKeyPress, OnKeyUp, OnLoad, OnLostFocus, OnMenu, OnOpen, OnRecordExit, OnResize, OnTimer, OnUndo, OnUnload, OpenArgs, OrderBy, OrderByOn, Orientation, Page, Pages, Painting, PaintPalette, PaletteSource, Parent, Picture, PictureAlignment, PictureData, PictureSizeMode, PictureTiling, PictureType, PivotTable, PivotTableChange, PopUp, Printer, Properties, PrtDevMode, PrtDevNames, PrtMip, Query, RecordLocks, RecordSelectors, Recordset, RecordsetClone, RecordsetType, RecordSource, RecordSourceQualifier, ResyncCommand, RollbackTransaction, RowHeight, ScrollBars, Section, SelectionChange, SelHeight, SelLeft, SelTop, SelWidth, ServerFilter, ServerFilterByForm, ShortcutMenu, ShortcutMenuBar, SubdatasheetExpanded, SubdatasheetHeight, Tag, TimerInterval, Toolbar, UndoBatchEdit, UniqueTable, UseDefaultPrinter, VerticalDatasheetGridlineStyle, ViewChange, ViewsAllowed, Visible, WhatsThisButton, Width, WindowHeight, WindowLeft, WindowTop, WindowWidth

Methoden: AddMenu, ApplyFilter, Beep, CancelEvent, Close, CopyDatabaseFile, CopyObject, DeleteObject, DoMenuItem, Echo, FindNext, FindRecord, GoToControl, GoToPage, GoToRecord, Hourglass, Maximize, Minimize, MoveSize, OpenDataAccessPage, OpenDiagram, OpenForm, OpenFunction, OpenModule, OpenQuery, OpenReport, OpenStoredProcedure, OpenTable, OpenView, OutputTo, PrintOut, Quit, Rename, RepaintObject, Requery, Restore, RunCommand, RunMacro, RunSQL, Save, SelectObject, SendObject, SetMenuItem, SetWarnings, ShowAllRecords, ShowToolbar, TransferDatabase, TransferSpreadsheet, TransferSQLDatabase, TransferText

Ereignisse: Activate, AfterBeginTransaction, AfterCommitTransaction, AfterDelConfirm, AfterFinalRender, AfterInsert, AfterLayout, AfterRender, AfterUpdate, ApplyFilter, BeforeBeginTransaction, BeforeCommitTransaction, BeforeDelConfirm, BeforeInsert, BeforeQuery, BeforeRender, BeforeScreenTip, BeforeUpdate, BeginBatchEdit, Click, Close, CommandBeforeExecute, CommandChecked, CommandEnabled, CommandExecute, Current, DataChange, DataSetChange, DblClick, Deactivate, Delete, Dirty, Error, Filter, GotFocus, KeyDown, KeyPress, KeyUp, Load, LostFocus, MouseDown, MouseMove, MouseUp, MouseWheel, OnConnect, Open, PivotTableChange, Query, RecordExit, Resize, RollbackTransaction, SelectionChange, Timer, Undo, UndoBatchEdit, Unload, ViewChange

Anmerkung

Wenn das Argument **Datenmodus** der **ÖffnenFormular**-Aktion verwendet wird, überschreibt Microsoft Access eine Reihe von Formulareigenschaften. Wenn das Argument **Datenmodus** der **ÖffnenFormular**-Aktion auf **Bearbeiten** festgelegt ist, öffnet Microsoft Access das Formular mit den folgenden Eigenschafteneinstellungen:

```
AllowEdits - Ja
AllowDeletions - Ja
AllowAdditions - Ja
DataEntry - Nein
```

Wenn Sie verhindern möchten, dass die **ÖffnenFormular**-Aktion vorhandene Eigenschafteneinstellungen überschreibt, legen Sie für das Argument **Datenmodus** keine Einstellungen fest, damit Microsoft Access die vom Formular definierten Eigenschafteneinstellungen verwendet.

Programmierbeispiel

Sie können auf ein Steuerelement in einem **Form**-Objekt entweder explizit oder implizit verweisen.

```
'Expliziter Verweis
Forms!frmStamdaten.Controls!ctlBearbeiten
'Impliziter Verweis
Forms!frmStamdaten!ctlBearbeiten
```

Das folgende Beispiel erstellt ein neues Formular und stellt bestimmte Eigenschaften ein.

```
Sub NeuesFormular()
  Dim frm As Form
  Set frm = CreateForm
  With frm
    .RecordSource = "Artikel"
    .Caption = "Formular: Artikel"
    .ScrollBars = 0
    .NavigationButtons = True
  End With
  DoCmd.Restore
End Sub
```

FormatCondition (Objekt)

Dieses Objekt repräsentiert die Formatierung eines Kombinationsfeldes (**ComboBox**) oder Textfeldes (**TextBox**) auf der Grundlage einer oder mehrerer Bedingungen.

Bestandteil von: FormatConditions (Auflistung)

Eigenschaften: BackColor, Enabled, Expression1, Expression2, FontBold, FontItalic, FontUnderline, FontWeight, ForeColor, Operator, Parent, Type

Methoden: Add, Delete, Modify

FormatConditions (Auflistung)

Diese Auflistung enthält alle bedingten Formatierungen für Steuerelemente vom Typ **ComboBox** (Kombinationsfeld) oder **TextBox** (Textfeld).

Bestandteil von: ComboBox (Objekt), TextBox (Objekt)

Verweist auf Objekt in bzw. enthält: FormatCondition (Objekt)

Eigenschaften: Application, Item

Methoden: Add, Delete

Programmierbeispiel

Das folgende Beispiel definiert Eigenschaften einer bereits existierenden bedingten Formatierung eines **TextBox**-Steuerelements, das ArtNummer heißt.

```
With Forms("frmArtikel").Controls("ArtNummer")_
  .FormatConditions(1)
  .BackColor = RGB(255,255,255)
  .FontBold = True
  .ForeColor = RGB(255,0,0)
End With
```

Forms (Auflistung)

Eine Auflistung, die alle geöffneten Formulare enthält. Ein Formular wird hierbei jeweils durch ein **Form**-Objekt repräsentiert.

Bestandteil von: Application (Objekt)

Verweist auf Objekt in bzw. enthält: Form (Objekt)

Eigenschaften: Count, Item, Parent

Anmerkung

Wenn Sie alle Formulare geliefert bekommen wollen, verwenden Sie die Auflistung **AllForms**.

Programmierbeispiel

```
Sub Infos()
Dim frm As Form
   For Each frm In Application.Forms
   Debug.Print frm.Name, frm.Caption
Next frm
End Sub
```

GroupLevel (Objekt)

GroupLevel kann dazu verwendet werden, auf eine bestimmte Gruppierungsebene eines Berichts zu verweisen (siehe Tabelle 6.1).

Gruppierungsebene	Bezug auf
GroupLevel(0)	das erste Feld oder den ersten Ausdruck, nach dem Sie sortieren oder gruppieren.
GroupLevel(1)	das zweite Feld oder den zweiten Ausdruck, nach dem Sie sortieren oder gruppieren.
GroupLevel(n)	das n-te Feld oder den zweiten Ausdruck, nach dem Sie sortieren oder gruppieren.

Tabelle 6.1: Gruppierungsebenen

Bestandteil von: Report (Objekt)

Verweist auf Objekt in bzw. enthält: Properties (Auflistung)

Eigenschaften: Application, ControlSource, GroupFooter, GroupHeader, GroupInterval, GroupOn, KeepTogether, Parent, Properties, SortOrder

Programmierbeispiel

Im folgenden Beispiel wird ein Bericht absteigend nach dem ersten Zeichen eines Feldes im Detailbereich gruppiert.

```
Reports!Verkauf.GroupLevel(0).SortOrder = -1
Reports!Verkauf.GroupLevel(0).GroupOn = 1
Reports!Verkauf.GroupLevel(0).GroupInterval = 1
Reports!Verkauf.GroupLevel(0).KeepTogether = 2
```

Hyperlink (Objekt)

Dieses Objekt gibt Ihnen die Möglichkeit, über ein Formular, einen Bericht oder eine Datenzugriffsseite auf die Hyperlinks zuzugreifen, die in einer Tabelle gespeichert sind.

Bestandteil von: ComboBox (Objekt), CommandButton (Objekt), Control (Objekt), Image (Objekt), Label (Objekt), ListBox (Objekt), TextBox (Objekt)

Eigenschaften: Address, EmailSubject, ScreenTip, SubAddress, TextToDisplay

Methoden: AddToFavorites, CreateNewDocument, Follow

Anmerkung

Verweise auf ein **Hyperlink**-Objekt können mit der **Hyperlink**-Eigenschaft zurückgegeben werden. Teile eines bestehenden Hyperlinks werden über die Funktion **HyperlinkPart** des **Application**-Objekts ermittelt.

Programmierbeispiel

Das folgende Beispiel aktiviert den mit einer Befehlsschaltfläche des Formulars `frmAdressen` verknüpften Hyperlink.

```
frmAdressen!cmdLink.Hyperlink.Follow
```

Das folgende Beispiel weist der **HyperlinkAddress**-Eigenschaft einer Befehlsschaltfläche einen Wert zu und öffnet dann beim Laden des Formulars den Hyperlink.

```
Private Sub FormularLaden()
  Dim ctlLink As CommandButton
  Set ctlLink = Me!cmdLink
  With ctlLink
    .Visible = False
    .HyperlinkAddress = _
      "http://www.mas-systemberatung.de/"
    .Hyperlink.Follow
  End With
End Sub
```

Image (Objekt)

Sie können mit diesem Objekt (siehe Abbildung 6.6), das einem Bild-Steuerelement entspricht, ein Bild zu einem Bericht oder Formular hinzufügen.

Abbildung 6.6: Das Objekt **Image**

Verweist auf Objekt in bzw. enthält: Hyperlink (Objekt), Properties (Auflistung)

Eigenschaften: Application, BackColor, BackStyle, BorderColor, BorderStyle, BorderWidth, Controls, ControlTipText, ControlType, DisplayWhen, EventProcPrefix, Height, HelpContextId, Hyperlink, HyperlinkAddress, HyperlinkSubAddress, ImageHeight, ImageWidth, InSelection, IsVisible, Left, Name, ObjectPalette, OldBorderStyle, OldValue, OnClick, OnDblClick, OnMouseDown, OnMouseMove, OnMouseUp, Parent, Picture, PictureAlignment, PictureData, PictureTiling, PictureType, Properties, Section, ShortcutMenuBar, SizeMode, SpecialEffect, Tag, Top, Visible, Width

Methoden: Move, Requery, SetFocus, SizeToFit

Ereignisse: Click, DblClick, MouseDown, MouseMove, MouseUp

Anmerkung

Dieses Objekt ist nicht mit dem Steuerelement **Dynamic HTML Image** (dem Bild-Steuerelement für dynamisches HTML) identisch.

Label (Objekt)

Sie können mit diesem Objekt (siehe Abbildung 6.7), das einem Bezeichnungsfeld-Steuerelement entspricht, beschreibenden Text auf einem Bericht oder Formular anzeigen lassen.

Abbildung 6.7: Das Objekt `Label`

Verweist auf Objekt in bzw. enthält: Hyperlink (Objekt), Properties (Auflistung)

Eigenschaften: Application, BackColor, BackStyle, BorderColor, BorderStyle, BorderWidth, ButtonMargin, Caption, ControlTipText, ControlType, DisplayWhen, EventProcPrefix, FontBold, FontItalic, FontName, FontSize, FontUnderline, ForeColor, Height, HelpContextId, Hyperlink, HyperlinkAddress, HyperlinkSubAddress, InSelection, IsVisible, Left, LeftMargin, LineSpacing, Name, NumeralShapes, OldBorderStyle, OnClick, OnDblClick, OnMouseDown, OnMouseMove, OnMouseUp, Parent, Properties, ReadingOrder, RightMargin, Section, ShortcutMenuBar, SpecialEffect, Tag, TextAlign, Top, TopMargin, Vertical, Visible, Width

Methoden: Move, SizeToFit

Ereignisse: Click, DblClick, MouseDown, MouseMove, MouseUp

Anmerkung

Dieses Objekt ist nicht mit dem Steuerelement **`Dynamic HTML Label`** (dem Bezeichnungsfeld-Steuerelement für dynamisches HTML) identisch.

Line (Objekt)

Sie können mit diesem Objekt (siehe Abbildung 6.8), das einem Linie-Steuerelement entspricht, horizontale, vertikale oder diagonale Linien anzeigen lassen.

Abbildung 6.8: Das Objekt `Line`

Verweist auf Objekt in bzw. enthält: Properties (Auflistung)

Eigenschaften: Application, BorderColor, BorderStyle, BorderWidth, ControlType, DisplayWhen, EventProcPrefix, Height, InSelection, IsVisible, Left, LineSlant, Name, OldBorderStyle, Parent, Properties, Section, SpecialEffect, Tag, Top, Visible, Width

Methoden: Move, SizeToFit

Anmerkung

Dieses Objekt ist nicht mit dem Steuerelement **Dynamic HTML Line** (dem Linie-Steuerelement für dynamisches HTML) identisch.

ListBox (Objekt)

Sie können mit diesem Objekt (siehe Abbildung 6.9), das einem Listenfeld-Steuerelement entspricht, eine Liste von Werten oder Alternativen anzeigen lassen.

Abbildung 6.9: Das Objekt **ListBox**

Verweist auf Objekt in bzw. enthält: Hyperlink (Objekt), Properties (Auflistung)

Eigenschaften: BackColor

Methoden: AddItem, Move, RemoveItem, Requery, SetFocus, SizeToFit, Undo

Ereignisse: AfterUpdate, BeforeUpdate, Click, DblClick, Enter, Exit, GotFocus, KeyDown, KeyPress, KeyUp, LostFocus, MouseDown, MouseMove, MouseUp

Anmerkung

Dieses Objekt ist nicht mit dem Steuerelement **Dynamic HTML ListBox** (dem Listenfeld-Steuerelement für dynamisches HTML) identisch.

Wenn Sie sowohl neue Werte eingeben als auch die in der Liste angezeigten Werte auswählen wollen und/oder wenn nicht genügend Platz auf Ihrem Formular vorhanden ist, sollten Sie statt des Objekts **ListBox** ein Kombinationsfeld (**ComboBox**) verwenden.

Programmierbeispiel

Das folgende Beispiel greift auf eine Liste zu, deren Datenquelle mit einer SQL-Abfrage definiert wird.

```
SELECT Vorname, Name, GebDatum
FROM Personal ORDER BY Name
```

Zugegriffen werden soll auf die Spalten `Name` und `GebDatum`, und immer dann, wenn ein neuer Listeneintrag ausgewählt wird, müssen die aktuellen Daten in das Textfeld `txtGeburtstage` eingetragen werden.

```
Private Sub lstGeburtstage_Click()
   Dim Geburtstage As Variant
   Geburtstage = Me!lstGeburtstage.Column(1) & " " &_
      Me!lstGeburtstage.Column(2)
   Me!txtGeburtstage = Geburtstage
End Sub
```

Module (Objekt)

Dieses Objekt verweist auf ein Standardmodul oder ein Klassenmodul. Es gibt drei Arten von Modulen: Formular- und Berichtsmodule, globale Standardmodule und globale Klassenmodule.

Formular- und Berichtsmodule erscheinen im Visual-Basic-Editor von Microsoft Access als Klassenobjekte und werden zusammen mit dem Formular bzw. Bericht gespeichert. Prozeduren dieser Module sind für das bestimmte Formular bzw. den Bericht spezifisch.

Globale Standardmodule werden außer im Visual-Basic-Editor von Microsoft Access auch im Datenbankfenster in der Objektliste MODULE angezeigt. Sie werden zusammen mit der Datenbank gespeichert. Diese Module können datenbankübergreifend eingesetzt werden, wenn Sie in einer Datenbank einen Verweis auf die Datenbank einrichten, deren Prozeduren Sie verwenden wollen.

Globale Klassenmodule ermöglichen es, benutzerdefinierte Objekte zu erstellen. Auf die Prozeduren eines globalen Klassenmoduls kann von jeder anderen Prozedur aus zugegriffen werden.

```
Modules!Modulname
Modules("Modulname")
Modules(Index)
```

Modulname: Name des Objekts

Index: Die numerische Position des Objekts in der Auflistung

Bestandteil von: Form (Objekt), Modules (Auflistung), Report (Objekt)

Eigenschaften: Application, CountOfDeclarationLines, CountOfLines, Lines, Name, Parent, ProcBodyLine, ProcCountLines, ProcOfLine, ProcStartLine, Type

Methoden: AddFromFile, AddFromString, CreateEventProc, DeleteLines, Find, InsertLines, InsertText, ReplaceLine

Programmierbeispiel

Sie erzeugen ein Standardmodul bzw. ein Klassenmodul mit der **RunCommand**-Methode des **DoCmd**-Objekts.

```
Sub StandardModulErzeugen()
RunCommand acCmdNewObjectModule
End Sub
Sub KlassenModulErzeugen()
RunCommand acCmdNewObjectClassModule
End Sub
```

Sie können sofort in diesen Modulen arbeiten.

Modules (Auflistung)

Eine Auflistung, die alle geöffneten Module enthält

Bestandteil von: Application (Objekt)

Verweist auf Objekt in bzw. enthält: Module (Objekt)

Eigenschaften: Application, Count, Item, Parent

Anmerkung

Die einzelnen Module sind in der **Modules**-Auflistung (beginnend mit null) indexiert.

ObjectFrame (Objekt)

Dieses Objekt (siehe Abbildung 6.10), das einem ungebundenen Objektfeld entspricht, ist in der Lage, ein OLE-Objekt, ein Diagramm oder ein Bild anzuzeigen, das nicht in einer Tabelle gespeichert, sondern in das Objektfeld eingebettet oder mit ihm verknüpft ist.

Abbildung 6.10: Das Objekt **ObjectFrame**

Verweist auf Objekt in bzw. enthält: Properties (Auflistung)

Eigenschaften: Action, Application, AutoActivate, BackColor, BackStyle, BorderColor, BorderStyle, BorderWidth, Class, Controls, ControlTipText, ControlType, DisplayType, DisplayWhen, Enabled, EventProcPrefix, Height, HelpContextId, InSelection, IsVisible, Item, Left, LinkChildFields, LinkMasterFields, Locked, LpOleObject, Name, Object, ObjectPalette, ObjectVerbs, ObjectVerbsCount, OldBorderStyle, OldValue, OLEClass, OLEType, OLETypeAllowed, OnClick, OnDblClick, OnEnter, OnExit, OnGotFocus, OnLostFocus, OnMouseDown, OnMouseMove, OnMouseUp, OnUpdated, Parent, Properties, RowSource, RowSourceType, Scaling, Section, ShortcutMenuBar, SizeMode, SourceDoc, SourceItem, SourceObject, SpecialEffect, StatusBarText, TabIndex, TabStop, Tag, Top, UpdateOptions, Verb, Visible, Width

Methoden: Move, Requery, SetFocus, SizeToFit

Eigenschaften: Click, DblClick, Enter, Exit, GotFocus, LostFocus, MouseDown, MouseMove, MouseUp, Updated

OptionButton (Objekt)

Dieses Objekt (siehe Abbildung 6.11), das einem Optionsfeld entspricht, ist ein eigenständiges Steuerelement, das die Zustände **True**, **False** (was Ja oder Nein entspricht) oder **NULL** besitzen kann.

Abbildung 6.11: Das Objekt **OptionButton**

Verweist auf Objekt in bzw. enthält: Properties (Auflistung)

Eigenschaften: AddColon, AfterUpdate, Application, AutoLabel, BeforeUpdate, BorderColor, BorderStyle, BorderWidth, ColumnHidden, ColumnOrder, ColumnWidth, Controls, ControlSource, ControlTipText, ControlType, DefaultValue, DisplayWhen, Enabled, EventProcPrefix, Height, HelpContextId, HideDuplicates, InSelection, IsVisible, LabelAlign, LabelX, LabelY, Left, Locked, Name, OldBorderStyle, OldValue, OnClick, OnDblClick, OnEnter, OnExit, OnGotFocus, OnKeyDown, OnKeyPress, OnKeyUp, OnLostFocus, OnMouseDown, OnMouseMove, OnMouseUp, OptionValue, Parent, Properties, ReadingOrder, Section, ShortcutMenuBar, SpecialEffect, StatusBarText, TabIndex, TabStop, Tag, Top, TripleState, ValidationRule, ValidationText, Value, Visible, Width

Methoden: Move, Requery, SetFocus, SizeToFit

Ereignisse: AfterUpdate, BeforeUpdate, Click, DblClick, Enter, Exit, GotFocus, KeyDown, KeyPress, KeyUp, LostFocus, MouseDown, MouseMove, MouseUp

Anmerkung

Dieses Objekt ist nicht mit dem Steuerelement **Dynamic HTML OptionButton** (dem Optionsfeld-Steuerelement für dynamisches HTML) identisch.

OptionGroup (Objekt)

Dieses Objekt (siehe Abbildung 6.12), das einem Optionsgruppe-Steuerelement entspricht, besteht aus einem Gruppenrahmen und mehreren Kontrollkästchen, Optionsfeldern oder Umschaltflächen. Die Objekte einer Optionsgruppe verlieren ihre Eigenständigkeit als Steuerelement und stellen nun eine Komponente der Optionsgruppe dar. Jedes Objekt der Optionsgruppe hat einen eindeutigen Zahlenwert, der mit der Eigenschaft **`OptionValue`** (Optionswert) festgelegt wird.

Abbildung 6.12: Das Objekt **`OptionGroup`**

Verweist auf Objekt in bzw. enthält: Properties (Auflistung)

Eigenschaften: AddColon, AfterUpdate, Application, AutoLabel, BackColor, BackStyle, BeforeUpdate, BorderColor, BorderStyle, BorderWidth, ColumnHidden, ColumnOrder, ColumnWidth, Controls, ControlSource, ControlTipText, ControlType, DefaultValue, DisplayWhen, Enabled, EventProcPrefix, Height, HelpContextId, HideDuplicates, InSelection, IsVisible, LabelAlign, LabelX, LabelY, Left, Locked, Name, OldBorderStyle, OldValue, OnClick, OnDblClick, OnEnter, OnExit, OnMouseDown, OnMouseMove, OnMouseUp, Parent, Properties, Section, ShortcutMenuBar, SpecialEffect, StatusBarText, TabIndex, TabStop, Tag, Top, ValidationRule, ValidationText, Value, Visible, Width

Methoden: Move, Requery, SetFocus, SizeToFit, Undo

Ereignisse: AfterUpdate, BeforeUpdate, Click, DblClick, Enter, Exit, MouseDown, MouseMove, MouseUp

Anmerkung

Dieses Objekt ist nicht mit dem Steuerelement **`Dynamic HTML OptionGroup`** (dem Optionsgruppe-Steuerelement für dynamisches HTML) identisch.

Programmierbeispiel

In diesem Beispiel wird einem Textfeld `txtFarbe` über die Optionsfelder der Optionsgruppe `Optionen` eine Hintergrundfarbe zugewiesen.

```
Private Sub Optionen_Click()
   frmMAS.txtFarbe = frmMAS.Optionen
   Select Case frmMAS!Optionen
      Case 1: frmMAS! txtFarbe.BackColor = QBColor(12)
      Case 2: frmMAS! txtFarbe.BackColor = QBColor(2)
      Case 3: frmMAS! txtFarbe.BackColor = QBColor(14)
      Case 4: frmMAS! txtFarbe.BackColor = QBColor(9)
      Case 5: frmMAS! txtFarbe.BackColor = QBColor(4)
   End Select
End Sub
```

Page (Objekt)

Bei diesem Objekt handelt es sich um eine Registerkarte eines Registersteuerelements (**TabControl**-Objekts). Ein **Page**-Objekt kann weitere Steuerelemente enthalten.

```
Pages!Seitenname
Pages("Seitenname")
Pages(Index)
```

Seitenname: Der Name des **Page**-Objekts

Index: Das Argument **Index** ist die numerische Position des Objekts in der Auflistung.

Bestandteil von: Pages (Auflistung)

Verweist auf Objekt in bzw. enthält: Properties (Auflistung)

Eigenschaften: Application, Caption, Controls, ControlTipText, ControlType, Enabled, EventProcPrefix, Height, HelpContextId, InSelection, IsVisible, Left, Name, OnClick, OnDblClick, OnMouseDown, OnMouseMove, OnMouseUp, OnPage, PageIndex, Parent, Picture, PictureData, PictureType, Properties, Section, ShortcutMenuBar, StatusBarText, Tag, Top, Visible, Width

Methoden: Requery, SetFocus, SizeToFit

Ereignisse: Click, DblClick, MouseDown, MouseMove, MouseUp

Programmierbeispiel

Die folgende Ereignisprozedur durchläuft alle Steuerelemente auf jeder Seite eines Registersteuerelements `RegStr`, wenn der Benutzer die entsprechende Seite auswählt.

```
Private Sub RegStr_Change()
  Dim regCtl, ctl As Control
  Dim regPage As Page
  Set regCtl = Me!RegStr
  Set regPage = regCtl.Pages(regCtl.Value)
  Debug.Print pge.Name & " Steuerelemente:"
  For Each ctl In regPage.Controls
    Debug.Print ctl.Name
  Next ctl
  Debug.Print
End Sub
```

PageBreak (Objekt)

Dieses Objekt (siehe Abbildung 6.13), das einem Seitenumbruch-Steuerelement entspricht, kennzeichnet auf einem Bericht oder Formular den Anfang einer neuen Seite (entweder beim Drucken oder auf dem Bildschirm).

Abbildung 6.13: Das Objekt `PageBreak`

Eigenschaften: Application, ControlType, InSelection, IsVisible, Left, Name, Parent, Properties, Section, Tag, Top, Visible

Methoden: Move, SizeToFit

Anmerkung

Seitenumbrüche wirken sich nicht auf das Datenblatt eines Formulars aus.

Pages (Auflistung)

Diese Auflistung enthält alle **Page**-Objekte eines **TabControl**-Objekts (Registersteuerelements).

Bestandteil von: Control (Objekt), TabControl (Objekt)

Verweist auf Objekt in bzw. enthält: Page (Objekt)

Eigenschaften: Count, Item

Methoden: Add, Move, Remove

Anmerkung

Bei der **Pages**-Auflistung handelt es sich um eine besondere Art der Auflistung **Controls**, die zu dem Registersteuerelement gehört.

Printer (Objekt)

Dieses Objekt entspricht einem Drucker, auf den Sie in Ihrem System zugreifen können.

```
Printers!Gerätename
Printers("Gerätename")
Printers(Index)
```

Gerätename: Der Name des Printer-Objekts, der von der **DeviceName**-Eigenschaft zurückgegeben wird

Index: Index ist die numerische Position des Objekts in der Auflistung. Der gültige Bereich liegt zwischen 0 und **Printers.Count**-1.

Bestandteil von: Application (Objekt), Form (Objekt), Printers (Auflistung), Report (Objekt)

Eigenschaften: ButtonMargin, ColorMode, ColumnSpacing, Copies, DataOnly, DeviceName, DriverName, Duplex, ItemLayout, ItemsAcross, ItemSizeHeight, ItemSizeWidth, LeftMargin, Orientation, PaperBin, PaperSize, Port, PrintQuality, RightMargin, RowSpacing, TopMargin

Programmierbeispiel

Sie finden unter dem Objekt *Printers (Aufzählung)* ein Beispiel auch zu diesem Objekt.

Printers (Auflistung)

Diese Auflistung enthält alle Drucker, die sich im System befinden.

Bestandteil von: Application (Objekt)

Verweist auf Objekt in bzw. enthält: Printer (Objekt)

Eigenschaften: Application, Count, Item, Parent

Programmierbeispiel

Das folgende Beispiel liefert (mit einer Schleife) Informationen über alle Drucker, die sich aktuell in Ihrem System befinden.

```
Dim alleDrucker As Printer
For Each alleDrucker In Application.Printers
   With alleDrucker
      MsgBox "Gerätename: " & .DeviceName & vbCr _
         & "Treibername: " & .DriverName & vbCr _
         & "Port bzw. Adresse: " & .Port
   End With
Next alleDrucker
```

Properties (Auflistung)

Alle Eigenschaften von Objekten sind Elemente der Auflistung `Properties`.

Bestandteil von: BoundObjectFrame (Objekt), CheckBox (Objekt), ComboBox (Objekt), CommandButton (Objekt), Control (Objekt), CustomControl (Objekt), Form (Objekt), GroupLevel (Objekt), Image (Objekt), Label (Objekt), Line (Objekt), ListBox (Objekt), ObjectFrame (Objekt), OptionButton (Objekt), OptionGroup (Objekt), Page (Objekt), PageBreak (Objekt), Rectangle (Objekt), Report (Objekt), Section (Objekt), SubForm (Objekt), TabControl (Objekt), TextBox (Objekt), ToggleButton (Objekt)

Eigenschaften: Application, Count, Item, Parent

Programmierbeispiel

Das folgende Beispiel liefert die Eigenschaften des aktuell geöffneten Formulars zurück, wenn Sie auf die Schaltfläche CMDEIGENSCHAFTEN klicken.

```
Private Sub cmdEigenschaften_Click()
Dim eigen As Property
   i = 0
   Debug.Print "Index"; Tab(3); "Bezeichnung";_
      Tab(35); "Typ"; Tab(44); "Wert"
   For Each eigen In Me.cmdEigenschaften.Properties
      Debug.Print i; Tab(3), eigen.Name; Tab(35);_
         eigen.Type; Tab(44); eigen.Value
   i = i + 1
   Next eigen
End Sub
```

Rectangle (Objekt)

Dieses Objekt (siehe Abbildung 6.14), das einem Rechteck-Steuerelement entspricht, zeigt auf einem Formular ein Rechteck an.

Abbildung 6.14: Das Objekt **Rectangle**

Verweist auf Objekt in bzw. enthält: Properties (Auflistung)

Eigenschaften: Application, BackColor, BackStyle, BorderColor, BorderStyle, BorderWidth, ControlType, DisplayWhen, EventProcPrefix, Height, InSelection, IsVisible, Left, Name, OldBorderStyle, OnClick, OnDblClick, OnMouseDown, OnMouseMove, OnMouseUp, Parent, Properties, Section, SpecialEffect, Tag, Top, Visible, Width

Methoden: Move, SizeToFit

Ereignisse: Click, DblClick, MouseDown, MouseMove, MouseUp

Anmerkung

Dieses Objekt ist nicht mit dem Steuerelement **Dynamic HTML Rectangle** (dem Rechteck-Steuerelement für dynamisches HTML) identisch.

Reference (Objekt)

Dieses Objekt stellt einen Verweis auf die Typbibliothek einer anderen Anwendung oder eines anderen Projekts dar.

```
References!Verweisname
References("Verweisname")
References(Index)
```

Verweisname: Der Name des **Reference**-Objekts

Index: Die numerische Position des Objekts in der Auflistung

Bestandteil von: References (Auflistung)

Verweist auf Objekt in bzw. enthält: References (Auflistung)

Eigenschaften: BuildIn, Collection, FullPath, GUID, IsBroken, Kind, Major, Minor, Name

Programmierbeispiel

Sie finden unter dem Objekt *References (Auflistung)* ein Beispiel auch zu diesem Objekt.

References (Auflistung)

Eine Auflistung, die alle aktuellen Verweise enthält

Bestandteil von: Application (Objekt), Reference (Objekt)

Verweist auf Objekt in bzw. enthält: Reference (Objekt)

Eigenschaften: Count, Parent

Methoden: AddFromFile, AddFromGuid, Item, Remove

Ereignisse: ItemAdded, ItemRemoved

Programmierbeispiel

Im folgenden Beispiel werden im Textfenster für jedes **Reference**-Objekt der **References**-Auflistung bestimmte Eigenschaften ausgegeben.

```
Sub AnzeigenEigenschaften()
   Dim allRef As Reference
   For Each allRef In References
         Debug.Print "Name: ", ref.Name
         Debug.Print "Verweistyp", allRef.Kind
         Debug.Print "Pfad: ", ref.FullPath
         Debug.Print "Version: "; ref.Major &_
            " " & ref.Minor
   Next ref
End Sub
```

Report (Objekt)

Dieses Objekt verweist auf einen Microsoft-Access-Bericht.

```
Reports!Berichtsname
Reports![Name des Berichts]
Reports("Berichtsname")
Reports(Index)
```

Berichtsname: Der Name des Berichts.

Index: Die numerische Position des Objekts in der Auflistung

Bestandteil von: Application (Objekt), Control (Objekt), Reports (Auflistung), Screen (Objekt), SubForm (Objekt), SubReport (Objekt)

Verweist auf Objekt in bzw. enthält: Control (Objekt), Controls (Auflistung), GroupLevel (Objekt), Module (Objekt), Printer (Objekt), Properties (Auflistung), Section (Objekt)

Eigenschaften: ActiveControl, Application, AutoCenter, AutoRezise, Caption, CloseButton, ControlBox, Controls, Count, CurrentRecord, CurrentX, CurrentY, DateGrouping, DefaultControl, DefaultSize, Dirty, DrawMode, DrawStyle, DrawWidth, FastLaserPrinting, FillColor, FillStyle, Filter, FilterOn, FontBold, FontItalic, FontName, FontSize, FontUnderline, ForeColor, FormatCount, GridX, GridY, GroupLevel, GrpKeepTogether, HasData, HasModule, Height, HelpContextId, HelpFile, Hwnd, InputParameters, LayoutForPrint, Left, MenuBar, MinMaxButtons, Modal, Module, Moveable, MoveLayout, Name, NextRecord, OnActivate, OnClose, OnDeactivate, OnError, OnMenu, OnNoData, OnOpen, OpenArgs, OrderBy, OrderByOn, Orientation, Page, PageFooter, PageHeader, Pages, Painting, PaintPalette, PaletteSource, Parent, Picture, PictureAlignment, PictureData, PicturePages, PictureSizeMode, PictureTiling, PictureType, PopUp, PrintCount, Printer, PrintSection, Properties, PrtDevMode, PrtDevNames, PrtMip, RecordLocks, Recordset, RecordSource, RecordSourceQualifier, Report, ScaleHeight, ScaleLeft, ScaleMode, ScaleTop, ScaleWidth, Section, ServerFilter, Shape, ShortcutMenuBar, Tag, Toolbar, Top, UseDefaultPrinter, Width, WindowHeight, WindowLeft, WindowTop, WindowWidth

Methoden: Circle, Line, Move, Print, PSet, Scale, TextHeight, TextWidth

Ereignisse: Activate, Close, Deactivate, Error, NoData, Open, Page

Programmierbeispiel

Das folgende Beispiel erstellt einen neuen Bericht und stellt einige Eigenschaften ein.

```
Sub VerkaufsBericht()
  Dim rpt As Report
  Set rpt = CreateReport
  With rpt
    .RecordSource = "Vertrieb"
    .Caption = "Verkaufsbericht NRW"
  End With
  DoCmd.Restore
End Sub
```

Reports (Auflistung)

Eine Auflistung, die alle geöffneten Berichte enthält. Ein Bericht wird hierbei jeweils durch ein **Report**-Objekt repräsentiert.

Bestandteil von: Application (Objekt)

Verweist auf Objekt in bzw. enthält: Report (Objekt)

Eigenschaften: Application, Count, Item, Parent

Anmerkung

Wenn Sie alle Berichte, die sich in der Datenbank befinden (auch die geschlossenen), ausgeben möchten, verwenden Sie die Auflistung **AllReports**.

Programmierbeispiel

Das nächste Beispiel durchläuft die Auflistung **Reports** und gibt die Namen aller Berichte in der Auflistung **Reports** aus.

```
Sub AlleOffenenBerichte()
  Dim bericht As Report
  For Each bericht In Reports
    Debug.Print bericht.Name
  Next bericht
End Sub
```

Screen (Objekt)

Dieses Bildschirm-Objekt ermöglicht den Zugriff auf ein momentan aktives Objekt vom Typ Formular (**Form**), Bericht (**Report**) oder Steuerelement (**Control**).

Bestandteil von: Application (Objekt)

Verweist auf Objekt in bzw. enthält: Control (Objekt), DataAccess (Objekt), Form (Objekt), Report (Objekt)

Eigenschaften: ActiveControl, ActiveDataAccessPage, ActiveDatasheet, ActiveForm, Application, MousePointer, Parent, PreviousControl

Anmerkung

Alle Eigenschaften des **Screen**-Objekts führen zu einem Laufzeitfehler, wenn kein betreffendes Objekt aktiv ist. Es sollte also vor dem Aufrufen immer über eine **On Error**-Anweisung eine Fehlerbehandlungsroutine aktiviert werden.

Programmierbeispiel

Wenn beispielsweise das Formular Stammdaten aktiv ist, sind die folgenden beiden Ausdrücke gleichwertig:

```
Forms!Kunden
Screen.ActiveForm
```

Wenn auf dem Formular die Schaltfläche HINZUFÜGEN aktiv ist, sind die folgenden beiden Ausdrücke gleichwertig:

```
Forms!Kunden!Hinzufügen
Screen.ActiveControl
```

Das folgende Beispiel verwendet das Objekt **Screen**, um den Namen des Formulars auszugeben, das sich im aktiven Fenster befindet.

```
Sub AktiveObjekte()
  Dim frm As Form
  Set frm = Screen.ActiveForm
  MsgBox " Der Name des aktiven Formulars ist " _
    & frm.Name
End Sub
```

Section (Objekt)

Bei diesem Objekt handelt es sich um das Formularbereich-Objekt, das in Form eines Kopfbereichs, Fußbereichs oder Detailbereichs ein Bestandteil eines Formulars ist.

Bestandteil von: Form (Objekt), Report (Objekt)

Verweist auf Objekt in bzw. enthält: Properties (Auflistung)

Eigenschaften: Application, BackColor, CanGrow, CanShrink, Controls, DisplayWhen, EventProcPrefix, ForceNewPage, HasContinued, Height,

InSelection, KeepTogether, Name, NewRowOrCol, OnClick, OnDblClick, OnFormat, OnMouseDown, OnMouseMove, OnMouseUp, OnPrint, OnRetreat, Parent, Properties, RepeatSection, SpecialEffect, Tag, Visible, WillContinue

Ereignisse: Click, DblClick, MouseDown, MouseMove, MouseUp

SubForm (Objekt)

Dieses Objekt entspricht einem Unterformular-Steuerelement. Es kann nicht als eigenständiges Formular auf der Arbeitsoberfläche von Access auftauchen. Es ist immer in andere Formulare eingebettet.

Verweist auf Objekt in bzw. enthält: Controls (Auflistung), Form (Objekt), Properties (Auflistung), Report (Objekt)

Eigenschaften: AddColon, Application, AutoLabel, BorderColor, BorderStyle, BorderWidth, CanGrow, CanShrink, Controls, ControlType, DisplayWhen, Enabled, EventProcPrefix, Form, Height, InSelection, IsVisible, LabelAlign, LabelX, LabelY, Left, LinkChildFields, LinkMasterFields, Locked, Name, OldBorderStyle, OnEnter, OnExit, Parent, Properties, Report, Section, SpecialEffect, StatusBarText, TabIndex, TabStop, Tag, Top, Visible, Width

Methoden: Move, Requery, SetFocus, SizeToFit

Ereignisse: Enter, Exit

Programmierbeispiel

Sie greifen auf ein **SubForms**-Objekt `subfrmLieferanten`, das Teil des Formulars `frmArtikelveraltung` ist und alle Lieferanten eines Artikels anzeigt, über einen Verweis zu:

```
Forms!frmArtikelverwaltung!subfrmLieferanten
```

Sie können wie folgt über die **Form**-Eigenschaft des Unterformulars auf ein Steuerelement `Bestellen` auf diesem Unterformular zugreifen:

```
Forms!frmArtikelverwaltung!subfrmLieferanten._
  Form!Bestellen
```

Sie verknüpfen ein Feld eines Unterformulars wie folgt mit einem Feld des Hauptformulars:

```
frmRechnung!subBestellung.LinkChildFields = "Kunde"
frmRechnung!subBestellung.LinkmasterFields = "KdNummer"
```

SubReport (Objekt)

Dieses Objekt entspricht einem Unterbericht-Steuerelement. Es kann nicht als eigenständiger Bericht auf der Arbeitsoberfläche von Access auftauchen. Es ist immer in andere Berichte eingebettet.

Verweist auf Objekt in bzw. enthält: Form (Objekt), Report (Objekt)

Eigenschaften: Application, Form, Parent, Report

Ereignisse: Enter, Exit

Anmerkung

Wenn ein Unterbericht keine Daten enthält, ist er nicht verfügbar. Der Verweis auf einen leeren Unterbericht führt zu einer ungültigen Operation.

TabControl (Auflistung)

Dieses Objekt, das Registersteuerelement, enthält mehrere Registerseiten, auf denen Sie andere Steuerelemente anordnen können.

Verweist auf Objekt in bzw. enthält: Pages (Auflistung), Properties (Auflistung)

Eigenschaften: Application, BackStyle, ControlType, DisplayWhen, Enabled, EventProcPrefix, FontBold, FontItalic, FontName, FontSize, FontUnderline, FontWeight, Height, HelpContextId, InSelection, IsVisible, Left, MultiRow, Name, OldValue, OnChange, OnClick, OnDblClick, OnKeyDown, OnKeyPress, OnKeyUp, OnMouseDown, OnMouseMove, OnMouseUp, Pages, Properties, Section, ShortcutMenuBar, StatusBarText, Style, SubdatasheetHeight, TabFixedWidth, TabIndex, TabStop, Tag, Top, Value, Visible, Width

Methoden: Move, SizeToFit

Ereignisse: Change, Click, DblClick, KeyDown, KeyPress, KeyUp, MouseDown, MouseMove, MouseUp

TextBox (Objekt)

Dieses Objekt (siehe Abbildung 6.15), das einem Textfeld auf einem Formular oder Bericht entspricht, zeigt Daten an, die aus einer Datenquelle stammen.

Abbildung 6.15: Das Objekt **TextBox**

Verweist auf Objekt in bzw. enthält: FormatConditions (Auflistung), Hyperlink (Objekt), Properties (Objekt)

Eigenschaften: AddColon, AfterUpdate, AllowAutoCorrect, Application, AsianLineBreak, AutoLabel, AutoTab, BackColor, BackStyle, BeforeUpdate, BorderColor, BorderStyle, BorderWidth, ButtonMargin, CanGrow, CanShrink, ColumnHidden, ColumnOrder, ColumnWidth, Controls, ControlSource, ControlTipText, ControlType, DecimalPlaces, DefaultValue, DisplayWhen, Enabled, EnterKeyBehavior, EventProcPrefix, FilterLookup, FontBold, FontItalic, FontName, FontSize, FontUnderline, FontWeight, ForeColor, Format, FormatConditions, FuriganaControl, Height, HelpContextId, HideDuplicates, Hyperlink, IMEHold/HoldKanjiConversionMode, IMEMode/KanjiConversionMode, IMESentenceMode, InputMask, InSelection, IsHyperlink, IsVisible, KeyboardLanguage, LabelAlign, LabelX, LabelY, Left, LeftMargin, LineSpacing, Locked, Name, NumeralShapes, OldBorderStyle, OldValue, OnChange, OnClick, OnDblClick, OnDirty, OnEnter, OnExit, OnGotFocus, OnKeyDown, OnKeyPress, OnKeyUp, OnLostFocus, OnMouseDown, OnMouseMove, OnMouseUp, OnUndo, Parent, PostalAddress, Properties, ReadingOrder, RightMargin, RunningSum, ScrollBarAlign, ScrollBars, Section, SelLength, SelStart, Sel-

Text, ShortcutMenuBar, SpecialEffect, StatusBarText, TabIndex, TabStop, Tag, Text, TextAlign, Top, TopMargin, ValidationRule, ValidationText, Value, Vertical, Visible, Width

Methoden: Move, Requery, SetFocus, SizeToFit, Undo

Ereignisse: AfterUpdate, BeforeUpdate, Change, Click, DblClick, Dirty, Enter, Exit, GotFocus, KeyDown, KeyPress, KeyUp, LostFocus, MouseDown, MouseMove, MouseUp, Undo

Anmerkung

Dieses Objekt ist nicht mit dem Steuerelement **Dynamic HTML TextBox** (dem Textfeld für dynamisches HTML) identisch.

Programmierbeispiel

Das folgende Beispiel prüft, ob die Postleitzahl auch mit fünf Zeichen eingegeben worden ist.

```
Private Sub PLZ_Change()
  Const Laenge = 5
    If Len(Me!PLZ.Text) < Laenge Then
      MsgBox "Das PLZ-Feld muss aus_
        fünf Ziffern bestehen!"
    End If
End Sub
```

ToggleButton (Objekt)

Dieses Objekt (siehe Abbildung 6.16) entspricht einem Umschaltfläche-Steuerelement auf einem Formular oder Bericht. Mit ihm können Ja/Nein aus einer zugrunde liegenden Datenquelle angezeigt werden.

Abbildung 6.16: Das Objekt **ToggleBox**

Verweist auf Objekt in bzw. enthält: Properties (Auflistung)

Eigenschaften: AddColon, AfterUpdate, Application, AutoLabel, BeforeUpdate, Caption, ColumnHidden, ColumnOrder, ColumnWidth, Controls, ControlSource, ControlTipText, ControlType, DefaultValue, DisplayWhen, Enabled, EventProcPrefix, FontBold, FontItalic, FontName, FontSize, FontUnderline, FontWeight, ForeColor, Height, HelpContextId, HideDuplicates, InSelection, IsVisible, LabelAlign, LabelX, LabelY, Left, Locked, Name, ObjectPalette, OldValue, OnClick, OnDblClick, OnEnter, OnExit, OnGotFocus, OnKeyDown, OnKeyPress, OnKeyUp, OnLostFocus, OnMouseDown, OnMouseMove, OnMouseUp, OptionValue, Parent, Picture, PictureData, PictureType, Properties, ReadingOrder, Section, ShortcutMenuBar, StatusBarText, TabIndex, TabStop, Tag, Top, TripleState, ValidationRule, ValidationText, Value, Visible, Width

Methoden: Move, Requery, SetFocus, SizeToFit, Undo

Ereignisse: AfterUpdate, BeforeUpdate, Click, DblClick, Enter, Exit, GotFocus, KeyDown, KeyPress, KeyUp, LostFocus, MouseDown, MouseMove, MouseUp

Anmerkung

Umschaltflächen haben exakt die gleichen Aufgaben wie Kontrollkästchen.

WebOptions (Objekt)

Dieses Objekt verweist auf Eigenschaften einer Datenzugriffsseite. Diese Eigenschaften legen die Weboption fest.

Bestandteil von: DataAccessPage (Objekt)

Eigenschaften: Application, DownloadComponents, Encoding, FolderSuffix, LocationOfComponents, OrganizeInFolder, Parent, TargetBrowser, UseLongFileNames

Methoden: UseDefaultFolderSuffix

Programmierbeispiel

Das folgende Beispiel aus der Access-Hilfe prüft bei der Anzeige einer gespeicherten Datenzugriffsseite, die den Namen `Inventar` trägt, ob Microsoft Office Web Components übertragen wurden, und setzt dementsprechend den Wert des Download-Kennzeichens.

```
Set objAppWebOptions =_
  DataAccessPages("Inventar").WebOptions
With objAppWebOptions
  If .DownloadComponents = True Then
    strCompDownload = "Loaded"
  Else
    strCompDownload = "Not Loaded"
   End If
End With
```

7 Eigenschaften

Objekte lassen sich über Eigenschaften und Methoden steuern. Eigenschaften beschreiben die physischen oder Persönlichkeitsmerkmale eines Objekts. Wenn Sie eine Eigenschaft zu einem Objekt angeben, werden beide durch einen Punkt voneinander getrennt.

Objekte können verschiedene Eigenschaften (und Methoden) besitzen, und eine Eigenschaft (oder Methode) kann von verschiedenen Objekten verwendet werden. Welche Eigenschaften (und Methoden) welches Objekt nutzen kann, ist im Kapitel *Objekte* beschrieben. Dieses Kapitel gibt (in alphabetischer Reihenfolge) einen Überblick darüber, wie Eigenschaften eingesetzt werden können. Wenn es für eine Eigenschaft (im Eigenschaftsfenster) eine deutsche Bezeichnung gibt, finden Sie diese hinter ihrem englischen Originalnamen. Denken Sie bitte immer daran, dass eine Programmierung in Deutsch selten auf einer fremdsprachigen Plattform läuft.

Eigenschaften können parametriert werden. Das bedeutet, dass Sie einer Eigenschaft Werte zuweisen, was auch als »Ausführen der Aktion« bezeichnet wird. Die Parameter können entweder als Wert oder als Konstante zugewiesen werden. Besitzt eine Eigenschaft beispielsweise die Konstante **acOLECopy**, die wiederum dem Wert **4** entspricht, kann man ihr entweder die Konstante oder den Wert zuweisen. Die beiden folgenden Schreibweisen liefern identische Ergebnisse:

```
ObjectFrame.Action = acOLECopy
ObjectFrame.Action = 4
```

Sie finden die entsprechenden Einstellungen als ergänzende Information im Abschnitt *Einstellungen* der jeweiligen Eigenschaft.

Die allgemeine Schreibweise lautet:

`<Ausdruck>.`**`Eigenschaft`**` [= Wert]`

Bei `<Ausdruck>` handelt es sich normalerweise um einen Ausdruck, der eines der Objekte oder Auflistungen, die im Kapitel *Objekte* genauer beschrieben sind, zurückgibt. Sollte einmal keines dieser Objekte gemeint sein, ist der Ausdruck der entsprechende Eigenschaft explizit beschrieben (zum Beispiel »**Ausdruck:** Hyperlink (Datenfeldtyp)«)

In einigen Fällen bestehen die Werte der Eigenschaften aus dem Namen eines Makros, einer Ereignisprozedur oder einer benutzerdefinierten Funktion, die ausgeführt werden sollen. In solch einem Fall lautet die allgemeine Schreibweise:

Ausführen	**Syntax**	**Beispiel**
Makro	`"Makroname"`	`Button1.OnClick = "MeinMakro"`
Ereignisprozedur	`"[Ereignisprozedur]"`	`Button1.OnClick = "[Ereignisprozedur]"`
Benutzerdefinierte Funktion	`"Funktionsname( )"`	`Button1.OnClick = "MeineFunktion()"`

Referenz

Action

`<Ausdruck>.`**`Action`**

Sie haben mit dieser Eigenschaft, die den gebundenen Objektfeldern zur Verfügung steht, die Möglichkeit, OLE-Objekte einzufügen und zu bearbeiten.

Ausdruck: BoundObjectFrame oder ObjectFrame

Einstellungen

Gültige Werte sind: **acOLECreateEmbed (0)** (bettet ein neues OLE-Objekt ein), **acOLECreateLink (1)** (verknüpft ein OLE-Objekt; wenn Sie das OLE-Objekt speichern, werden nur die Verknüpfungsinformationen (wie der Name der Quellanwendung des Objekts und der Name der verknüpften Datei) gespeichert, da das Steuerelement ein Abbild der Daten, aber keine Quelldaten enthält), **acOLECopy (4)** (kopiert das Objekt in die Zwischenablage; gleichzeitig werden alle damit verbundenen Daten und Verknüpfungsinformationen ebenfalls in die Zwischenablage kopiert), **acOLEPaste (5)** (fügt das Objekt aus der Zwischenablage in das Objektfeld ein und entspricht dem EINFÜGEN im Menü BEARBEITEN); **acOLEUpdate (6)** (aktualisiert das verknüpfte Objekt), **acOLEActivate (7)** (aktiviert das Objekt, so dass es beispielsweise bearbeitet werden kann), **acOLEClose (9)** (schließt das aktivierte Objekt und entspricht dem SCHLIESSEN im Menü STEUERELEMENT des Objekts), **acOLEDelete (10)** (löscht das OLE-Objekt), **acOLEInsertObjDlg (14)** zeigt das Dialogfeld OBJEKT EINFÜGEN an. Der Benutzer erhält damit die Möglichkeit, in der Formularansicht oder der Datenblattansicht ein neues Objekt zu erstellen oder ein vorhandenes Objekt zu verknüpfen oder einzubetten), **acOLEPasteSpecialDlg (15)** (zeigt das Dialogfeld INHALTE EINFÜGEN an; damit ermöglichen Sie es dem Benutzer, ein Objekt aus der Zwischenablage einzufügen) und **acOLEFetchVerbs (17)** (fordert die unterstützten Verben eines OLE-Objekts erneut an; bei einem Verb handelt es sich um eine Operation, wie zum Beispiel *Bearbeiten*, *Öffnen* oder *Wiedergeben*, die Sie durch Doppelklicken auf ein in ein Objektfeld eingebettetes OLE-Objekt auslösen).

Die Einstellungen der Eigenschaft **Action** stehen Ihnen nicht uneingeschränkt zur Verfügung. Die folgende Tabelle gibt Ihnen eine Übersicht darüber, ob eine **Action**-Einstellung verwendet werden kann, wenn die **Enabled**-Eigenschaft eines Steuerelements auf NEIN oder die **Gesperrt**-Eigenschaft auf JA eingestellt ist.

Einstellung	Enabled = Nein	Gesperrt = Ja
`acOLECreateEmbed` (0)	Nein	Nein
`acOLECreateLink` (1)	Nein	Nein
`acOLECopy` (4)	Ja	Ja
`acOLEPaste` (5)	Nein	Nein
`acOLEUpdate` (6)	Nein	Nein
`acOLEActivate` (7)	Ja	Ja
`acOLEClose` (9)	Nein	Ja
`acOLEDelete` (10)	Nein	Nein
`acOLEInsertObjDlg` (14)	Nein	Nein
`acOLEPasteSpecialDlg` (15)	Nein	Nein
`acOLEFetchVerbs` (17)	Nein	Ja

Anmerkung

Die Eigenschaft **`Action`** ist in der Entwurfsansicht nicht verfügbar, kann in anderen Ansichten jedoch überprüft oder eingestellt werden.

Programmierbeispiel

```
Dim frmPic As BoundObjectFrame
frmPic.Action = acOLEActivate
```

ActiveControl

```
<Ausdruck>.ActiveControl
```

Diese schreibgeschützte Eigenschaft verweist auf das Steuerelement, das den Fokus besitzt. Ihre Einstellung enthält einen Verweis auf das **`Control`**-Objekt, das zur Laufzeit den Fokus hat.

Ausdruck: Form, Report oder Screen

Programmierbeispiel

Folgende Ausdrücke sind gleichwertig, wenn es um das Steuerelement `KundenNr` geht.

```
Forms![Stammdaten]![KundeNr]
Sreen.ActiveControl
```

Dieses Beispiel ermittelt das aktive Steuerelement.

```
Dim ctlElement As Control
Set ctlElement = Screen.ActiveControl
MsgBox = "Das aktive Steuerelement heißt "_
  & ctlElement.Name
```

ActiveDataAccessPage

```
Screen.ActiveDataAccessPage
```

Sie können mit dieser Eigenschaft die schreibgeschützte Datenzugriffsseite identifizieren, die den Fokus hat. Weiterhin können Sie mit dieser Eigenschaft auf eine solche Seite verweisen.

Programmierbeispiel

```
Dim accAktuelleSeite As DataAccessPage
Set accAktuelleSeite = Screen.ActiveDataAccessPage
MsgBox "Die momentan aktive Datenzugriffsseite _
   heißt" & accAktuelleSeite.Name
```

ActiveDatasheet

```
Screen.ActiveDatasheet
```

Sie können mit dieser Eigenschaft das Datenblatt identifizieren, das den Fokus hat. Weiterhin können Sie mit dieser Eigenschaft auf ein solches Datenblatt verweisen.

Programmierbeispiel

Wenn Sie auf die erste Spalte einer Auswahl verweisen wollen, die im aktiven Datenblatt wirksam ist, verwenden Sie folgenden Code:

```
ErsteSpalte = Screen.ActiveDatasheet.SelLeft
```

Die oberste Zeile einer Auswahl sprechen Sie wie folgt an:

```
ErsteZeile = Screen.ActiveDatasheet.SelTop
```

ActiveForm

```
Screen.ActiveForm
```

Sie können mit dieser Eigenschaft das Formular identifizieren, das den Fokus hat. Weiterhin können Sie mit dieser Eigenschaft auf ein solches Formular verweisen.

Anmerkung

Wenn zum Zeitpunkt des Aufrufens der Prozedur ein Unterformular den Fokus hat, verweist diese Eigenschaft auf das Hauptformular.

Programmierbeispiel

Das folgende Beispiel ermittelt den Namen des aktuellen Formulars und schreibt ihn in eine Variable, die ausgewertet werden kann.

```
Dim AktFormular As Form
Set AktFormular = Screen.ActiveForm
frmName = AktFormular.Name
MsgBox "Das aktive Formular heißt " & frmName
```

ActiveReport

```
Screen.ActiveReport
```

Sie können mit dieser Eigenschaft den Bericht identifizieren, der den Fokus hat. Weiterhin können Sie mit dieser Eigenschaft auf einen solchen Bericht verweisen.

Programmierbeispiel

Das folgende Beispiel ermittelt den Namen des aktuellen Berichts und schreibt ihn in eine Variable, die ausgewertet werden kann.

```
Dim AktBericht As Report
Set AktBericht = Screen.ActiveReport
frmName = AktReport.Name
MsgBox "Der aktive Bericht heißt " & frmName
```

AfterBeginTransaction (NachTransaktionsbeginn)
AfterCommitTransaction (NachTransaktionscommit)
AfterDelConfirmTransaction (NachLöschbestätigung)
AfterInsert (NachEingabe)
AfterUpdate (NachAktualisierung)

```
<Ausdruck>.AfterBeginTransaction
<Ausdruck>.AfterCommitTransaction
<Ausdruck>.AfterDelConfirmTransaction
<Ausdruck>.AfterInsert
<Ausdruck>.AfterUpdate
```

Sie können mit diesen Eigenschaften festlegen, welche Ereignisprozedur, welches Makro oder welche benutzerdefinierte Funktion nach dem Eintreten des Ereignisses ausgeführt werden soll, das wie die Eigenschaft heißt.

Ausdruck: Form; zusätzlich für **AfterUpdate** die Objekte BoundObjectFrame, CheckBox, ComboBox, ListBox, OptionButton, OptionGroup, TextBox oder ToggleButton

Einstellungen

Gültige Werte für diese Eigenschaft sind "Makroname", "[Ereignisprozedur]" oder "Funktionsname".

Anmerkung

Diese Eigenschaften gelten nur für Access-Projektformulare, deren **BatchUpdates**-Eigenschaften auf **True** festgelegt sind.

Programmierbeispiel

```
Forms("frmStammdaten").AfterBeginTransaction _
  = "[procKreditLimit]"
```

AfterCommitTransaction (NachTransaktionscommit)

Siehe die Eigenschaft **AfterBeginTransaction**.

AfterDelConfirmTransaction (NachLöschbestätigung)

Siehe die Eigenschaft **AfterBeginTransaction**.

AfterInsert (NachEingabe)

Siehe die Eigenschaft **AfterBeginTransaction**.

AfterUpdate (NachAktualisierung)

Siehe die Eigenschaft **AfterBeginTransaction**.

AllowAdditions (AnfügenZulassen)

```
Form.AllowAdditions
```

Sie können mit dieser Eigenschaft dafür sorgen, dass es einem Benutzer möglich gemacht wird, mit einem Formular Datensätze hinzuzufügen.

Einstellungen

Mit **True** (-1), dem Standard, können neue Datensätze hinzugefügt werden; **False** (0) verhindert dies.

Anmerkung

Wenn **AllowAdditions** auf **False** gesetzt wird, kann ein Anwender zwar Datensätze ansehen und bearbeiten, nicht aber hinzufügen.

Programmierbeispiel

Das folgende Beispiel wertet eine Anmeldeinformation aus, die zuvor in der Variablen `txtLogin` abgelegt worden ist, und verhindert, dass andere Benutzer als `Jutta` neue Datensätze hinzufügen können.

```
If txtLogin <> "Jutta"
frmStammdaten.AllowAdditions = False
```

AllowAutoCorrect (AutoKorrekturZulassen)

`<Ausdruck>.AllowAutoCorrect`

Sie können mit dieser Eigenschaft dafür sorgen, dass die Eingaben, die ein Benutzer in ein Steuerelement vom Typ **TextBox** (Textfeld) oder **ComboBox** (Kombinationsfeld) macht, automatisch korrigiert werden.

Ausdruck: ComboBox oder TextBox

Einstellungen

Mit **True** (-1), dem Standard, werden Einträge automatisch korrigiert; **False** (**0**) verhindert dies.

AllowDeletions (LöschenZulassen)

`Form.AllowDeletions`

Sie können mit dieser Eigenschaft festlegen, dass ein Benutzer Datensätze bei der Verwendung eines Formulars löschen kann.

Einstellungen

True (-1), der Standard, lässt das Löschen zu; **False** (**0**) verhindert es.

Programmierbeispiel

Das folgende Beispiel wertet eine Anmeldeinformation aus, die zuvor in der Variablen `txtLogin` abgelegt worden ist, und verhindert, dass andere Benutzer als `Jutta` Datensätze löschen können.

```
If txtLogin <> "Jutta"
frmStammdaten.AllowDeletions = False
```

AllowEdits (BearbeitungenZulassen)

`Form.AllowEdits`

Sie können mit dieser Eigenschaft verhindern, dass Datensätze in einem Formular bearbeitet werden können.

Einstellungen

True (-1), der Standard, lässt das Ändern gespeicherter Datensätze zu; **False** (0) verhindert dies.

Programmierbeispiel

Das folgende Beispiel zeigt, wie man die Bearbeitung von Datensätzen im aktuellen Formular verhindert.

```
Private Sub Form_Load()
  Me.AllowEdits = False
End Sub
```

Wenn Sie verhindern wollen, dass Datensätze in einem Formular irrtümlich bearbeitet werden können, sollten Sie Ihre Benutzer zwingen, das Bearbeiten ausdrücklich über eine Schaltfläche freizugeben.

```
Pivate Sub cmdBearbeiten_Click()
  Me.AllowEdits = Not Me.AllowEdits
  If Me.AllowEdits Then
    cmdBearbeiten.Caption = "Bearbeiten"
  Else
    cmdBearbeiten.Caption = "Gesperrt"
    Me.RecordLocks = 2
  End If
End Sub
```

AllowFilters (FilterZulassen)

```
Form.AllowFilters
```

Sie können mit dieser Eigenschaft bestimmen, dass Datensätze in einem Formular gefiltert werden können.

Einstellungen

True (-1), der Standard, lässt das Filtern von Datensätzen zu; **False** (0) verhindert dies.

Anmerkung

Die Einstellung `AllowFilters = False` wirkt sich nicht auf **Filter**, **FilterOn**, **ServerFilter** oder **ServerFilterByForm** aus. Auch die Aktionen **AnwendenFilter**, **ÖffnenFormular** und **AnzeigenAlleDatensätze** und die Methoden **AnwendenFilter**, **ÖffnenFormular** und **AnzeigenAlleDatensätze** können weiterhin zum Setzen und Entfernen von Filtern verwendet werden.

Programmierbeispiel

Das folgende Beispiel zeigt, wie man die Eigenschaft **AllowFilters** in einem Formular ein- und ausschaltet.

```
Function FilterUmschalten() As Integer
  Forms!Stammdaten.AllowFilters = _
    Not Forms!Stammdaten.AllowFilters
End Function
```

AllowFullMenus

```
CurrentProject.AllowFullMenus
```

Sie können mit dieser Eigenschaft festlegen, ob dem Benutzer beim Öffnen der Datenbankanwendung alle eingebauten Menüs von Microsoft Access zur Verfügung stehen oder nicht.

Einstellungen

True (**-1**) zeigt beim Start die gesamte Menüstruktur an, während **False** (**0**) beim Start eine eingeschränkte Menüstruktur anzeigt. Alle Menüs, Befehle und Symbole, über die Benutzer den Entwurf von Datenbankobjekten ändern können, sind dabei deaktiviert.

Anmerkung

Sie können die Eigenschaft in einer Microsoft-Access-Datenbank (`.mdb`) mit der **CreateProperty**-Methode hinzufügen und anschließend der **Properties**-Auflistung des **Database**-Objekts anhängen, während in einem Microsoft-Access-Projekt (`.adp`) die Eigenschaft der **AccessObject**-

Properties-Auflistung des **CurrentProject**-Objekts unter Verwendung der **Add**-Methode angehängt wird.

Programmierbeispiel

Das folgende Beispiel von Microsoft zeigt eine Prozedur mit dem Namen `EinstellenStarteigenschaften`, die den Namen der einzustellenden Eigenschaft, ihren Datentyp und die gewünschte Einstellung übergibt. Die allgemein verwendbare Prozedur `ÄndernEigenschaft` versucht, die Starteigenschaft einzustellen. Wird die Eigenschaft nicht gefunden, verwendet die Prozedur die Methode **CreateProperty**, um sie der Auflistung **Properties** anzufügen. Dies ist notwendig, da diese Eigenschaften erst dann in der Auflistung **Properties** angezeigt werden, wenn sie mindestens einmal eingestellt oder geändert wurden.

```
Sub EinstellenStarteigenschaften()
Const DB_Text As Long = 10
Const DB_Boolean As Long = 1
  ChangeProperty "StartupForm", DB_Text, "Kunden"
  ChangeProperty "StartupShowDBWindow", DB_Boolean, False
  ChangeProperty "StartupShowStatusBar", DB_Boolean, False
  ChangeProperty "AllowBuiltinToolbars", DB_Boolean, False
  ChangeProperty "AllowFullMenus", DB_Boolean, True
  ChangeProperty "AllowBreakIntoCode", DB_Boolean, False
  ChangeProperty "AllowSpecialKeys", DB_Boolean, True
  ChangeProperty "AllowBypassKey", DB_Boolean, True
End Sub

Function ÄndernEigenschaft(strEigName As String, _
    varEigTyp As Variant, varEigWert As Variant) _
    As Integer
  Dim dbs As Object, Eig As Variant
  Const conEigNichtgefundenFehler = 3270
  Set dbs = CurrentDb
  On Error GoTo Change_Err
  dbs.Properties(strEigName) = varEigWert
  ÄndernEigenschaft = True
```

```
Ändern_Ende:
  Exit Function

Ändern_Fehler:
  If Err = conEigNichtgefundenFehler Then
    Set Eig = dbs.CreateProperty(strEigName, _
      varEigTyp, varEigWert)
      dbs.Properties.Append Eig
      Resume Next
  Else
    ÄndernEigenschaft=False
    Resume Ändern_Ende
  End If
End Function
```

AllowMultiselect

`FileDialog.`**`Multiselect`**

Sie legen mit dieser Eigenschaft (mit **True**) fest, dass mehr als eine Datei markiert werden kann.

AllowSpecialKeys (SpezialtastenVerwenden)

`CurrentProject.`**`AllowSpecialKeys`**

Sie können mit dieser Eigenschaft festlegen, ob die speziellen Tastenfolgen [Alt]+[F1] [F11], [Strg]+[F11], [Strg]+[Esc] und [Strg]+[G] deaktiviert oder aktiviert sein sollen, und damit beispielsweise verhindern, dass ein Benutzer aus der Anwendung aussteigt und in die Module oder die Entwurfsansicht gelangt.

Einstellungen

True (-1) aktiviert die speziellen Tastenfolgen, während **False** (**0**) sie deaktiviert.

Tastenfolgen

Tastenfolgen	Auswirkung
Alt+F1 F11	Bringt das Datenbankfenster in den Vordergrund.
Strg+G	Zeigt das Direktfenster an.
Strg+F11	Schaltet zwischen der benutzerdefinierten Menüleiste und der eingebauten Menüleiste um.
Strg+Esc	Aktiviert den Unterbrechungsmodus und zeigt das aktuelle Modul im Code-Fenster an.

Anmerkung

Sie können die Eigenschaft in einer Microsoft-Access-Datenbank (`.mdb`) mit der **CreateProperty**-Methode hinzufügen und anschließend der **Properties**-Auflistung des **Database**-Objekts anhängen, während in einem Microsoft Access-Projekt (`.adp`) die Eigenschaft der **AccessObjectProperties**-Auflistung des **CurrentProject**-Objekts unter Verwendung der **Add**-Methode angehängt wird.

Programmierbeispiel

Siehe **AllowFullMenus** (Eigenschaft).

AllowToolbarChanges

`CurrentProject.`**`AllowToolbarChanges`**

Sie können mit dieser Eigenschaft festlegen, ob dem Benutzer die Möglichkeit gegeben werden soll, Symbolleisten, Menüleisten und Kontextmenüs anzupassen.

Einstellungen

`True` (`-1`) lässt es zu, dass Symbolleisten, Menüleisten und Kontextmenüs geändert werden können, während **False** (**0**) dies verhindert.

Anmerkung

Sie können die Eigenschaft in einer Microsoft-Access-Datenbank (`.mdb`) mit der **CreateProperty**-Methode hinzufügen und anschließend der **Properties**-Auflistung des **Database**-Objekts anhängen, während in einem Microsoft-Access-Projekt (`.adp`) die Eigenschaft der **AccessObjectProperties**-Auflistung des **CurrentProject**-Objekts unter Verwendung der **Add**-Methode angehängt wird.

Programmierbeispiel

Siehe **AllowFullMenus** (Eigenschaft).

AllowZeroLength (LeereZeichenfolge)

`<Ausdruck>.`**`AllowZeroLength`**

Sie können mit dieser Eigenschaft festlegen, ob eine leere Zeichenfolge (" ") einen gültigen Eintrag in ein Datenfeld darstellt.

Ausdruck: Hyperlink (Datenfeldtyp), Memo (Datenfeldtyp) oder Text (Datenfeldtyp)

Einstellungen

Mit **True** (-1) führt eine leere Zeichenfolge zu einem gültigen Eintrag, während dies bei **False** (**0**) nicht der Fall ist.

AppIcon

`CurrentProject.`**`AppIcon`**

Sie können mit dieser Eigenschaft festlegen, dass beim Starten Ihrer Anwendung nicht das standardmäßige Microsoft-Access-Symbol, sondern ein benutzerdefiniertes Anwendungssymbol in der Titelzeile angezeigt wird.

Anmerkung

Sie können die Eigenschaft in einer Microsoft-Access-Datenbank (`.mdb`) mit der **CreateProperty**-Methode hinzufügen und anschließend der **Properties**-Auflistung des **Database**-Objekts anhängen, während in einem

Microsoft-Access-Projekt (.adp) die Eigenschaft der **AccessObjectProperties**-Auflistung des **CurrentProject**-Objekts unter Verwendung der **Add**-Methode angehängt wird.

Wenn Sie alle Änderungen unmittelbar anzuzeigen lassen wollen, müssen Sie außerdem die Methode **RefreshTitleBar** verwenden.

Programmierbeispiel

Das folgende Beispiel zeigt, wie Sie die Eigenschaft **AppIcon** einer Microsoft-Access-Datenbank ändern können. Da diese Eigenschaften in der Regel noch nicht definiert oder erstellt worden sind, müssen Sie sie neu erstellen und einmalig mit der **CreateProperty**-Methode der **Properties**-Auflistung anfügen. Dieses Beispiel dient gleichzeitig als Anwendungsbeispiel für die Eigenschaft **AppTitle**.

```
Sub cmdEigenschaftNeu_Click()
  Dim NeuEi As Integer
  Const DB_Text As Long = 30
  NeuEi = AnwenderEigenschaftNeu("AppTitle", _
    DB_Text, "Mein neuer Anwendungsname")
  NeuEi = AnwenderEigenschaftNeu("AppIcon", _
    DB_Text, "C:\WINDOWS\AUTOS.BMP")
  Application.RefreshTitleBar
End Sub

Function AnwenderEigenschaftNeu(strName As String, varTyp As
Variant, varWert As Variant) As Integer
  Dim dbs As Object, prp As Variant
  Const conPropNotFoundError = 3270
  Set dbs = CurrentDb
  dbs.Properties(strName) = varWert
  AnwenderEigenschaftNeu = True
End Function
```

Application

`<Ausdruck>.Application`

Sie können mit dieser schreibgeschützten Eigenschaft auf ein **Application**-Objekt und dessen Eigenschaften zugreifen.

Ausdruck: AccessObjectProperties, AllDataAccessPages, AllDatabaseDiagrams, AllForms, AllFunctions, AllMacros, AllModules, AllQueries, AllReports, AllStoredProcedures, AllTables, AllViews, Application, BoundObjectFrame, CheckBox, CodeProject, ComboBox, CommandButton, Control, Controls, CurrentProject, CustomControl, DataAccessPages, DefaultWebOptions, Form, FormatConditions, GroupLevel, Image, Label, Line, ListBox, Module, Modules, ObjectFrame, OptionButton, OptionGroup, Page, Pagebreak, Printers, Properties, Rectangle, Report, Reports, Screen, Section, SubForm, SubReport, TabControl, TextBox, ToggleButton oder WebOptions

Programmierbeispiel

Mit der folgenden Syntax können Sie vom aktuellen Formular aus auf die Menüleiste des **Application**-Objekts verweisen:

```
Me.Application.MenuBar
```

AppTitel

`CurrentProject.AppTitel`

Sie können mit dieser Eigenschaft festlegen, dass beim Starten Ihrer Anwendung nicht der standardmäßige Microsoft-Access-Titel, sondern ein benutzerdefinierter Titel in der Titelzeile angezeigt wird.

Anmerkung

Wenn es um eine Microsoft-Access-Datenbank (.mdb) geht, können Sie diese Eigenschaft mit der **CreateProperty**-Methode hinzufügen und anschließend der **Properties**-Auflistung des **Database**-Objekts anhängen. In einem Microsoft-Access-Projekt (.adp) hängen Sie die Eigenschaft der **AccessObjectProperties**-Auflistung des **CurrentProject**-Objekts unter Verwendung der **Add**-Methode an.

Wenn Sie alle Änderungen unmittelbar anzeigen lassen wollen, müssen Sie außerdem die Methode **RefreshTitleBar** verwenden.

Programmierbeispiel

Siehe Beispiel **AppIcon** (Eigenschaft).

AutoActivate (Objektaktivierung)

`<Ausdruck>.AutoActivate`

Sie können mit dieser Eigenschaft festlegen, wie ein Benutzer ein **OLE**-Objekt aktivieren kann.

Ausdruck: BoundObjectFrame oder ObjectFrame

Einstellungen

Gültige Werte sind: **acOLEActivateManual** (das OLE-Objekt wird nur dann aktiviert, wenn Sie in Visual Basic die **Action**-Eigenschaft des Steuerelements auf **acOLEActivate** einstellen), **acOLEActivateGetFocus**(gilt nur für Steuerelemente des Typs **ObjectFrame** [ungebundenes Objektfeld] und **Diagram** [Diagramm], wenn das Steuerelement ein OLE-Objekt enthält; die Anwendung, die das Objekt bereitstellt, wird aktiviert, wenn das Steuerelement den Fokus erhalten hat und es ein OLE-Objekt enthält) und der Standard **acOLEActivateDoubleClick** (sobald der Benutzer auf dem Steuerelement, das ein OLE-Objekt enthält, einen Doppelklick ausgeführt oder, sofern das Steuerelement den Fokus hat, wird die Anwendung, die das Objekt bereitstellt, aktiviert).

AutoCenter (AutomatischZentrieren)

`<Ausdruck>.AutoCenter`

Sie können mit dieser Eigenschaft festlegen, dass ein Formular automatisch im Anwendungsfenster zentriert dargestellt werden soll.

Ausdruck: Form oder Report

Einstellungen

Mit **True** (-1) wird das Formular beim Öffnen zentriert, während dies bei **False** (0) nicht der Fall ist.

AutoExpand (AutomatischErgänzen)

ComboBox.**AutoExpand**

Sie können mit dieser Eigenschaft festlegen, dass Microsoft Access bei der Eingabe von Daten in ein Kombinationsfeld (**ComboBox**) automatisch in der Liste die Einträge sucht, die mit den von Ihnen eingegebenen Zeichen übereinstimmen.

Einstellungen

Bei **True** (-1), dem Standard, trägt die Anwendung in das Kombinationsfeld den ersten Wert, dessen erstes Zeichen mit Ihrem ersten Eingabezeichen übereinstimmt, ein. Geben Sie weitere Zeichen ein, zeigt Access jeweils die Zeichenfolge an, deren Anfang mit allen bisher eingegebenen Zeichen übereinstimmt, während der Wert bei **False** (0) von Ihnen vollständig eingegeben oder gesucht werden muss.

AutoResize (GrößeAnpassen)

<Ausdruck>.**AutoResize**

Sie können mit dieser Eigenschaft festlegen, dass ein Formularfensters oder des Fensters eines Berichts beim Öffnen automatisch so angepasst wird, dass immer ganze Datensätze angezeigt werden.

Ausdruck: Form oder Report

Einstellungen

Bei **True** (-1), dem Standard wird die Größe des Fensters automatisch angepasst, während dies bei **False** (0) nicht der Fall ist.

AutoTab (AutomatischWeiter)

TextBox.**AutoTab**

Sie können mit dieser Eigenschaft festlegen, dass nach der Eingabe des letzten in einem Textfeld-Steuerelement (**TextBox**) zulässigen Zeichens automatisch das nächste Steuerelement des Formulars den Fokus erhält.

Einstellungen

True (-1) führt zu einem Wechsel zum nächsten Steuerelement, während dies bei **False (0)**, dem Standard, nicht der Fall ist.

BackColor (Hintergrundfarbe)

<Ausdruck>.**BackColor**

Sie können mit dieser Eigenschaft die Hintergrundfarbe eines Steuerelements oder Bereichs festlegen.

Ausdruck: BoundObjectFrame, ComboBox, FormatCondition, Image, Label, ListBox, ObjectFrame, OptionGroup, Rectangle, Section oder TextBox

Programmierbeispiel

In diesem Beispiel ändert sich die Farbe eines Feldes, wenn die Fälligkeit einer Rechnung 30 Tage überschritten hat. Die Farben werden über eine **RGB**-Funktion (zum Beispiel `frbRot = RGB(255,0,0)`) festgelegt.

```
If Faelligkeit > 30 Then
   Forms!frmOPosten!txtMahntage.BorderColor = frbRot
   Forms!frmOPosten!txtMahntage.ForeColor = frbRot
   Forms!frmOPosten!txtMahntage.BackColor = frbGruen
Else
   Forms!frmOPosten!txtMahntage.BorderColor = frbSchwarz
   Forms!frmOPosten!txtMahntage.ForeColor = frbSchwarz
   Forms!frmOPosten!txtMahntage.BackColor = frbWeiß
End If
```

BackStyle (Hintergrundart)

```
<Ausdruck>.BackStyle
```

Sie können mit dieser Eigenschaft festlegen, ob ein Steuerelement transparent sein soll.

Ausdruck: BoundObjectFrame, ComboBox, Image, Label, ObjectFrame, OptionGroup, Rectangle, TabControl oder TextBox

Einstellungen

Die Hintergrundfarbe wird durch die **BackColor**-Eigenschaft eingestellt, wenn der Wert **1** ist. Dies ist, mit Ausnahme des Objekts **OptionGroup**, die Standardeinstellung. **0**, der Standardwert für das **OptionGroup**-Objekt, führt dazu, dass die Farbe hinter dem Steuerelement sichtbar ist.

Anmerkung

Sie können eine Befehlsschaltfläche ausblenden, indem Sie deren Eigenschaft **Transparent** auf **Ja** setzen.

BaseConnectionString

```
<Ausdruck>.BaseConnectionString
```

Sie können mit dieser Eigenschaft auf die Verbindungszeichenfolge zugreifen, mit der eine externe Datenbank geöffnet wird. Diese Verbindungszeichenfolge wird auch Hauptverbindungszeichenfolge genannt.

Ausdruck: CodeProject oder CurrentProject

Programrbeispiel

Das folgende Beispiel zeigt die **BaseConnectionString**-Eigenschaft des aktuellen Projekts an:

```
Dim objExterneVerbindung As Object
Set objExterneVerbindung = Application.CurrentProject
MsgBox "Die aktuell gültige _
  Hauptverbindungszeichenfolge lautet: " _
  & objExterneVerbindung.BaseConnectionString
```

BatchUpdates (Batchaktualisierungen)

```
Form.BatchUpdates
```

Sie können mit dieser Eigenschaft, indem Sie sie auf **True** setzen, festlegen, ob das angegebene Formular Batchaktualisierungen unterstützt.

Programmierbeispiel

Das folgende Beispiel überprüft das angegebene Formular, um festzustellen, ob Batchaktualisierungen unterstützt werden, und zeigt eine Meldung mit dem Ergebnis an.

```
With Forms(0)
  If .BatchUpdates = True Then
    MsgBox "Das Formular """ & .Name & ""_
      " unterstützt Batchaktualisierungen."
  Else
    MsgBox "Das Formular """ & .Name & ""_
      " unterstützt keine Batchaktualisierungen."
  End If
End With
```

BeforeBeginTransaction (VorTransaktionsbeginn)
BeforeCommitTransaction (VorTransaktionscommit)
BeforeDelConfirmTransaction (VorLöschbestätigung)
BeforeInsert (VorEingabe)
BeforeUpdate (VorAktualisierung)

```
<Ausdruck>.BeforeBeginTransaction
<Ausdruck>.BeforeCommitTransaction
<Ausdruck>.BeforeDelConfirmTransaction
<Ausdruck>.BeforeInsert
<Ausdruck>.BeforeUpdate
```

Sie können mit diesen Eigenschaften festlegen, welche Ereignisprozedur, welches Makro oder welche benutzerdefinierte Funktion beim Eintreten des Ereignisses ausgeführt werden soll, das wie die Eigenschaft heißt.

Ausdruck: Form; zusätzlich für **BeforeUpdate** die Objekte BoundObjectFrame, CheckBox, ComboBox, ListBox, OptionButton, OptionGroup, TextBox oder ToggleButton

Einstellungen

Gültige Werte für diese Eigenschaft sind "Makroname", "[Ereignisprozedur]" oder "Funktionsname()".

Anmerkung

Diese Eigenschaft gilt nur für Projektformulare, deren **BatchUpdates**-Eigenschaften auf **True** festgelegt sind.

Programmierbeispiel

```
Forms("frmStammdaten").BeforeBeginTransaction _
  = "[procKreditLimit]"
```

Bookmark

```
Form.Bookmark
```

Sie können mit dieser Eigenschaft in Formularen einen bestimmten Datensatz anhand eines »Lesezeichens« eindeutig identifizieren.

Programmierbeispiel

Das folgende Beispiel fordert einen Benutzer nach dem Anklicken einer Schaltfläche auf, einen Teil eines gesuchten Namens, der in der Tabelle im Feld NachName steht, einzugeben. Wird der Name gefunden, wird die **Bookmark**-Eigenschaft des Formulars auf die **DAO Bookmark**-Eigenschaft des **Recordset**-Objekts festgelegt, wodurch der Datensatz, der den Namen enthält, zum aktuellen Datensatz des Formulars wird.

```
Private Sub cmdNameFinden_Click()
  Dim rset As DAO.Recordset
  Dim SuchEingabe As String
  SuchEingabe = "[NachName] Like '*"_
    & InputBox("Geben Sie die ersten " _
    & "Buchstaben des gesuchten Namens ein") & "*'"
  Set rset = Me.RecordsetClone
```

```
    rset.FindFirst SuchEingabe
    If rset.NoMatch Then
      MsgBox "Keine Übereinstimmung gefunden",_
        vbInformation
    Else
      Me.Bookmark = rset.Bookmark
    End If
    Set rset = Nothing
End Sub
```

BorderColor (Rahmenfarbe)

`<Ausdruck>.BorderColor`

Sie können mit dieser Eigenschaft die Farbe des Rahmens eines Steuerelements oder Bereichs festlegen.

Ausdruck: BoundObjectFrame, CheckBox, ComboBox, CustomControl, Image, Label, Line, ListBox, ObjectFrame, OptionButton, OptionGroup, Rectangle, SubForm oder TextBox

Beispiel

Siehe **BackColor**-Eigenschaft.

BorderStyle (Rahmenart)

`<Ausdruck>.BorderStyle`

Sie können mit dieser Eigenschaft festlegen, wie Rahmen in Formularen oder Steuerelementen aussehen sollen.

Ausdruck: BoundObjectFrame, CheckBox, ComboBox, CustomControl, Form, Image, Label, Line, ListBox, ObjectFrame, OptionButton, OptionGroup, Rectangle, SubForm oder TextBox

Einstellungen für Formulare

Wert	Aktion
0	Das Formular besitzt keinen Rahmen und kann in seiner Größe nicht geändert werden.
1	Das Formular besitzt einen dünnen Rahmen und kann in seiner Größe nicht geändert werden.
2	(Standard) Das Formular besitzt einen Standardrahmen und kann maximiert, minimiert oder in seiner Größe geändert werden.
3	Das Formular hat einen dicken (doppelten) Rahmen und kann nur eine Titelleiste, eine Schaltfläche SCHLIESSEN und ein Systemmenü enthalten. Das Formular kann nicht maximiert, minimiert oder in seiner Größe geändert werden.

Einstellungen für Steuerelemente

Wert	Aktion
0	(Standardeinstellung für `Label`, `Diagram` und `SubReport`) Transparent
1	(Standard) Durchgezogene Linie
2	Gestrichelte Linie
3	Gestrichelte Linie (kurze Striche)
4	Gepunktete Linie
5	Gepunktete Linie (weit auseinander liegende Punkte)
6	Linie mit einer Kombination aus Strich-Punkt
7	Linie mit einer Kombination aus Strich-Punkt-Punkt
8	Doppelt durchgezogene Linie

BorderWidth (Rahmenbreite)

```
<Ausdruck>.BorderWidth
```

Sie können mit dieser Eigenschaft, bei der es sich um einen **Byte**-Wert handelt, festlegen, welche Breite der Rahmen eines Steuerelements haben soll.

Ausdruck: BoundObjectFrame, CheckBox, ComboBox, CustomControl, Form, Image, Label, Line, ListBox, ObjectFrame, OptionButton, OptionGroup, Rectangle, SubForm oder TextBox

Einstellungen

0, der Standard, führt zu einem sehr schmalen Rahmen, während **1** bis **6** die Breite in Punkt angibt.

BottomMargin (UntererRand)
LeftMargin (LinkerRand)
RightMargin (RechterRand)
TopMargin (ObererRand)

```
<Ausdruck>.BottomMargin
<Ausdruck>.LeftMargin
<Ausdruck>.RightMargin
<Ausdruck>.TopMargin
```

Sie können mit diesen Eigenschaften die Positionen angeben, die Daten in einem Bezeichnungsfeld oder Textfeld haben. Bei einem Bericht legen Sie mit diesen Eigenschaften die Berichtsränder fest.

Ausdruck: Label, Printer oder TextBox

Anmerkung

Wenn Sie eine andere als die im Dialogfeld LÄNDEREINSTELLUNGEN in der Windows-Systemsteuerung eingestellte Maßeinheit verwenden wollen, geben Sie die gewünschte Einheit, etwa cm oder Zoll, an (zum Beispiel 3 cm oder 2 Zoll). In Visual Basic geben Sie den Wert für diese Eigenschaft mit einem numerischen Ausdruck an. Werte werden in Twips (1 Twip entspricht 1/20 Punkt) ausgedrückt.

ButtonName

`FileDialog.ButtonName`

Sie legen mit dieser Eigenschaft die Beschriftung der Schaltfläche eines Dateidialogfelds fest.

Cancel (Abbrechen)

`<Ausdruck>.Cancel`

Sie können mit dieser Eigenschaft festlegen, dass eine Befehlsschaltfläche die Funktion der Befehlsschaltfläche ABBRECHEN bekommt.

Ausdruck: CommandButton oder CustomControl

Einstellungen

Mit **True** (-1) entspricht die Befehlsschaltfläche der Schaltfläche ABBRECHEN. **False** (0), der Standard, sagt aus, dass die Befehlsschaltfläche nicht der Schaltfläche ABBRECHEN entspricht.

Anmerkung

In Formularen, die das Löschen von Daten unterstützen, sollte die Schaltfläche ABBRECHEN immer diese Eigenschaft und die Eigenschaft **Default** besitzen.

CanGrow (Vergrößerbar) CanShrink (Verkleinerbar)

```
<Ausdruck>.CanGrow
<<Ausdruck>>.CanShrink
```

Sie können mit diesen Eigenschaften festlegen, dass Bereiche oder Steuerelemente eines Formulars oder Berichts, die ausgegeben werden, automatisch so in ihrer Größe angepasst werden, dass alle Daten gedruckt oder angezeigt bzw. Leerzeilen unterdrückt werden.

Ausdruck: Section, SubForm oder TextBox

Einstellungen

Mit **True** (-1) wird die Höhe des Bereichs oder Steuerelements so angepasst, dass alle Daten, die der Bereich oder das Steuerelement enthält, gedruckt oder angezeigt werden können, während **False** (0), der Standard, dies verhindert.

CloseButton (SchließenSchaltfläche)

```
<Ausdruck>.CloseButton
```

Sie können mit dieser Eigenschaft festlegen, ob die Schaltfläche SCHLIESSEN eines Formulars (siehe Abbildung 7.1) aktiviert ist.

Abbildung 7.1: Die Schaltfläche SCHLIESSEN *eines Formulars*

Ausdruck: Form oder Report

Einstellungen

True (-1), der Standard, bewirkt, dass SCHLIESSEN aktiviert ist, während **False** (0) dafür sorgt, dass SCHLIESSEN nicht aktiviert ist, und dass der Befehl SCHLIESSEN im Systemmenü nicht verfügbar ist.

Anmerkung

Wenn Sie **CloseButton** auf **False** setzen, müssen Sie eine andere Möglichkeit zum Schließen des Formulars bereitstellen.

Column

```
<Ausdruck>.Column(Index[,Zeile])
```

Sie können mit dieser Eigenschaft auf eine bestimmte Zeile oder eine Kombination aus Spalten und Zeilen in einem mehrspaltigen Kombinationsfeld oder in einem Listenfeld verweisen.

Ausdruck: ComboBox, Control oder ListBox

Index: Ein Wert vom Typ **Long Integer** zwischen 0 und der Einstellung der **ColumnCount**-Eigenschaft minus 1. **Index** fängt mit 0 an zu zählen.

Zeile: Ein optionaler ganzzahliger Wert zwischen 0 und der Einstellung der **ListCount**-Eigenschaft minus 1.

Programmierbeispiel

Eine SQL-Abfrage liefert den Namen, die Postleitzahl und den Wohnort eines Kunden zurück. Für die Kundenauswahl wollen Sie in einem Listenfeld `lstAdressInfo` nur den Namen des Kunden anzeigen, indem sie die Eigenschaft **ColumnWidth** für die Spalten zwei (Index 1) und drei (Index 2) auf null setzen. Wenn Sie dann einen Kunden auswählen, sollen Postleitzahl und Wohnort in einem separaten Textfeld `txtOrt` angezeigt werden.

```
Dim Ort As Variant
Ort = Me!lstAdressInfo.Column(1) & ", " _
  & Me!lstAdressInfo.Column(2)
Me!txtOrt = Ort
```

ColumnCount (Spaltenanzahl)

```
<Ausdruck>.ColumnCount
```

Sie können mit dieser Eigenschaft die Anzahl der Spalten angeben, die in einem der unter `Ausdruck` erfassten Objekte angezeigt werden können.

Ausdruck: ComboBox, Control oder ListBox

Programmierbeispiel

Eine SQL-Abfrage liefert den Namen, die Postleitzahl und den Wohnort eines Kunden. Es sollen alle drei Spalten angezeigt werden.

```
lstAdressInfo.ColumnCount = 3
```

ColumnWidth

<Ausdruck>.**ColumnWidth**

Sie können mit dieser Eigenschaft Spalten einer Microsoft-Access-Datenbank (.mdb) in der Datenblattansicht eines Formulars ausblenden bzw. wieder auf ihre Standardbreite zurücksetzen.

Ausdruck: BoundObjectFrame, CheckBox, ComboBox, ListBox, OptionButton, OptionGroup, TextBox oder ToggleButton

Einstellungen

0 blendet die Spalte aus. **-1**, der Standard, passt die Spalte wieder an ihre Standardbreite an.

Anmerkung

Als Alternative kann die Eigenschaft **ColumnHidden** (**True**, die Spalte ist ausgeblendet; **False**, die Spalte wird wieder sichtbar) verwendet werden.

ColumnWidths (Spaltenbreiten)

<Ausdruck>.**ColumnWidths**

Sie können mit dieser Eigenschaft die Breite (in Inch oder Zentimeter) der einzelnen Spalten in einem Kombinationsfeld oder Listenfeld mit mehreren Spalten festlegen.

Ausdruck: ComboBox oder ListBox

Programmierbeispiel

Für ein 12 cm breites Listenfeld mit drei Spalten werden die folgenden Einstellungen verwendet:

Einstellung	Beschreibung
`7;;6`	Die erste Spalte ist 7 cm breit, die zweite Spalte ist 2,54 cm breit (Standard), und die dritte Spalte ist 6 cm breit. Da die dritte Spalte nicht vollständig sichtbar ist, wird eine horizontale Bildlaufleiste angezeigt.
`5 cm;0;6 cm`	Die erste Spalte ist 5 cm breit, die zweite Spalte ist ausgeblendet, und die dritte Spalte ist 6 cm breit.
(Leer)	Alle drei Spalten haben dieselbe Breite (4 Zentimeter).

ControlBox (MitSystemmenüfeld)

```
<Ausdruck>.ControlBox
```

Sie können mit dieser Eigenschaft festlegen, ob ein Formular oder ein Bericht ein Systemmenü enthält.

Ausdruck: Form oder Report

Einstellungen

Mit **True** (**-1**) besitzt das Formular ein Systemmenü, während **False** (**0**) dies verhindert.

Programmierbeispiel

Das Dialogfeld FEHLERMELDUNG soll kein Systemmenü besitzen.

```
Forms!dlgFehlermeldung.ControlBox = 0
```

ControlSource (Steuerelementinhalt)

```
<Ausdruck>.ControlSource
```

Sie können mit dieser Eigenschaft festlegen, welche Daten in einem Steuerelement angezeigt werden. Für einen Bericht auf Gruppierungsebene bestimmt die **ControlSource**-Eigenschaft das Feld oder den Ausdruck, nach dem gruppiert wird.

Ausdruck: BoundObjectFrame, CheckBox, ComboBox, CustomControl, GroupLevel, ListBox, OptionButton, OptionGroup, TextBox oder Toggle-Button

Einstellungen

Einstellung	Beschreibung
Ein Feldname	Das Steuerelement ist an ein Feld einer Tabelle, Abfrage oder SQL-Anweisung gebunden, und die Daten des Feldes werden im Steuerelement angezeigt. Änderungen der Daten werden in die Datenquelle zurückgeschrieben.
Ein Ausdruck	Das Steuerelement zeigt Daten an, die durch einen Ausdruck erstellt wurden. Änderungen der Daten werden nicht in die Datenquelle zurückgeschrieben.

Anmerkung

Steuerelemente, die Bestandteil einer Optionsgruppe sind, besitzen keine eigenständige **ControlSource**-Eigenschaft. Diese ist an die ganze Gruppe gebunden.

Programmierbeispiel

Das folgende Beispiel stellt das `Mahndatum` auf »Rechnungsdatum plus 14 Tage« ein.

```
Me!Mahndatum.ControlSource = [RDat] + 14
```

ControlType

```
<Ausdruck>.ControlType
```

Sie können mit dieser Eigenschaft den Typ eines Steuerelements in einem Formular oder Bericht festlegen.

Ausdruck: BoundObjectFrame, CheckBox, ComboBox, CommandButton, CustomControl, Image, Label, Line, ListBox, ObjectFrame, OptionButton, OptionGroup, Page, Pagebreak, Rectangle, SubForm, TabControl, TextBox oder ToggleButton

Einstellungen

Bei den Einstellungen dieser Eigenschaft handelt es sich um eine der folgenden eingebauten Konstanten: **acBoundObjectFrame** (Gebundenes Objektfeld), **acCheckBox** (Kontrollkästchen), **acComboBox** (Kombinationsfeld), **acCommandButton** (Befehlsschaltfläche), **acCustomControl** (ActiveX-Steuerelement), **acImage** (Bild), **acLabel** (Bezeichnungsfeld), **acLine** (Linie), **acListBox** (Listenfeld), **acObjectFrame** (Ungebundenes Objektfeld oder Diagramm), **acOptionButton** (Optionsschaltfläche), **acOptionGroup** (Optionsgruppe), **acPage** (Page), **acPageBreak** (Seitenwechsel), **acRectangle** (Rechteck), **acSubform** (Unterformular/-bericht), **acTabCtl**(Registersteuerelement), **acTextBox** (Textfeld) und **acToggleButton** (Umschaltfläche)

Programmierbeispiel

Im folgenden Beispiel sollen beim Öffnen eines Formulars alle Befehlsschaltflächen herausgefiltert werden.

```
Sub Form_Load()
Dim i%
  For i = 0 To Controls.Count - 1
   If Controls(i).ControlType = acCommandButton Then
...
```

CurrentObjectName

```
Application.CurrentObjectName
```

Sie können mit dieser Eigenschaft den Namen des aktiven Datenbankobjekts herausfinden und weiterverwenden.

Programmierbeispiel

```
Dim Info As String
  Info = Application.CurrentObjectName
```

CurrentObjectType

```
Application.CurrentObjectType
```

Sie können mit dieser Eigenschaft den Typ des aktiven Datenbankobjekts herausfinden und weiterverwenden.

Einstellungen

Bei den Einstellungen dieser Eigenschaft handelt es sich um eine der folgenden eingebauten Konstanten: **acTable (0)** (Tabelle), **acQuery (1)** (Abfrage), **acForm (2)** (Formular), **acReport (3)** (Bericht), **acMacro (4)** (Makro), **acModule (5)** (Modul), **acDataAccessPage (6)** (Datenzugriffsseite), **acServerView (7)** (Serversicht), **acDiagram (8)** (Datenbankdiagramm) und **acStoredProcedure (9)** (Gespeicherte Prozedur)

Programmierbeispiel

```
  If Application.CurrentObjectType = acStoredProcedure
```

CurrentRecord (AktuellerDatensatz)

```
Form.CurrentRecord
```

Sie können mit dieser Eigenschaft den aktuellen Datensatz in der Datensatzgruppe herausfinden und seine Datensatznummer weiterverwenden.

Programmierbeispiel

Das folgende Beispiel bestimmt die Datensatznummer des aktuell angezeigten Datensatzes und schreibt ihren Wert in eine Variable.

```
Sub CurrentFormRecord(frm As Form)
  Dim lngSatzNummer As Long
  lngSatzNummer = frm.CurrentRecord
End Sub
```

CurrentView

`<Ausdruck>.CurrentView`

Sie können mit dieser Eigenschaft herausfinden, wie die Ansicht eines Objekts in `Ausdruck` aktuell aussieht und verschiedene Aufgaben ausführen, die von der aktuellen Ansicht abhängen.

Ausdruck: AccessObject, DataAccessPages oder Form

Der Wert, der hierbei zurückgegeben wird, ist entweder vom Typ **acCurrentView** (**Access**-Objekt) oder **Integer** (**DataAccessPages**- und **Form**-Objekt).

Einstellungen

Wert	Formular angezeigt in:	Datenzugriffsseite angezeigt in:
0	Entwurfsansicht	Entwurfsansicht
1	Formularansicht	Seitenansicht
2	Datenblattansicht	Nicht zutreffend

Programmierbeispiel

```
Const conFormView = 1
Const conDataSheet = 2
Dim intView As Integer
intView = frm.CurrentView
If intView = 1 Then ...
```

DataChange (BeiDatenänderung)

`Form.DataChange`

Sie können mit dieser Eigenschaft festlegen, welche Ereignisprozedur, welches Makro oder welche benutzerdefinierte Funktion nach dem Eintreten des **DataChange**-Ereignisses ausgeführt werden soll.

Programmierbeispiel

```
Forms("frmStammdaten").DataChange _
  = "[procKeditLimit]"
```

DataEntry (DatenEingeben)

```
Form.DataEntry
```

Sie können mit dieser Eigenschaft festlegen, ob ein gebundenes Formular mit einem leeren Datensatz oder mit vorhandenen Datensätzen angezeigt wird.

Einstellungen

Mit **True** (**-1**) wird ein leerer Datensatz angezeigt, während **False** (**0**), der Standard, dafür sorgt, dass das Formular beim Öffnen vorhandene Datensätze anzeigt.

Anmerkung

Diese Eigenschaft ist nur dann wirksam, wenn die **AllowAdditions**-Eigenschaft auf **True** eingestellt ist.

DecimalPlaces (Dezimalstellenanzeige)

```
<Ausdruck>.DecimalPlaces
```

Sie können mit dieser Eigenschaft festlegen, wie viele Dezimalstellen angezeigt werden.

Ausdruck: ComboBox oder TextBox

Einstellungen

Wert	Beschreibung
255	(Standard) Zahlen werden so angezeigt, wie von der **Format**-Eigenschaft angegeben.
0 bis 15	Nachkommastellen werden in der definierten Länge angezeigt.

Default (Standard)

`<Ausdruck>.Default`

Sie können mit dieser Eigenschaft festlegen, dass eine Befehlsschaltfläche die Standardschaltfläche eines Formulars ist.

Ausdruck: CommandButton oder CustomControl

Einstellungen

Mit **True** (-1) ist die Befehlsschaltfläche die Standardschaltfläche, während die Befehlsschaltfläche bei **False** (0) nicht die Standardschaltfläche ist.

Anmerkung

In Formularen, die das Löschen von Daten unterstützen, sollte die Schaltfläche ABBRECHEN immer diese und die Eigenschaft **Cancel** besitzen.

DefaultView (Standardansicht)

`Form.DefaultView`

Sie können mit dieser Eigenschaft festlegen, wie die Startansicht eines Formulars aussieht.

Einstellungen

Wert	Aktion
0	(Standard) Es wird jeweils ein Datensatz angezeigt.
1	Es werden so viele Datensätze angezeigt, wie in das aktuelle Fenster passen.
2	Die Felder des Formulars werden in Zeilen und Spalten angezeigt.

Dirty (Geändert)

```
<Ausdruck>.Dirty
```

Sie können mit dieser Eigenschaft herausfinden, ob der aktuelle Datensatz seit dem letzten Speichern verändert worden ist.

Ausdruck: Form oder Report

Einstellungen

Bei **True** (**-1**) wurde der aktuelle Datensatz verändert, während dies bei **False** (**0**) nicht der Fall ist.

Anmerkung

Wenn Sie auf Änderungen in Kombinations- und Textfeldern reagieren wollen, müssen Sie das **Dirty**-Ereignis verwenden.

Programmierbeispiel

```
If Me.Dirty Then
  MsgBox("Sollen die Änderungen übernommen werden?",_
    36, "Wirklich ändern?") = vbNo Then
  Cancel = True
End If
```

DisplayType (Anzeigeart)

```
<Ausdruck>.DisplayType
```

Sie können mit dieser Eigenschaft festlegen, ob der Inhalt eines OLE-Objekts oder ein Symbol dargestellt wird.

Ausdruck: BoundObjectFrame oder ObjectFrame

Einstellungen

Die Eigenschaft kann folgende Werte annehmen: **acOLEDisplayContent**, der Standard (die Daten des OLE-Objekts werden angezeigt), und **acOLEDisplayIcon** (das OLE-Objekt wird nur als Symbol angezeigt).

DoCmd

```
Application.DoCmd
```

Sie können mit dieser Eigenschaft auf das **DoCmd**-Objekt zugreifen.

Programmierbeispiel

```
Sub LetzterDatensatz()
  DoCmd.OpenForm " Artikelverwaltung", acNormal
  DoCmd.GoToRecord, , aclast
End Sub
```

Enabled, Locked (Aktiviert, Gesperrt)

```
<Ausdruck>.Enabled
<Ausdruck>.Locked
```

Sie können mit **Enabled** festlegen, ob ein Steuerelement den Fokus haben kann (und es damit aktivieren oder deaktivieren) bzw. ob Daten in einem Steuerelement bearbeitet werden können. So kann man zum Beispiel eine Befehlsschaltfläche so lange deaktivieren, bis Daten in einem Textfeld geändert worden sind. Mit der Eigenschaft **Locked** sind Sie in der Lage, Daten in einem Feld zu schützen und es mit einem Schreibschutz zu versehen.

Ausdruck: BoundObjectFrame, CheckBox, ComboBox, CommandButton, CustomControl, FormatCondition, ListBox, ObjectFrame, OptionButton, OptionGroup, Page, SubForm, TabControl, TextBox oder ToggleButton

Einstellungen für »Enabled«

Folgende Werte können angenommen werden: **True** (-1), der Standard für alle Steuerelemente mit Ausnahme von ungebundenen Objektfeldern (das Steuerelement kann den Fokus haben), und **False** (0), der Standard für ungebundene Objektfelder (das Steuerelement kann nicht über den Fokus verfügen und wird abgeblendet angezeigt; ist das Steuerelement eine Optionsgruppe, so können weder die Optionsgruppe noch die darin enthaltenen Steuerelemente über den Fokus verfügen).

Einstellungen für »Locked«

Folgende Werte können angenommen werden: **True** (**-1**), der Standard für ungebundene Objektfelder (das Steuerelement arbeitet normal, erlaubt jedoch kein Bearbeiten, Hinzufügen oder Löschen von Daten), und **False** (**0**), der Standard für ungebundene Objektfelder (das Steuerelement arbeitet normal, erlaubt jedoch kein Bearbeiten, Hinzufügen oder Löschen von Daten).

Einstellungen kombinieren

Wenn Sie die Einstellungen der Eigenschaften **Enabled** und **Locked** kombinieren, können Sie die folgenden Ergebnisse erzielen.

Enabled	Locked	Ergebnis
Ja	Ja	Das Steuerelement kann den Fokus haben. Daten werden normal angezeigt und können kopiert, aber nicht bearbeitet werden.
Ja	Nein	Das Steuerelement kann den Fokus haben. Daten werden normal angezeigt und können kopiert und bearbeitet werden.
Nein	Ja	Das Steuerelement kann nicht den Fokus haben. Daten werden normal angezeigt, können aber nicht kopiert und bearbeitet werden.
Nein	Nein	Das Steuerelement kann nicht den Fokus haben. Steuerelement und Daten sind deaktiviert (abgeblendet).

Programmierbeispiel

Im folgenden Beispiel wird die Schaltfläche GEHALTSDETAILS nur dann aktiviert und das Steuerelement `PersAngaben` freigegeben und aktiviert, wenn die betreffende Person nicht Mitglied der Geschäftsleitung ist.

```
Sub Aktuelles_Formular()
  If Me!AngTyp <> "Geschäftsleitung" Then
    Me!Gehaltdetails.Enabled = True
    Me!PersAngaben.Enabled = True
    Me!PersAngaben.Locked = False
  Else
    Me!Gehaltdetails.Enabled = False
    Me!PersAngaben.Enabled = False
    Me!PersAngaben.Locked = True
  End If
End Sub
```

EnterKeyBehavior (Eingabetastenverhalten)

`TextBox.EnterKeyBehavior`

Sie können mit dieser Eigenschaft festlegen, ob in einem Textfeld mehrzeilig geschrieben werden kann.

Einstellungen

Folgende Werte können angenommen werden: **False (0)**, der Standard (es wird das Ereignis ausgelöst, das weiter unten unter *Optionen* beschrieben ist) und **True (-1)** (das Drücken der [↵]-Taste erzeugt im Textfeld eine neue Zeile).

Optionen

Option	Ereignis
Nicht bewegen	Das Drücken der [↵]-Taste hat keine Wirkung.
Nächstes Feld	Das Drücken der [↵]-Taste bewegt die Einfügemarke zum nächsten Steuerelement oder Feld im Formular bzw. Datenblatt in der Reihenfolge der Steuerelemente.
Nächster Datensatz	Das Drücken der [↵]-Taste im Steuerelement erzeugt eine neue Zeile, so dass Sie weiteren Text eingeben können.

Anmerkung

Sie können die Standardeinstellung für diese Eigenschaft mit den Standardeigenschafteneinstellungen des Steuerelements oder mit der **DefaultControl**-Methode in Visual Basic festlegen.

Filter

```
<Ausdruck>.Filter
```

Sie können mit dieser Eigenschaft festlegen, dass nur eine Teilmenge von Datensätzen angezeigt werden soll. Sie können unter der Filter-Eigenschaft den **WHERE**-Teil einer SQL-Abfrage angeben.

Ausdruck: Form oder Report

Anmerkung

Damit der Filter aktiv wird, muss die Eigenschaft **FilterOn** gesetzt werden.

Programmierbeispiel

```
Forms!Kunden.Filter = "Name Like "P*""
Forms!Kunden.FilterOn = True
```

FilterIndex

```
FileDialog.FilterIndex
```

Sie legen mit dieser Eigenschaft den Standard-Dateifilter beim Öffnen eines Dateidialogfensters fest.

FilterOn (FilterAktiv)

```
<Ausdruck>.FilterOn
```

Sie können mit dieser Eigenschaft festlegen, dass die **Filter**-Eigenschaft aktiviert wird.

Ausdruck: Form oder Report

Einstellungen

Folgende Werte können angenommen werden: **True** (-1) (die Filter-Eigenschaft wird angewendet) und **False** (0) (die Filter-Eigenschaft wird nicht angewendet).

Programmierbeispiel

Siehe Eigenschaft **Filter**.

Filters

```
FileDialog.Filters
```

Sie legen mit dieser Eigenschaft die Dateifilter eines Dateidialogfensters fest.

FontBold (SchriftFett)
FontItalic (Kursiv)
FontUnderline (Unterstrichen)

```
<Ausdruck>.FontBold
<Ausdruck>.FontItalic
<Ausdruck>.FontUnderline
```

Sie können mit diesen Eigenschaften festlegen, dass ein Text beim Ausdruck (mit der Print-Methode) oder beim Anzeigen von Steuerelementen für Formulare entweder fett, kursiv oder unterstrichen formatiert wird.

Ausdruck: ComboBox, CommandButton, FormatCondition, Label, ListBox, Report, TabControl, TextBox oder ToggleButton

Einstellungen

Folgende Werte können angenommen werden: **True** (-1) (der Text wird fett, kursiv oder unterstrichen formatiert) und **False** (0) (der Text wird nicht formatiert).

FontItalic (Kursiv)

Siehe die Eigenschaft **FontBold**.

FontUnderline (Unterstrichen)

Siehe die Eigenschaft **FontBold**.

Format

`<Ausdruck>.Format`

Sie können mit dieser Eigenschaft die Darstellung von Datumsangaben, Text, Zahlen und Zeitangaben auf dem Bildschirm und im Ausdruck festlegen. Informationen zu den einzelnen Datentypen finden Sie im Kapitel *Datentypen und Eingabeformate*

Ausdruck: ComboBox oder TextBox

Für benutzerdefinierte Datentypen können Sie die folgenden Symbole verwenden:

Symbol	Bedeutung
(Leerzeichen)	Zeigt Leerzeichen als Literal an.
"ABC"	Zeigt alle Zeichen in Anführungszeichen als Literal an.
!	Ausrichtung ist linksbündig statt rechtsbündig.
*	Der verfügbare Platz wird mit dem nächsten Zeichen aufgefüllt.
\	Das nächste Zeichen wird als Literal angezeigt. Sie können Literale auch in Anführungszeichen einschließen.
[Farbe]	Zeigt die formatierten Daten in der in eckigen Klammern angegebenen Farbe an. Verfügbare Farben: Schwarz, Blau, Grün, Zyan, Rot, Magenta, Gelb, Weiß.

Programmierbeispiel

Dieses Beispiel zeigt das Datum in der folgenden Form an: Aug 2003.

```
Forms!Lieferant!LieferDat.Format "mmm yyyy"
```

Das folgende Beispiel wandelt Textdaten in Großbuchstaben um:

```
Forms!Lieferant!LieferCode.Format = ">"
```

GroupOn (GruppierenNach)

```
GroupLevel.GroupOn
```

Sie können mit dieser Eigenschaft festlegen, wie die Daten in einem Feld oder **GroupLevel**-Objekt gruppiert werden.

Einstellungen

Feldtyp	Wert	Gruppieren nach
Text	0	demselben Wert im Feld oder Ausdruck (Standard).
	1	den ersten n übereinstimmenden Zeichen im Feld oder Ausdruck.
Datum/Uhrzeit	0	demselben Wert im Feld oder Ausdruck (Standard).
	2	Kalenderjahr.
	3	Quartal.
	4	Monat.
	5	Woche.
	6	Tag (bei unterschiedlichen Zeitangaben für denselben Tag).
	7	Stunde (bei unterschiedlichen Zeitangaben für dieselbe Stunde).
	8	Minute (bei unterschiedlichen Zeitangaben für dieselbe Minute).

Feldtyp	Wert	Gruppieren nach
AutoWert, Währung, Zahl	0	demselben Wert im Feld oder Ausdruck (Standard).
	9	Werten innerhalb eines von Ihnen angegebenen Intervalls.

Programmierbeispiel

Im folgenden Beispiel wird die Gruppierungseigenschaft für die erste Gruppierungsebene gesetzt:

```
Me!GroupLevel(0).GroupOn = 1
```

Anmerkung

Weitere Informationen zu diesem Thema finden Sie im Kapitel *Objekte* unter dem Objekt **GroupLevel**.

Hyperlink

```
<Ausdruck>.Hyperlink
```

Sie können mit dieser Eigenschaft auf Hyperlinks zugreifen, die in einem Datenfeld gespeichert sind.

Ausdruck: ComboBox, CommandButton, Control, Image, Label, ListBox oder TextBox

Programmierbeispiel

Im folgenden Beispiel wird die Methode **Follow** verwendet, um durch das Klicken auf eine Schaltfläche ADRESSE ÖFFNEN die WWW-Adresse zu öffnen, die im Textfeld txtWebAdresse steht.

```
Private Sub cmdOpen_Click()
  Me!WebAdresse.Hyperlink.Follow
End Sub
```

HyperlinkAddress (HyperlinkAdresse)

`<Ausdruck>.`**`HyperlinkAddress`**

Sie können mit dieser Eigenschaft die Adresse eines Hyperlinks angeben oder ermitteln.

Ausdruck: CommandButton, Image oder Label

Programmierbeispiel

Im folgenden Beispiel wird mit der Funktion **HyperlinkPart** der Adressteil des Datenfeldes datWebAdresse ermittelt und an der Befehlsschaltfläche CMDOPEN übergeben.

```
Private Sub Form_Current()
  Dim WebAdresse As String
  WebAdresse = HyperlinkPart_
    (Me!datWebAdresse, acAddress)
  Me!cmdOpen.HyperlinkAddress = WebAdresse
End Sub
```

HyperlinkSubAddress (HyperlinkUnteradresse)

`<Ausdruck>.`**`HyperlinkSubAddress`**

Sie können mit dieser Eigenschaft eine genaue Position in einem Zieldokument, das in der Eigenschaft **HyperlinkAddress** angesprochen wird, angeben oder ermitteln.

Ausdruck: CommandButton, Image oder Label

Programmierbeispiel

Im folgenden Beispiel wird der Bereich Budget_Fibu einer Tabelle angezeigt.

```
Me!cmdAnzeigen!HyperlinkAddress =_
  "Y:\Planung\Budget\Budget_QuartIII.XLS"
Me!cmdAnzeigen!HyperlinkSubAddress =_
  "Tabelle2!Budget_Fibu"
```

InitialFileName

`FileDialog.Title`

Sie legen mit dieser Eigenschaft das Ausgangsverzeichnis bzw. einen bereits vorgegebenen Dateinamen für ein Dateidialogfenster fest.

InitialView

`FileDialog.InitialView`

Sie legen mit dieser Eigenschaft fest, welche Ansicht das Dialogfeld beim Öffnen zeigt. Folgende Werte sind möglich: **msoFileDialogViewDetails**, **msoFileDialogViewLargeIcons**, **msoFileDialogViewList**, **msoFileDialogViewPreview**, **msoFileDialogViewProperties**, **msoFileDialogViewSmallIcons**, **msoFileDialogViewThumbnail** und **msoFileDialogViewWebView**.

InputMask (Eingabeformat)

`<Ausdruck>.InputMask`

Sie können mit dieser Eigenschaft festlegen, welche Werte ein Benutzer in ein Textfeld eingeben kann. Die einzelnen Eingabeformate sind ausführlich im Kapitel *Datentypen und Eingabeformate* beschrieben.

Ausdruck: ComboBox oder TextBox

Anmerkung

Von einem Eingabeformat sind nur direkt in ein Text- oder Kombinationsfeld eingegebene Zeichen betroffen. Es werden keine Eingabeformate beachtet, wenn die Daten »indirekt«, zum Beispiel über einen Import, eine Aktionsabfrage, über die Eigenschaft **Text** des Steuerelements oder in einem Makro mit der Aktion **SetzenWert** hinzugefügt werden.

Programmierbeispiel

```
Forms!frmVertrag!txtVertragsNr.InputMask = _
  ">LL-L-LL000/00LL-L00LLL"
```

IsConnected

`<Ausdruck>.IsConnected`

Sie können mit dieser Eigenschaft herausfinden, ob ein **CurrentProject** oder **CodeProject** gegenwärtig verbunden ist.

Ausdruck: CodeProject oder CurrentProject

Einstellungen

Folgende Werte können angenommen werden: **True** (-1) (das Projekt ist verbunden) und **False** (**0**) (das Projekt ist nicht verbunden).

IsHyperlink (IstHyperlink)

`<Ausdruck>.IsHyperlink`

Sie können mit dieser Eigenschaft herausfinden, ob es sich bei den Daten, die in einem Feld stehen, um einen Hyperlink handelt.

Ausdruck: ComboBox oder TextBox

Einstellungen

Folgende Werte können angenommen werden: **True** (-1) (die Daten bilden einen Hyperlink) und **False** (**0**) (die Daten bilden keinen Hyperlink).

IsLoaded

`AccessObject.IsLoaded`

Sie können mit dieser Eigenschaft herausfinden, ob ein **AccessObject** gegenwärtig geladen ist.

Einstellungen

Folgende Werte können angenommen werden: **True** (-1) (das Objekt ist geladen) und **False** (**0**) (das Objekt ist nicht geladen).

Programmierbeispiel

```
If CurrentProject.AllDataAccessPages(strSeitenName)
  IsLoaded = True Then
```

KeepTogether (Zusammenhalten)

`<Ausdruck>.KeepTogether`

Diese Eigenschaft kann entweder auf das **Section**-Objekt oder auf das **Group-Level**-Objekt angewendet werden.

Ausdruck: GroupLevel oder Section

Verwendung in Verbindung mit Section

Sie können diese Eigenschaft dazu verwenden, um den Bereich eines Formulars oder Berichts auf einer Seite zu drucken.

Einstellungen

Folgende Werte können angenommen werden: **True** (-1) (der Bereich wird vollständig auf einer Seite gedruckt) und **False** (0), der Standard (der Bereich wird gegebenenfalls über mehrere Seiten verteilt).

Anmerkung

Die Eigenschaft **KeepTogether** betrifft nur Formular- und Berichtsbereiche (ausgenommen Seitenköpfe und Seitenfüße).

Verwendung in Verbindung mit GroupLevel

Sie können diese Eigenschaft dazu verwenden, um Teile einer Gruppe auf einer Seite eines Formulars oder Berichts zusammenzuhalten.

Einstellungen

Wert	Beschreibung
0	(Standard) Gruppen werden ohne Zusammenhalt gedruckt.
1	Gruppenkopf, Detailbereich und Gruppenfuß werden auf dieselbe Seite gedruckt.
2	Der Gruppenkopf wird nur dann auf eine Seite gedruckt, wenn auch der erste Detailsatz gedruckt werden kann.

Programmierbeispiel

Im folgenden Beispiel wird die Eigenschaft **KeepTogether** auf »Mit 1. Detaildatensatz« eingestellt.

```
Me.GroupLevel(0).KeepTogether = 2
```

In diesem Beispiel wird **KeepTogether** für den Detailbereich eines Berichts festgelegt.

```
Me.Section(acSetail).KeepTogether
```

LabelAlign (Bezeichnungsausrichtung) TextAlign (Textausrichtung)

```
<Ausdruck>.LabelAlign
<Ausdruck>.TextAlign
```

Sie können mit diesen Eigenschaften die Ausrichtung von Text innerhalb eines Bezeichnungsfeldes (Label) für Steuerelemente bzw. innerhalb von Steuerfeldern selbst definieren.

Ausdruck: BoundObjectFrame (nur **LabelAlign**), CheckBox (nur **LabelAlign**), ComboBox, CommandButton (nur **LabelAlign**), Label (nur **TextAlign**), ListBox, OptionButton (nur **LabelAlign**), OptionGroup (nur **LabelAlign**), SubForm (nur **LabelAlign**), TextBox oder ToggleButton (nur **LabelAlign**)

Einstellungen

Wert	Beschreibung
0	(Standard) Linksbündige Ausrichtung im Bezeichnungsfeld
1	Linksbündige Ausrichtung im Bezeichnungsfeld
2	Zentrierte Ausrichtung im Bezeichnungsfeld
3	Rechtsbündige Ausrichtung im Bezeichnungsfeld
4	Der Text wird im Bezeichnungsfeld gleichmäßig verteilt.

Anmerkung

Unter Visual Basic benötigen Sie zum Festlegen der Eigenschaften die **DefaultControl**-Methode.

LeftMargin (LinkerRand)

Siehe die Eigenschaft **BottomMargin**.

LimitToList (NurListeneinträge)

```
ComboBox.LimitToList
```

Sie können mit dieser Eigenschaft festlegen, dass in einem Kombinationsfeld nur auf die in dessen Liste aufgeführten Werte zugegriffen werden kann.

Einstellungen

Folgende Werte können angenommen werden: **True** (**-1**) (es werden nur die Werte im Kombinationsfeld akzeptiert) und **False** (**0**), der Standard (der Benutzer kann entweder aus den vorgegebenen Werten auswählen oder selbst neue Eingaben machen).

Programmierbeispiel

```
Forms("Urlaubsantrag").Controls("Abteilung")_
  .LimitToList = True
```

ListCount

```
<Ausdruck>.ListCount
```

Sie können mit dieser Eigenschaft herausfinden, wie viele Zeilen ein Listenfeld oder ein Kombinationsfeld besitzt.

Ausdruck: ComboBox oder ListBox

Programmierbeispiel

Im folgenden Beispiel wird ermittelt, wie viele Zeilen eine Bestellung umfasst, und das Ergebnis so eingestellt, dass als Überblick nur eine bestimmte Anzahl an Positionen zurückgegeben wird.

```
Public Sub UeberblickBestellungen()
  Dim BestellListe As Control
  Set BestellListe = Forms!Kunden!Bestellungen
  With BestellListe
    If .ListCount < 5 Then
      .ListRow = ListCount
    Else
      .ListRow = 5
    End If
  End With
End Sub
```

ListRows (Zeilenanzahl)

```
<Ausdruck>.ListRows
```

Sie können mit dieser Eigenschaft festlegen, wie viele Zeilen in einem Listenfeld oder einem Kombinationsfeld angezeigt werden.

Ausdruck: ComboBox oder ListBox

Programmierbeispiel

Sie finden unter der **ListCount**-Eigenschaft ein auch zu dieser Eigenschaft passendes Beispiel.

MousePointer

```
Screen.MousePointer
```

Sie können mit dieser Eigenschaft festlegen, wie der Typ des Mauszeigers sein soll.

Einstellungen

Wert	Anzeigeart
0	(Standard) Access legt die Form fest.
1	Pfeil
3	I-Balken (Text-Auswahl)
7	Vertikale Größe ändern
9	Horizontale Größe ändern
11	Sanduhr

Programmierbeispiel

```
Screen.MousePointer = 11
```

MultiSelect (Mehrfachauswahl)

```
ListBox.MultiSelect
```

Sie können mit dieser Eigenschaft festlegen, dass ein Benutzer in einem Listenfeld eine Mehrfachauswahl vornehmen kann und wie dies zu bewerkstelligen ist.

Einstellungen

Wert	Beschreibung
0	(Standard) Der Benutzer kann keine Mehrfachauswahl tätigen.
1	Mehrere Einträge werden durch Klicken mit der Maus oder Drücken der Leertaste aktiviert oder deaktiviert.
2	Die Mehrfachauswahl erfolgt entweder mit der Umschalt- oder der Strg-Taste.

Programmierbeispiel

```
Forms("Artikelverwaltung").Controls("Artikel")_
  .MultiSelect = 2
```

ObjectVerbs ObjectVerbsCount

```
<Ausdruck>.ObjectVerbs(Index)
<Ausdruck>.ObjectVerbsCount
```

Sie können mit diesen beiden Eigenschaften herausfinden, wie viele Verben von einem OLE-Objekt unterstützt werden und welche das sind. Das produktive Arbeiten mit den Verben erfolgt dann über die Eigenschaft **Verb**.

Ausdruck: BoundObjectFrame, Control, CustomControl oder ObjectFrame

Programmierbeispiel

Im folgenden Beispiel aus der Microsoft-Access-Hilfe werden die Verben zurückgegeben, die von dem OLE-Objekt unterstützt werden, das dem als Argument ctlOLE übergebenen Steuerelement zugewiesen ist. Jedes Verb wird in einem Meldungsfeld angezeigt.

```
Sub VerbenlisteLesen(frm As Form, OLE1 As Control)
  Dim intX As Integer, intAnzahlVerben As Integer
  Dim strVerbenliste As String
  ' Die Liste der Verben aktualisieren.
  With frm!ctlOLE
    .Action = acOLEFetchVerbs
    intAnzahlVerben = .ObjectVerbsCount
    For intX = 0 To intAnzahlVerben - 1
      strVerbenliste = strVerbenliste
        &.ObjectVerbs(intX) & "; "
    Next intX
  End With
  ' Die Verben in einem Meldungsfeld anzeigen.
  MsgBox Left(strVerbenliste,
    Len(strVerbenliste) - 1)
End Sub
```

ObjectVerbsCount

Siehe die Eigenschaft **OnVerbs**.

OnActivate (BeiAktivierung)
OnClose (BeimSchließen)
OnDeactivate (BeiDeaktivierung)
OnLoad (BeiLaden)
OnOpen (BeimÖffnen)
OnUnload (BeiEntladen)

```
<Ausdruck>.OnActivate
<Ausdruck>.OnClose
<Ausdruck>.OnDeactivate
<Ausdruck>.OnLoad
<Ausdruck>.OnOpen
<Ausdruck>.OnUnload
```

Sie können mit diesen Eigenschaften festlegen, welches Ereignis ausgelöst werden soll, wenn ein Formular oder Bericht den Fokus erhält, geschlossen, deaktiviert oder geladen wird.

Ausdruck: Form oder Report

Programmierbeispiel

```
Forms("MeinFormular").OnActivate = _
  "[MeineProzedur]"
```

OnApplyFilter (BeiAngewendetemFilter)
OnFilter (BeiFilter)

```
Form.OnApplyFilter
Form.OnFilter
```

Sie können mit diesen Eigenschaften festlegen, welches Ereignis ausgelöst werden soll, wenn ein Filter angewendet oder entfernt bzw. ein Formular geöffnet wird.

Programmierbeispiel

```
Forms("MeinFormular").OnApplyFilter _
  = "[MeineProzedur]"
```

OnChange (BeiÄnderung)

```
<Ausdruck>.OnChange
```

Sie können mit dieser Eigenschaft festlegen, welches Ereignis ausgelöst werden soll, wenn sich der Inhalt eines Textfeldes oder Kombinationsfeldes ändert.

Ausdruck: ComboBox, TabControl oder TextBox

Programmierbeispiel

```
Forms("Bestellannahme")._
  Controls("Addresse").OnChange
```

OnClick (BeimKlicken) OnDblClick (BeimDoppelklicken)

```
<Ausdruck>.OnClick
<Ausdruck>.OnDblClick
```

Sie können mit diesen Eigenschaften festlegen, welches Ereignis ausgelöst werden soll, wenn der Benutzer auf einem Objekt die linke Maustaste drückt und wieder loslässt bzw. auf dem Objekt einen Doppelklick ausführt.

Ausdruck: BoundObjectFrame, CheckBox, ComboBox, CommandButton, Form, Image, Label, ListBox, ObjectFrame, OptionButton, OptionGroup, Page, Rectangle, Section, TabControl, TextBox oder ToggleButton

Programmierbeispiel

```
Forms("Bestellannahme").Controls("cmdOK")_
  .OnDblClick = "[MeineProzedur]"
```

OnClose (BeimSchließen)

Siehe die Eigenschaft **OnActivate**.

OnDblClick (BeimDoppelklicken)

Siehe die Eigenschaft **OnClick**.

OnDeactivate (BeiDeaktivierung)

Siehe die Eigenschaft **OnActivate**.

OnDelete (BeimLöschen)
OnDirty (BeiÄnderung)

```
Form.OnDelete
Form.OnDirty
```

Sie können mit diesen Eigenschaften festlegen, welches Ereignis ausgelöst werden soll, wenn in einem Formular ein Vorgang ausgelöst wird, der einen Datensatz löscht bzw. wenn sich der Inhalt eines Formulars ändert.

Anmerkung

Das **Delete**-Ereignis tritt ein, bevor der Datensatz tatsächlich gelöscht wird.

Programmierbeispiel

```
Forms("MeinFormular").OnDelete = "[MeineProzedur]"
```

OnDirty (BeiÄnderung)

Siehe die Eigenschaft **OnDelete**.

OnEnter (BeimHingehen)
OnExit (BeimVerlassen)
OnGotFocus (BeiFokuserhalt)
OnLostFocus (BeiFokusverlust)

```
<Ausdruck>.OnEnter
<Ausdruck>.OnExit
<Ausdruck>.OnGotFocus
<Ausdruck>.OnLostFocus
```

Sie können mit diesen Eigenschaften festlegen, welches Ereignis ausgelöst werden soll, wenn in einem Formular der Fokus von einem Steuerelement zum nächsten wandert bzw. wenn es den Fokus wieder verliert.

Ausdruck: BoundObjectFrame, CheckBox, ComboBox, CommandButton, CustomControl, ListBox, ObjectFrame, OptionButton, OptionGroup, SubForm, TextBox oder ToggleButton

Anmerkung

Das **Enter**-Ereignis tritt ein, bevor ein Steuerelement den Fokus von einem anderen Steuerelement desselben Formulars erhält, während das **Exit**-Ereignis unmittelbar vor der Übergabe des Fokus an ein anderes Steuerelement eintritt.

Programmierbeispiel

```
Forms("MeinFormular").Controls("cmdOK")_
  OnEnter = "[MeineProzedur]"
```

OnError (BeiFehler)

```
<Ausdruck>.OnError
```

Sie können mit dieser Eigenschaft festlegen, welches Ereignis ausgelöst werden soll, wenn es in einem Formular oder einem Bericht zu einem Fehler gekommen ist.

Ausdruck: Form oder Report

Programmierbeispiel

```
Forms("MeinFormular").OnError = "[MeineProzedur]"
```

OnExit (BeimVerlassen)

Siehe die Eigenschaft **OnEnter**.

OnFilter (BeiFilter)

Siehe die Eigenschaft **OnApplyFilter**.

OnGotFocus (BeiFokuserhalt)

Siehe die Eigenschaft **OnEnter**.

OnKeyDown (BeiTasteAb)
OnKeyPress (BeiTaste)
OnKeyUp (BeiTasteAuf)
OnMouseDown (BeiMaustasteAb)
OnMouseMove (BeiMausbewegung)
OnMouseUp (BeiMaustasteAuf)

```
<Ausdruck>.OnKeyDown
<Ausdruck>.OnKeyPress
<Ausdruck>.OnKeyUp
<Ausdruck>.OnMouseDown
<Ausdruck>.OnMouseMove
<Ausdruck>.OnMouseUp
```

Sie können mit diesen Eigenschaften festlegen, welches Ereignis ausgelöst werden soll, wenn der Benutzer auf einem Steuerelement eine Taste drückt (**OnKeyDown**, **OnKeyUp**) oder sie drückt und wieder loslässt (**OnKeyPress**), wenn ein Formular den Fokus besitzt. Gleiches gilt für das Arbeiten mit der Maus und den Maustasten bzw. der Bewegung der Maus über ein Steuerelement.

Ausdruck: BoundObjectFrame, CheckBox, ComboBox, CommandButton, Form, ListBox, OptionButton, TabControl, TextBox oder ToggleButton

Programmierbeispiel

```
Forms("MeinFormular").Controls("cmdOK")_
  OnKeyDown = "[MeineProzedur]"
```

OnKeyPress (BeiTaste)

Siehe die Eigenschaft **OnKeyDown**.

OnKeyUp (BeiTasteAuf)

Siehe die Eigenschaft **OnKeyDown**.

OnLoad (BeiLaden)

Siehe die Eigenschaft **OnActivate**.

OnLostFocus (BeiFokusverlust)

Siehe die Eigenschaft **OnEnter**.

OnMouseDown (BeiMaustasteAb)

Siehe die Eigenschaft **OnKeyDown**.

OnMouseMove (BeiMausbewegung)

Siehe die Eigenschaft **OnKeyDown**.

OnMouseUp (BeiMaustasteAuf)

Siehe die Eigenschaft **OnKeyDown**.

OnNoData (BeiOhneDaten)

```
Report.OnNoData
```

Sie können mit dieser Eigenschaft festlegen, welches Ereignis ausgelöst werden soll, wenn Microsoft Access zwar einen Bericht formatiert hat, dieser aber keine Daten enthält. Ein durch **OnNoData** ausgelöstes Ereignis tritt ein, bevor der Bericht gedruckt wird.

Programmierbeispiel

```
Reports("OffenePosten").OnNoData = _
  "[MeineProzedur]"
```

OnOpen (BeimÖffnen)

Siehe die Eigenschaft **OnActivate**.

OnUnload (BeiEntladen)

Siehe die Eigenschaft **OnActivate**.

Page (Seite)
Pages (Seiten)

```
<Ausdruck>.Page
<Ausdruck>.Pages
```

Sie können mit diesen Eigenschaften die Informationen zurückgeben, die für das Drucken von Seitenzahlen benötigt werden.

Ausdruck: Form oder Report

Programmierbeispiel

Wenn der Bericht am Bildschirm gelesen wird, soll beim Blättern immer die aktuelle Seitenzahl zu sehen sein.

```
Me.Caption = "Sie lesen gerade "_
  & "Seite " & Me.Page & " von " _
  & Me.Pages " Seite(n)."
```

Pages (Seiten)

Siehe die Eigenschaft **Page**.

RecordLocks (DatensätzeSperren)

```
<Ausdruck>.RecordLocks
```

Sie können mit dieser Eigenschaft die Informationen festlegen, ob und wie Datensätze gesperrt werden.

Ausdruck: Form oder Report

Einstellungen

Wert	Beschreibung
0	(Standard) Jeder Benutzer kann gleichzeitig (auch ändernd) auf einen Datensatz zugreifen.
1	Wird ein Formular geöffnet oder ein Bericht gedruckt, sind alle Datensätze so lange für Änderungen gesperrt, bis das Formular bzw. der Bericht wieder geschlossen wird.
2	(Nur Formular und Bericht) Öffnet ein Benutzer einen Datensatz bearbeitend, wird eine Seite von Datensätzen gesperrt.

Programmierbeispiel

Es soll verhindert werden, dass Datensätze eines Formulars von mehreren Benutzern gleichzeitig bearbeitet werden können.

```
Forms("OffenePosten").RecordLocks = 2
```

Recordset

```
<Ausdruck>.Recordset
```

Diese Eigenschaft gibt das ADO- oder DAO-Objekt **Recordset** zurück, das die Datenquelle eines der unter `Ausdruck` genannten Objekte bildet.

Ausdruck: ComboBox, Form, ListBox oder Report

Anmerkung

Sowohl der Typ der Datensatzgruppe (ADO oder DAO) als auch der Typ der Daten (Jet oder SQL), die in der durch die Eigenschaft identifizierten

Datensatzgruppe enthalten sind, bestimmen das Schreib-/Leseverhalten eines Formulars mit eingestellter **Recordset**-Eigenschaft.

Datensatzgruppe	Basierend auf SQL-Daten	Basierend auf Jet-Daten
ADO	Schreiben und lesen	Schreiben und lesen
DAO	---	Schreiben und lesen

Programmierbeispiel

Es sollen mehrere Formulare auf dasselbe, gemeinsame Recordset zugreifen.

```
Set Me.Recordset =
  Forms("Basisformular").Recordset
```

RecordsetType (Recordsettyp)

```
Form.RecordsetType
```

Sie legen mit dieser Eigenschaft fest, welche Art von Recordset für ein Formular bereitgestellt wird.

Einstellungen

Für eine Microsoft-Access-Datenbank (`.mdb`)

Wert	Beschreibung
0	(Standard) Für eine Bearbeitung dürfen entweder nur eine einzige Tabelle oder Tabellen mit einer 1:1-Beziehung an das Steuerelement gebunden werden. Bei Steuerelementen, die an Felder gebunden sind, die auf Tabellen mit einer 1:n-Beziehung basieren, können Sie Daten im Verknüpfungsfeld auf der "1-Seite" der Beziehung nur bearbeiten, wenn die Aktualisierungsweitergabe zwischen den Tabellen aktiviert ist.
1	Alle Tabellen und an ihre Felder gebundenen Steuerelemente können bearbeitet werden.

Wert	Beschreibung
2	Es können keine Tabellen oder an ihre Felder gebundenen Steuerelemente bearbeitet werden.

Für ein Microsoft-Access-Projekt (`.adp`)

Wert	Beschreibung
3	Es können keine Tabellen und an ihre Felder gebundene Steuerelemente bearbeitet werden.
4	(Standard) Alle Tabellen und an ihre Felder gebundenen Steuerelemente können bearbeitet werden.

RecordSource (Datenherkunft)

```
<Ausdruck>.Recordsource
```

Sie legen mit dieser Eigenschaft fest, aus welcher Quelle die Daten für ein Formular oder einen Bericht stammen. Bei dieser Quelle handelt es sich in der Regel entweder um eine Tabelle oder um eine SQL-Abfrage.

Ausdruck: Form oder Report

Programmierbeispiel

Im folgenden Beispiel wird die Eigenschaft **RecordSource** an eine SQL-Abfrage gebunden.

```
Me.RecordSource = "SELECT * FROM Artikel "_
   & "WHERE ArtikelNr = '"_
   & Me!cmbArtikelNr.Value & "'"
```

Im folgenden Beispiel dient eine Tabelle als Datenquelle.

```
Forms("Kunden").RecordSource = "Stammdaten"
```

RepeatSection (BereichWiederholen)

```
Section.RepeatSection
```

Sie legen mit dieser Eigenschaft fest, ob ein Gruppenkopf beim Ausdruck eines Berichts auf jeder neuen Seite wiederholt wird.

Einstellungen

Folgende Werte können angenommen werden: **True** (-1) (der Gruppenkopf wird wiederholt) und **False** (**0**), der Standard (der Gruppenkopf wird nicht wiederholt).

Programmierbeispiel

Im folgenden Beispiel wird der Gruppenkopf *Umsatz je Quartal* auf jeder Seite gedruckt.

```
Reports("Vertriebsgebiete")_
  .Section("Umsatz_je_Quartal ")_
  .RepeatSection = True
```

RightMargin (RechterRand)

Siehe die Eigenschaft **BottomMargin**.

RollbackTransaction (Transaktionsrollback)

```
Form.RollbackTransaction
```

Sie legen mit dieser Eigenschaft fest, welche Ereignisprozedur, welches Makro oder welche benutzerdefinierte Funktion nach dem Eintreten des Ereignisses ausgeführt werden soll, das wie die Eigenschaft heißt.

Programmierbeispiel

```
Forms("frmStammdaten").RollbackTransaction _
  = "[procKeditLimit]"
```

RowSource (Datensatzherkunft)

```
<Ausdruck>.RowSource
```

Sie können mit dieser Eigenschaft festlegen, welche Daten in einem Steuerelement angezeigt werden.

Ausdruck: ComboBox, ListBox oder OptionFrame

Anmerkung

Diese Eigenschaft ist abhängig von den Einstellungen, die Sie in der Eigenschaft **RowSourceType** vornehmen. Beide Eigenschaften werden in der Regel immer zusammen verwendet.

Programmierbeispiel

```
With Forms!Bestellungen.lstKdNr_
  .RecordSourceType = "Table/Query"
  .RecordSource = "tblAbfrageKundenNr"
End With
```

RowSourceType (Datensatzherkunft)

```
<Ausdruck>.RowSourceType
```

Sie können mit dieser Eigenschaft festlegen, wie die Daten in einem Steuerelement bereitgestellt werden.

Ausdruck: ComboBox, ListBox oder OptionFrame

Anmerkung

Diese Eigenschaft wird in der Regel immer zusammen mit der Eigenschaft **RowSource** verwendet.

Einstellungen

Einstellung	Beschreibung
"Table/Query"	Der Name einer Tabelle bzw. einer Abfrage oder eine SQL-Anweisung.
"Value List"	Eine Liste von Einträgen, die durch ein Semikolon (;) voneinander getrennt werden.
"Field List"	Der Name einer Tabelle bzw. einer Abfrage oder eine SQL-Anweisung.

Programmierbeispiel

Siehe die Eigenschaft **RowSource**.

Selected

`<Ausdruck>.Selected`

Sie können mit dieser Eigenschaft herausfinden, ob ein Element eines Listenfeldes ausgewählt worden ist.

Ausdruck: Control oder ListBox

Einstellungen

Folgende Werte können angenommen werden: **True** (**-1**) (das Element ist ausgewählt) und **False** (**0**) (das Element ist nicht ausgewählt).

Anmerkung

Wenn die **MultiSelect**-Eigenschaft eines **ListBox**-Steuerelements auf **Keine** (**0**) eingestellt ist, kann nur für ein Element die Eigenschaft **Selected** auf **True** eingestellt sein. Wenn die **MultiSelect**-Eigenschaft eines **ListBox**-Steuerelements auf **Einzeln** (**1**) oder **Erweitert** (**2**) eingestellt ist, kann die Eigenschaft **Selected** für jedes Element auf **True** eingestellt sein.

Programmierbeispiel

Im folgenden Beispiel wird im Listenfeld `Kundennummer` der zehnte Eintrag ausgewählt.

```
Forms("Bestellungen").lstKundenNr.Selected(10) = True
```

SelectedItems

`FileDialog.SelectedItems`

Sie rufen mit dieser Eigenschaft die markierten Dateien bzw. Verzeichnisse ab.

SortOrder (Sortierreihenfolge)

`GroupLevel.SortOrder`

Sie können mit dieser Eigenschaft die Sortierreihenfolge in Feldern und Ausdrücken eines Berichts festlegen.

Einstellungen

Folgende Werte können angenommen werden: **False** (**0**), der Standard (die Sortierreihenfolge ist aufsteigend) und **True** (**-1**) (die Sortierreihenfolge ist absteigend).

Programmierbeispiel

Im folgenden Beispiel wird eine absteigende Sortierung für die zweite Gruppenebene im Bereich `Umsätze` (die höchsten Umsätze stehen oben) eingestellt.

```
Reports("Umsätze").GroupLevel(1)_
  .SortOrder = True
```

StartupForm
StartupMenuBar
StartupShortcutMenuBar

```
CurrentProjekt.StartupForm
CurrentProjekt.StartupMenuBar
CurrentProjekt.StartupShortcutMenuBar
```

Sie können mit diesen Eigenschaften festlegen, welches Formular, welche benutzerdefinierte Menüleiste und welches benutzerdefinierte Kontextmenü, das dann als globales Kontextmenü dienen soll, beim Öffnen der Anwendung verwendet wird.

Anmerkung

Das Arbeiten mit den Eigenschaften ist dem Setzen dieser Werte in Makros vorzuziehen.

Programmierbeispiel

Sie finden ein ausführliches Programmierbeispiel bei der Eigenschaft **AllowFullMenus**.

StartupMenuBar

Siehe die Eigenschaft **StartupForm**.

StartupShortcutMenuBar

Siehe die Eigenschaft **StartupForm**.

StartupShowDBWindow

```
CurrentProjekt.StartupShowDBWindow
```

Sie können mit dieser Eigenschaft festlegen, ob das Datenbankfenster beim Öffnen Ihrer Anwendungsdatenbank angezeigt werden soll.

Einstellungen

Folgende Werte können angenommen werden: **True** (-1) (zeigt das Datenbankfenster beim Start an) und **False** (0) (zeigt das Datenbankfenster beim Start nicht an).

Programmierbeispiel

Sie finden ein ausführliches Programmierbeispiel bei der Eigenschaft **AllowFullMenus**.

TextAlign (Textausrichtung)

Siehe die Eigenschaft **LabelAlign**.

TimerInterval (Zeitgeberintervall)

```
Form.TimerInterval
```

Sie können mit dieser Eigenschaft in Millisekunden die Länge des Intervalls festlegen, das zwischen zwei **Timer**-Ereignissen eines Formulars liegen soll. Diese Eigenschaft wird in der Ereignisprozedur eingestellt, die nach Eintreten des Ereignisses **Load** ausgeführt wird.

Programmierbeispiel

```
Sub Form_Load()
  Me.TimerInterval = 5000
End Sub
```

Title

```
FileDialog.Title
```

Sie legen mit dieser Eigenschaft die Beschriftung des Dialogfeldes fest.

TopMargin (ObererRand)

Siehe die Eigenschaft **BottomMargin**.

UpdateOptions (Objektaktualisierung)

```
<Ausdruck>.UpdateOptions
```

Sie können mit dieser Eigenschaft festlegen, wie ein OLE-Objekt aktualisiert wird.

Ausdruck: BoundObjectFrame oder ObjectFrame

Einstellungen

Folgende Werte können angenommen werden: **acOLEUpdateAutomatic**, der Standard (jede Änderung der verknüpften Daten führt zu einer automatischen Aktualisierung des Objekts), und **acOLEUpdateManual** (das Objekt wird nur aktualisiert, wenn die Eigenschaft **Action** des Steuerelements auf **acOLEUpdate** gesetzt ist oder die Verknüpfung mit dem Befehl **OLE/DDE Links** aus dem Menü BEARBEITEN aktualisiert wird).

Programmierbeispiel

Im folgenden Beispiel soll der Inhalt des OLE-Feldes Budget immer aktualisiert werden, deshalb wird die Eigenschaft **UpdateOptions** auf Automatik gesetzt.

```
Budget.UpdateOptions = acOLEUpdateAutomatic
```

ValidationRule (Gültigkeitsregel) ValidationText (Gültigkeitsmeldung)

```
<Ausdruck>.ValidationRule
<Ausdruck>.ValidationText
```

Sie können mit der Eigenschaft **ValidationRule** festlegen, welche Anforderungen die Eingabedaten in einem Datensatz, Feld oder Steuerelement erfüllen müssen. Der Benutzer wird in einer Meldung informiert, die über die Eigenschaft **ValidationText** definiert wird, wenn seine Eingabe nicht der Eingaberegel entspricht.

Ausdruck: CheckBox, ComboBox, ListBox, OptionButton, OptionGroup, TextBox oder ToggleButton

Anmerkung

Sie können nur dann in einem Feld, für das eine Gültigkeitsregel existiert, einen **Null**-Wert speichern, wenn Sie der Gültigkeitsregel **Is Null** hinzufügen.

Programmierbeispiel

Beispiele für Ausdrücke, die in den Eigenschaften **ValidationRule** und **ValidationText** angegeben werden können, sehen Sie in der folgenden Tabelle, die der Microsoft-Access-Hilfe entnommen ist.

ValidationRule	ValidationText
`<> 0`	Eingabewert muss ungleich null sein.
`> 1000 Or Is Null`	Eingabe muss leer oder größer als 1000 sein.
`Like "A????"`	Eingabe muss 5 Zeichen lang sein und mit dem Buchstaben A beginnen.
`>= #1/1/2003# And <#1/1/2004#`	Eingabe muss ein Datum im Jahr 2003 sein.
`DLookup("[Kunden-Nr]", "Kunden", "[Kunden-Nr] = Formulare![Kunden]![Kunden-Nr]") Is Null`	Eingabe muss eindeutige Kunden-Nr. sein (Domänenaggregatfunktionen sind nur für Gültigkeitsüberprüfungen auf Formularebene zulässig).

Eine praktische Anwendung könnte wie folgt aussehen:

```
BestellMenge.ValidationRule = "<>0 AND >=1"
BestellMenge.ValidationText = _
  "Die Bestellmenge muss mindestens 1 sein."
```

ValidationText (Gültigkeitsmeldung)

Siehe die Eigenschaft **ValidationRule**.

Verb

```
<Ausdruck>.Verb
```

Sie können mit dieser Eigenschaft festlegen, was mit einem OLE-Objekt geschehen soll, dessen **Action**-Eigenschaft auf **acOLEActivate** festgelegt wurde.

Ausdruck: BoundObjectFrame, CustomControl oder ObjectFrame

Einstellungen

Alle Objekte unterstützen die folgenden Werte: **acOLEVerbPrimary** (der Standardvorgang des Objekts wird ausgeführt), **acOLEVerbShow** (das Objekt wird zum Bearbeiten aktiviert), **acOLEVerbOpen** (das Objekt wird in einem eigenen Anwendungsfenster geöffnet) und **acOLEVerbHide** (die Anwendung, mit der das Objekt erstellt wurde, wird bei einem eingebetteten Objekt ausgeblendet).

Eine ganze Reihe von Anwendungen unterstützt die folgenden zusätzlichen Werte: **acOLEVerbInPlaceUIActivate** (das Objekt wird zur Bearbeitung innerhalb des Steuerelements aktiviert) und **acOLEVerbInPlaceActivate** (das Objekt wird innerhalb des Steuerelements aktiviert).

Anmerkung

Jedes Objekt unterstützt eine eigene Gruppe von Verben. Viele Objekte unterstützen z.B. die Verben **Bearbeiten** und **Abspielen**. Sie können mit der Eigenschaft **ObjectVerbs** herausfinden, welche Verben von einem Objekt unterstützt werden.

Programmierbeispiel

```
Forms("Budgetkontrolle").Controls("OLEUnbound0")_
  .Verb = acOLEVerbOpen
```

Visible (Sichtbar)

```
<Ausdruck>.Visible
```

Sie können mit dieser Eigenschaft festlegen, ob ein Objekt sichtbar ist oder nicht.

Ausdruck: Application, BoundObjectFrame, CheckBox, ComboBox, CommandButton, CustomControl, DataAccessPage, Form, Image, Label, Line, ListBox, ObjectFrame, OptionButton, OptionGroup, Page, PageBreak, Rectangle, Section, SubForm, TabControl, TextBox oder ToggleButton

Einstellungen

Folgende Werte können angenommen werden: **True** (**-1**), der Standard (das Objekt ist sichtbar) und **False** (**0**) (das Objekt ist nicht sichtbar).

Anmerkung

Anders als beim Entladen eines Objekts, können Sie beim Einsatz der Eigenschaft **Visible** auf Steuerelemente des »unsichtbaren« Formulars zugreifen.

8 Methoden

Bei Methoden handelt es sich, allgemein ausgedrückt, um einen Prozess, der von einem Objekt ausgeführt wird, sobald es eine Meldung erhält[1], oder anders ausgedrückt: Das Erscheinungsbild eines Objekts wird durch sein Eigenschaften geprägt, während die Dinge, die ein Objekt tun kann, sein Methoden sind.

Objekt und Methode werden durch einen Punkt voneinander getrennt.

```
MeinFormular.Close
```

In diesem Beispiel ist `MeinFormular` das Objekt und `Close` die Methode.

Da auch eine Methode von verschiedenen Objekten verwendet werden kann (siehe Kapitel *Objekte*), finden Sie in diesem Kapitel einen (alphabetischen) Überblick über verschiedene wichtige Methoden.

Referenz

AddItem

```
<Ausdruck>.AddItem(<Item>[, <Index>])
```

Sie fügen mit dieser Methode einen neuen Wert zu einer Werteliste hinzu.

Ausdruck: ComboBox oder ListBox

Item: Der neue Wert (vom Typ String)

Index: Die Position des neuen Wertes in der Liste. Ohne Angabe von `Index` wird das neue Element an das Ende der Liste angefügt.

1. Computer Lexikon, Microsoft Press

Anmerkung

Bei mehrspaltigen Listeneinträgen werden die einzelnen Werte durch ein Semikolon (;) voneinander getrennt.

Programmierbeispiel

Im folgenden Beispiel sollen Farben in einer bestimmten Reihenfolge an das Listenfeld `lstFarben` übergeben werden. Die Standardfarbe soll Blau sein.

```
With lstFarben
  Caption = "Farbe"
  .AddItem "Rot", 1
  .AddItem "Gelb", 2
  .AddItem "Blau", 3
  .List<Index> = 3
End With
```

ApplyFilter

```
DoCmd.ApplyFilter([<Filtername>][, <<Bedingung>>])
```

Sie führen mit dieser Methode eine **Filter**-Aktion aus.

Filtername: Bezeichnet einen Filter oder eine Abfrage in der aktuellen Datenbank.

Bedingung: Entspricht einer **WHERE**-Klausel ohne das Wort **WHERE**.

Anmerkung

Auch wenn beide Argumente optional sind, sollten Sie immer mindestens eines anwenden. Wenn Sie für beide Argumente einen Wert eingeben, wird das Argument **WHERE-Bedingung** auf den Filter angewendet. Dieses Argument darf bis zu 32.768 Zeichen lang sein. Wenn Sie das Argument **WHERE-Bedingung** angeben und das Argument `Filtername` weglassen, müssen Sie das Komma vor dem Argument `Bedingung` angeben.

Programmierbeispiel

Im folgenden Beispiel wird ein Filter verwendet, der die Eingabe eines variablen Suchkriteriums für das Feld `Nachname` zulässt.

```
DoCmd.ApplyFilter, "NName = [Geben Sie " & _
  "den gesuchten Nachnamen ein]"
```

Close

```
DoCmd.Close([<Objekttyp>][, <Objektname>][, <Speichern>])
```

Sie können diese Methode verwenden, um ein Objekt zu schließen.

Objekttyp: Eine der folgenden eingebauten Konstanten: **acDataAccessPage**, **acDefault** (Standard), **acDiagram**, **acForm**, **acMacro**, **acModule**, **acQuery**, **acReport**, **acServerView**, **acStoredProcedure** oder **acTable**

Objektname: Ein Objekt vom Typ **Objekttyp**

Speichern: Eine der folgenden eingebauten Konstanten: **acSaveNo**, **acSavePrompt** (Standard) oder **acSaveYes**

Programmierbeispiel

Im folgenden Beispiel wird durch das Klicken auf eine Schaltfläche das aktuelle Formular ohne Rückfragen geschlossen.

```
Private Sub cmdSchließen_Click()
  DoCmd.Close
End Sub
```

Dieses Beispiel schließt das Formular `Kontakte` und fragt, wenn es sich im Entwurfsmodus befindet, nach, ob Änderungen gespeichert werden sollen.

```
DoCmd.Close acForm, "Kontakte", acSavePrompt
```

CurrentDb

```
Application.CurrentDb
```

Sie können mit dieser Methode herausfinden, welche Datenbank momentan geöffnet ist. Sie besitzen damit eine Möglichkeit, auf die aktuelle Datenbank zuzugreifen, ohne deren Namen kennen zu müssen. Die **CurrentDb**-Methode gibt eine Objektvariable des Typs **Database** zurück, die Sie im Rahmen Ihrer Anwendung weiterverwenden können.

Programmierbeispiel

```
Dim dbAkt As Database
Set dbAkt = CurrentDb
```

Sie können **dbAkt** beispielsweise dazu verwenden, Rechte in Abhängigkeit von der geöffneten Datenbank zu setzen usw.

CurrentUser

```
Application.CurrentUser
```

Sie können mit dieser Methode herausfinden, welcher Benutzer aktuell an der Datenbank angemeldet ist, und Berechtigungen setzen, die den Zugriff des Benutzers auf die Datenbankobjekte einschränken.

Programmierbeispiel

Im folgenden Beispiel wird beim Öffnen eines Formulars geprüft, welcher Benutzer aktuell angemeldet ist, und dieser Name wird in eine Variable geschrieben.

```
Private Sub Form_Open(_
  Cancel As Integer)
  MyUser = CurrentUser
  MsgBox("Der aktuelle Benutzer heißt: " & MyUser)
End Sub
```

DAvg

```
Application.DAvg(<Ausdruck>, _
  <Domäne>[, <Kriterien>])
```

Sie können mit dieser Eigenschaft den Mittelwert einer Gruppe von Werten in einer angegebenen Datensatzgruppe (einer Domäne) berechnen.

Ausdruck: Gibt das Feld an, für das Sie den Mittelwert berechnen wollen.

Domäne: Bezeichnet die Gruppe der Datensätze, die die Domäne bilden. Es kann sich hierbei um einen Tabellennamen oder einen Abfragenamen handeln.

Kriterien: Ein Zeichenfolgenausdruck, mit dessen Hilfe Sie den Datenbereich einschränken können, für den die Funktion ausgeführt wird. Er ist vergleichbar einer **WHERE**-Klausel ohne das Schlüsselwort **WHERE**.

Programmierbeispiel

Im folgenden Beispiel wird der durchschnittliche Umsatz berechnet, den ein Vertriebsmitarbeiter erzielt hat.

```
DUmsatz = DAvg("[Umsatz]", "Kunden", _
  "[MitarbCode] = '4711'")
```

DCount

```
Application.DCount(<Ausdruck>, _
  <Domäne>[, <Kriterien>])
```

Sie können mit dieser Eigenschaft die Anzahl der Datensätze in einer angegebenen Datensatzgruppe (einer Domäne) ermitteln.

Ausdruck: Gibt das Feld an, für das Sie die Anzahl an Datensätzen ermitteln wollen.

Domäne: Bezeichnet die Gruppe der Datensätze, die die Domäne bilden. Es kann sich hierbei um einen Tabellennamen oder einen Abfragenamen handeln.

Kriterien: Ein Zeichenfolgenausdruck, mit dessen Hilfe Sie den Datenbereich einschränken können, für den die Funktion ausgeführt wird. Er ist vergleichbar einer **WHERE**-Klausel ohne das Schlüsselwort **WHERE**.

Programmierbeispiel

Im folgenden Beispiel wird ermittelt, wie viele Aufträge ein Vertriebsmitarbeiter geschrieben hat.

```
AnzAufträge = DCount("[AuftrNr]", "Kunden", _
  "[MitarbCode] = '4711'")
```

DLookup

```
Application.DLookup(<Ausdruck>, _
  <Domäne>[, <Kriterien>])
```

Sie können mit dieser Eigenschaft den Wert eines bestimmten Feldes in einer angegebenen Datensatzgruppe (einer Domäne) abrufen. Dieses Feld muss sich nicht in der Datenquelle Ihres Formulars befinden.

Ausdruck: Gibt das Feld an, für das Sie den Wert ermitteln wollen.

Domäne: Bezeichnet die Gruppe der Datensätze, die die Domäne bilden. Es kann sich hierbei um einen Tabellennamen oder einen Abfragenamen handeln.

Kriterien: Ein Zeichenfolgenausdruck, mit dessen Hilfe Sie den Datenbereich einschränken können, für den die Funktion ausgeführt wird. Er ist vergleichbar einer **WHERE**-Klausel ohne das Schlüsselwort **WHERE**.

Programmierbeispiel

Im folgenden Beispiel wird in einem Rechnungsformular der Name eines Kunden zu seiner Kundennummer ermittelt.

```
Dim varKundName
varKundName = DLookup("[Name]", "Kunden", _
  "[RNummer] = '4711'")
```

DMax

```
Application.DMax(<Ausdruck>, _
  <Domäne>[, <Kriterien>])
```

Sie können mit dieser Eigenschaft den höchsten Wert einer Gruppe von Werten in einer angegebenen Datensatzgruppe (einer Domäne) ermitteln.

Ausdruck: Gibt das Feld an, für das Sie den höchsten Wert ermitteln wollen.

Domäne: Bezeichnet die Gruppe der Datensätze, die die Domäne bilden. Es kann sich hierbei um einen Tabellennamen oder einen Abfragenamen handeln.

Kriterien: Ein Zeichenfolgenausdruck, mit dessen Hilfe Sie den Datenbereich einschränken können, für den die Funktion ausgeführt wird. Er ist vergleichbar einer **WHERE**-Klausel ohne das Schlüsselwort **WHERE**.

Programmierbeispiel

Im folgenden Beispiel wird der maximale Umsatz ermittelt, den ein Vertriebsmitarbeiter erzielt hat.

```
MaxUmsatz = DMax("[Umsatz]", "Kunden", _
  "[MitarbCode] = '4711'")
```

DMin

```
Application.DMin(<Ausdruck>, _
  <Domäne>[, <Kriterien>])
```

Sie können mit dieser Eigenschaft den niedrigsten Wert einer Gruppe von Werten in einer angegebenen Datensatzgruppe (einer Domäne) ermitteln.

Ausdruck: Gibt das Feld an, für das Sie den kleinsten Wert ermitteln wollen.

Domäne: Bezeichnet die Gruppe der Datensätze, die die Domäne bilden. Es kann sich hierbei um einen Tabellennamen oder einen Abfragenamen handeln.

Kriterien: Ein Zeichenfolgenausdruck, mit dessen Hilfe Sie den Datenbereich einschränken können, für den die Funktion ausgeführt wird. Er ist vergleichbar einer **WHERE**-Klausel ohne das Schlüsselwort **WHERE**.

Programmierbeispiel

Im folgenden Beispiel wird der niedrigste Umsatz ermittelt, den ein Vertriebsmitarbeiter erzielt hat.

```
MinUmsatz = DMin("[Umsatz]", "Kunden", _
  "[MitarbCode] = '4711'")
```

DSum

```
Application.DSum(<Ausdruck>, _
  <Domäne>[, <Kriterien>])
```

Sie können mit dieser Eigenschaft die Summe einer Gruppe von Werten in einer angegebenen Datensatzgruppe (einer Domäne) berechnen.

Ausdruck: Gibt das Feld an, für das Sie die Summe berechnen wollen.

Domäne: Bezeichnet die Gruppe der Datensätze, die die Domäne bilden. Es kann sich hierbei um einen Tabellennamen oder einen Abfragenamen handeln.

Kriterien: Ein Zeichenfolgenausdruck, mit dessen Hilfe Sie den Datenbereich einschränken können, für den die Funktion ausgeführt wird. Er ist vergleichbar einer **WHERE**-Klausel ohne das Schlüsselwort **WHERE**.

Programmierbeispiel

Im folgenden Beispiel wird die Summe aller Umsätze berechnet, die ein Vertriebsmitarbeiter erzielt hat.

```
SumUmsatz = DSum("[Umsatz]", "Kunden", _
  "[MitarbCode] = '4711'")
```

Echo

```
Application.Echo(<Echo>[, <Statusleistentext>])
DoCmd.Echo(<Echo>, <Statusleistentext>)
```

Sie können mit dieser Methode die Aktualisierung der Bildschirmanzeige ausschalten, solange bestimmte Vorgänge durchgeführt werden. Dies bewirkt, dass der Code in der Regel schneller ausgeführt wird.

Echo: True, die Standardeinstellung, führt dazu, dass der Bildschirm aktualisiert wird; **False** unterdrückt die Bildschirmaktualisierung.

Statuszeilentext: Ein Text, der in der Statusleiste angezeigt werden soll, wenn die Bildschirmaktualisierung ein- oder ausgeschaltet wird

Programmierbeispiel

Im folgenden Beispiel wird die Echo-Methode dazu verwendet, das Echo auszuschalten und während der Ausführung des Programmcodes einen dementsprechenden Text in der Statuszeile anzuzeigen.

```
DoCmd.Echo False, "Das Programm wird ausgeführt."
```

FindNext

```
DoCmd.FindNext
```

Sie setzen diese Methode in Verbindung mit der Methode **FindRecord** ein. **FindNext** wiederholt die mit **FindRecord** gestartete Suche vom letzten gefundenen Datensatz an.

Anmerkung

Kombinieren Sie **FindRecord** und **FindNext** mit Hilfe zweier Schaltflächen auf einem Formular: die erste startet die Suche, die zweite setzt sie fort.

Programmierbeispiel

Eine Suche nach einer Artikelnummer soll durch Klicken auf die Schaltfläche WEITERSUCHEN fortgesetzt werden:

```
Me!ArtikelNr.SetFocus
DoCmd.FindNext
```

FindRecord

```
DoCmd.FindRecord(<SuchenNach>[, <Vergleichen>], _
  [<GroßKlein>][, <Suchen>][, <WieFormatiert>], _
  [<NurAktuellesFeld>][, <AmAnfangBeginnen>])
```

Sie können mit dieser Methode innerhalb eines Steuerelements nach einem bestimmten Inhalt suchen.

SuchenNach: Der Text, nach dem gesucht werden soll

Vergleichen: Legt fest, ob bei der Suche nur ein Teil des Feldinhalts oder der gesamte Feldinhalt verglichen wird. Es können folgende drei Konstanten angegeben werden: **acAnywhere** (Teil des Feldinhalts), **acEntire** (gesamter Feldinhalt – der Standardwert), **acStart** (Anfang des Feldinhalts).

GroßKlein: **True** berücksichtigt Groß- und Kleinschreibung; **False** ignoriert sie.

Suchen (Search): Legt die Suchrichtung fest. **acDown** bewirkt eine Suche in Richtung Tabellenende, **acUp** eine in Richtung Tabellenanfang und **acSearchAll** eine Suche über alle Datensätze.

WieFormatiert: Mit **True** werden die Daten so durchsucht, wie sie formatiert sind; **False** (der Standardwert) berücksichtigt die originalen Inhalte der Datenquelle.

NurAktuellesFeld: Legt fest, ob nur das aktuelle Steuerelement durchsucht wird, das den Fokus besitzt (**acCurrent** – der Standardwert), oder alle Steuerelemente (**acAll**).

AmAnfangBeginnen: Mit **True** (der Standardwert) beginnt Access die Suche mit dem ersten Datensatz. **False** bewirkt eine Suche vom aktuellen Datensatz an.

Anmerkung

Damit die Suche im richtigen Steuerelement erfolgt, müssen Sie es mit der Methode **SetFocus** aktivieren. Weiterhin ist es notwendig, auch das Formular, in dem die Suche erfolgen soll, zu aktivieren. Als Ergebnis der Suche wird immer der erste passende Datensatz angezeigt. Weitere Datensätze, die ebenfalls zum Suchtext passen, finden Sie mit der Methode **FindNext**.

Programmierbeispiel

Das folgende Beispiel durchsucht eine Artikeldatenbank nach der Artikelnummer A88KM9.

```
Forms!Artikelstamm SetFocus
Forms!Artikelstamm!ArtikelNr.SetFocus
DoCmd.FindRecord FindWhat:= "A88KM9", _
  Match:=acAnyWhere, _
  MatchCase:=False, Search:=acDown, _
  OnlyCurrentField:=acCurrent; _
  FindFirst:=True
```

Die Kurzform einer Suche nach `Jutta` unter Berücksichtigung von Groß- und Kleinschreibung sieht wie folgt aus.

```
DoCmd.FindRecord "Jutta",, True,, True
```

FollowHyperlink

```
Hyperlink.FollowHyperlink(<Adresse>, _
<Unteradresse>, <NeuesFenster>, _
<VerlaufHinzufügen>, <ExtraInfo>, _
<Methode>, <Headerinfo>)
```

Sie können mit dieser Methode das Dokument oder die Webseite finden, das/die durch eine Hyperlinkadresse angegeben wird. Diese Adresse muss in dem Steuerelement nicht direkt vorhanden sein. Damit haben Sie die Möglichkeit, einen Benutzer aufzufordern, eine Hyperlinkadresse in einem Dialogfeld einzugeben, und dann mit der **FollowHyperlink**-Methode diesem Hyperlink folgen.

Adresse: Eine gültige Hyperlinkadresse oder ein Ausdruck, der als eine solche ausgewertet werden kann

Unteradresse: Ein Ausdruck, der zu einer benannten Position in dem durch das Argument **Adresse** angegebenen Dokument ausgewertet wird. Die Standardeinstellung ist eine leere Zeichenfolge (" ").

NeuesFenster: Mit **True** (-1) wird das Dokument in einem neuen Fenster geöffnet, und **False** (**0**) öffnet es im aktuellen Fenster. Die Standardeinstellung ist **False**.

VerlaufHinzufügen: **True** fügt den Hyperlink zum Ordner **Verlauf** hinzu, und **False** fügt ihn nicht zu diesem Ordner hinzu. Die Standardeinstellung ist **True**.

ExtraInfo: Eine Zeichenfolge oder ein Datenfeld vom Typ **Byte**, die bzw. das zusätzliche Informationen zum Navigieren zu einem Hyperlink angibt. Mit diesem Argument kann z.B. ein Suchparameter für eine ASP- oder eine IDC-Datei angegeben werden. In einem Webbrowser kann das Argument **ExtraInfo** nach der Hyperlinkadresse angezeigt werden, wobei es durch ein Fragezeichen (?) von der Hyperlinkadresse getrennt ist. Wenn Sie dieses Argument angeben, müssen Sie das Fragezeichen nicht einbeziehen.

Methode: Hierbei handelt es sich um einen **MsoExtraInfoMethod**-Wert, einen Wert des Datentyps **Integer**, der angibt, wie das Argument **ExtraInfo** angefügt wird. Das Argument **Methode** kann einer der folgenden integrierten Konstanten entsprechen: **msoMethodGet**, der Standard (das Argument **Extrainfo** wird an die Hyperlinkadresse angefügt und kann nur eine Zeichenfolge sein) und **msoMethodPost** (das Argument **Extrainfo** wird als Zeichenfolge oder als Datenfeld vom Typ **Byte** bereitgestellt).

Headerinfo: Diese Zeichenfolge gibt die Headerinformationen an. Standardmäßig ist das Argument **Headerinfo** eine leere Zeichenfolge.

Programmierbeispiel

Im folgenden Beispiel wird der Benutzer aufgefordert, eine gültige Webadresse einzugeben, die dann aufgerufen wird.

```
Dim strWebAdresse As String
  strWebAdresse = InputBox("Geben Sie eine gültige" _
    & " Web-Adresse ein")
  Application.FollowHyperlink strWebAdresse, , True
```

GoToPage

```
<Ausdruck>.GoToPage(<Seitenzahl>[, _
  <Rechts>][, <Unten>])
```

Sie können mit dieser Methode bei mehrseitigen Formularen sofort zu einer bestimmten Seite springen.

Ausdruck: DoCmd oder Form

Seitenzahl: Die Seitennummer, zu der gewechselt werden soll

Rechts: Bestimmt die horizontale Position (in Twips), von der linken Seite des Fensters gemessen.

Unten: Bestimmt die vertikale Position (in Twips), von der oberen Seite des Fensters gemessen.

Anmerkung

Die beiden optionalen Argumente **Rechts** und **Unten** werden nur benötigt, wenn die Breite oder Höhe eines Formulars geringer ist als die Seitenausmaße. Sie bestimmen über diese Angaben die Position des Seitenausschnitts, den Microsoft Access anzeigen soll.

Programmierbeispiel

Das folgende Beispiel basiert auf einem Formular für die Bestellannahme, das mehrere Seiten besitzt. Durch Klicken auf eine Schaltfläche soll auf die Seite gewechselt werden, auf der die einzelnen zu bestellenden Artikel aufgeführt werden.

```
Private Sub cmdBestelldaten_Click(()
  Me.GoToPage Me!pageBestelldaten
EndSub
```

GoToRecord

```
DoCmd.GoToRecord([<Objekttyp>], _
  [<Objektname>][, <Datensatz>][, <Offset>])
```

Sie können mit dieser Methode gezielt zu bestimmten Datensätzen wechseln und damit in einem Formular eigene Navigationsschaltflächen einsetzen.

Objekttyp: Legt fest, innerhalb welchen Objekts Sie den Datensatz wechseln möchten. Es sind die folgenden Angaben möglich: **acActive-**

DataObject, der Standard (der Datensatzwechsel findet innerhalb des aktiven Objekts statt), **acDataTable** (der Datensatzwechsel findet innerhalb einer Tabelle statt, die in der Datenblattansicht geöffnet ist), **acDataQuery** (der Datensatzwechsel findet innerhalb einer Abfrage statt, deren Ergebnis in der Datenblattansicht gezeigt wird) und **acDataForm** (der Datensatzwechsel findet innerhalb eines Formulars statt).

Objektname: Der Name des betreffenden Objekts

Datensatz: Legt fest, zu welchem Datensatz gewechselt werden soll. Es sind die folgenden Angaben möglich: **acPrevious** (wechselt zum vorherigen Datensatz), **acNext**, der Standard (wechselt zum nächsten Datensatz), **acFirst** (wechselt zum ersten Datensatz), **acLast** (wechselt zum letzten Datensatz), **acNewRecord** (wechselt zu einem neuen, leeren Datensatz) und **acGoto** (gibt die Anzahl an Datensätzen an, die vorwärts (positiver Wert) oder rückwärts (negativer Wert) geblättert werden soll).

Offset: Bei **acNext** oder **acPrevious** legt dieser numerische Ausdruck die Anzahl der Datensätze fest, um die vorwärts oder rückwärts geblättert werden soll. Haben Sie für das Argument **Datensatz acGoTo** angegeben, wird damit der Datensatz angegeben, zu dem Sie wechseln möchten.

Programmierbeispiel

Im folgenden Beispiel wird im aktuellen Formular Artikel gezielt der Datensatz 358 angesprungen.

```
DoCmd.GoToRecord acForm, "Artikel", acGoto, 385
```

Hourglass

```
DoCmd.Hourglass
```

Sie können mit dieser Methode den Mauszeiger während einer Aktion mit **True** (-1) in eine Sanduhr ändern bzw. mit **False** (0) wieder in den alten Zustand zurückversetzen.

Programmierbeispiel

Das folgende Beispiel lässt den Mauszeiger während der Ausführung von Visual-Basic-Code eine Sanduhr anzeigen.

```
DoCmd.Hourglass True
```

LoadPicture

```
Application.LoadPicture(<Dateiname>)
```

Sie können mit dieser Methode eine Grafik vom Typ Bitmap (`.bmp`), Metadatei (`.wmf`), Symboldatei (`.ico`) oder eine Run-Legth-Encoded-Datei (`.rle`) in ein ActiveX-Steuerelement laden.

Dateiname: Der Name der zu ladenden Datei

Anmerkung

Diese Methode kann nicht zum Einstellen der Eigenschaft **Picture** eines Image-Steuerelements verwendet werden.

Programmierbeispiel

Im folgenden Beispiel wird ein Icon in ein benutzerdefiniertes Steuerelement geladen.

```
Set Forms("Artikel").OLECustomsControl.Pictue = _
  LoadPicture("dose.ico")
```

Maximize
Minimize

```
DoCmd.Maximize
DoCmd.Minimize
```

Sie können diese beiden Methoden dazu verwenden, um das aktive Fenster im Access-Fenster entweder auf dessen volle Größe zu bringen oder auf eine kleine Titelleiste unten im Access-Fenster zu reduzieren. Diese Methoden verwenden keine Argumente.

Minimize

Siehe die Methode **Maximize**.

OpenForm

```
DoCmd.OpenForm(<Formularname>[, <Ansicht>], _
  [<Filtername>][, <Bedingung>][, <Datenmodus>], _
  [<Fenstermodus>][, <Öffnungsargumente>])
```

Sie können mit dieser Methode ein Formular öffnen und sich sofort bestimmte Datensätze anzeigen lassen.

Formularname: Der Name des Formulars, das geöffnet werden soll

Ansicht: Die Ansicht, in der das Formular geöffnet wird. Sie kann den folgenden **acFormView**-Konstanten entsprechen: **acDesign**, **acFormDS**, **acFormPivotChart**, **acFormPivotTable**, **acNormal** (Standard; öffnet das Formular in der Formularansicht) oder **acPreview**.

Filtername: Der Name einer Abfrage in der aktuellen Datenbank

Bedingung: Eine Zeichenfolge, die einer SQL-**WHERE**-Abfrage ohne **WHERE** entspricht

Datenmodus: Der Zustand, in dem die Daten im Formular geöffnet werden. Er kann einer der folgenden **AcFormOpenDataMode**-Konstanten entsprechen: **acFormAdd**, **acFormEdit**, **acFormPropertySettings** (Standard) oder **acFormReadOnly**.

Fenstermodus: Der Zustand, in dem das Fenster des geöffneten Formulars erscheint. Er kann einer der folgenden **AcWindowMode**-Konstanten entsprechen: **acDialog**, **acHidden**, **acIcon** oder **acWindowNormal** (Standard).

Öffnungsargumente: Ein Zeichenfolgenausdruck, der zum Erstellen der **OpenArgs**-Eigenschaft verwendet wird

Programmierbeispiel

Das folgende Beispiel öffnet das Formular Artikelverwaltung in der Normalansicht und zeigt nur Datensätze an, die im Feld Lieferant »Jupp & Co« stehen haben. Diese Datensätze können bearbeitet werden.

```
DoCmd.OpenForm "Artikelverwaltung", , , _
  "Lieferant = 'Jupp & Co'"
```

OpenQuery

```
DoCmd.OpenQuery(<Abfragename>[, _
  <Ansicht>][, <Datenmodus>])
```

Sie können mit dieser Methode eine Abfrage ausführen.

Abfragename: Der Name der Abfrage, die ausgeführt werden soll

Ansicht: Die Ansicht, in der das Formular geöffnet wird. Sie kann den folgenden **acView**-Konstanten entsprechen: **acViewDesign**, **acViewNormal** (Standard), **acViewPivotChart**, **acViewPivotTable** oder **acViewPreview**.

Datenmodus: Der Zustand, in dem die Daten der Abfrage geöffnet werden. Er kann einer der folgenden **AcOpenDataMode**-Konstanten entsprechen: **acAdd**, **acEdit** (Standard) oder **acReadOnly**.

Programmierbeispiel

Das folgende Beispiel führt die Abfrage Artikelverwaltung in einem nur lesenden Modus aus.

```
DoCmd.OpenQuery "Artikelverwaltung", , 3
```

OpenReport

```
DoCmd.OpenReport(Reportname[, <Ansicht>], _
  [<Filtername>][, <Bedingung>], _
  [<Fenstermodus>][, <Öffnungsargumente>])
```

Sie können mit dieser Methode einen Bericht drucken.

Reportname: Der Name des Berichts, der gedruckt werden soll

Ansicht: Die Ansicht, die für den Bericht verwendet wird. Sie kann den folgenden **acView**-Konstanten entsprechen: **acViewDesign**, **acViewNormal** (Standard) oder **acViewPreview**.

Filtername: Der Name einer Abfrage in der aktuellen Datenbank

Bedingung: Eine Zeichenfolge, die einer SQL-**WHERE**-Abfrage ohne **WHERE** entspricht

Fenstermodus: Der Zustand, in dem das Fenster des geöffneten Formulars erscheint. Er kann einer der folgenden **AcWindowMode**-Konstanten entsprechen: **acDialog**, **acHidden**, **acIcon** oder **acWindowNormal** (Standard).

Öffnungsargumente: Ein Zeichenfolgenausdruck, der zum Erstellen der **OpenArgs**-Eigenschaft verwendet wird

Programmierbeispiel

Das folgende Beispiel druckt den Bericht `Artikelverwaltung` und gibt nur Datensätze an, bei denen im Feld `Lieferant` »Jupp & Co« steht.

```
DoCmd.OpenReport "Artikelverwaltung", _
  acViewNormal, "Lieferant = 'Jupp & Co'"
```

OpenStoredProcedure

```
DoCmd.OpenStoredProzedure(<Prozedurenname>, _
  [<Ansicht>][, <Datenmodus>]
```

Sie können mit dieser Methode eine gespeicherte Prozedur ausführen.

Prozedurenname: Der Name der gespeicherten Prozedur, die ausgeführt werden soll

Ansicht: Die Ansicht, in der das Formular geöffnet wird. Sie kann den folgenden **acView**-Konstanten entsprechen: **acViewDesign**, **acViewNormal** (Standard), **acViewPivotChart**, **acViewPivotTable** oder **acViewPreview**.

Datenmodus: Der Zustand, in dem die Daten der Abfrage geöffnet werden. Er kann einer der folgenden **AcOpenDataMode**-Konstanten entsprechen: **acAdd**, **acEdit** (Standard) oder **acReadOnly**.

Programmierbeispiel

Das folgende Beispiel führt die gespeicherte Prozedur `Artikelverwaltung` in der Formularansicht aus.

```
DoCmd.OpenStoredProcedure "Artikelverwaltung"
```

OpenTable

```
DoCmd.OpenTable(<Tebellenname>, _
  [<Ansicht>][, <Datenmodus>]
```

Sie können mit dieser Methode eine Tabelle ausführen.

Tabellenname: Der Name der Tabelle, die geöffnet werden soll

Ansicht: Die Ansicht, in der das Formular geöffnet wird. Sie kann den folgenden **acView**-Konstanten entsprechen: **acViewDesign**, **acViewNormal** (Standard; die Tabelle wird in der Datenblattansicht geöffnet), **acViewPivotChart**, **acViewPivotTable** oder **acViewPreview**.

Datenmodus: Der Zustand, in dem die Daten der Abfrage geöffnet werden. Er kann einer der folgenden **AcOpenDataMode**-Konstanten entsprechen: **acAdd**, **acEdit** (Standard) oder **acReadOnly**.

Programmierbeispiel

Das folgende Beispiel öffnet die Tabelle `Artikelverwaltung` in der Seitenansicht.

```
DoCmd.OpenTable "Artikelverwaltung", _
  acViewPreview
```

Print (Access 2003)

```
Report.Print(<Ausdruck>)
```

Ausdruck: Siehe Methode **Print** (Access bis XP).

Print (Access bis XP)

```
Report.Print [<Spc(n)> | <Tab(n)>] _
  [<Ausdruck>] [; | ,]
```

Sie können mit dieser Methode Text in Form einer Zeichenkette oder den Wert einer Variablen ausgeben.

Spc(n): Gibt (n) Leerzeichen an.

Tab(n): Bewegt die Druckposition zur n-ten Spaltennummer.

Ausdruck: Der zu druckende Text. Hier können mehrere durch Komma, Leerzeichen oder Semikolon getrennte Ausdrücke angegeben werden, die nacheinander gedruckt werden sollen. Zwischen den Ausdrücken können **Spc(n)** und **Tab(n)** verwendet werden.

[;|,]: Bestimmt die Ausgabeposition des nächsten Ausdrucks. Ein Semikolon bedeutet, dass der nächste Ausdruck unmittelbar hinter dem letzten Zeichen beginnt. Wenn Sie ein Komma angeben, erfolgen weitere Ausgaben am Anfang des nächsten Druckbereichs (der alle 14 Zeichen beginnt).

Programmierbeispiel

Im folgenden Beispiel wird der Inhalt zweier Variablen ausgegeben.

```
Dim rpt As Report
Dim txtInfo As String, nrInf As Integer
txtInfo = "Nachricht Nr."
nrInfo = 10
rpt.Print txtInfo; Spc(2); nrInfo
```

Quit

```
<Ausdruck>.Quit [<Option>]
```

Sie beenden mit dieser Methode Microsoft Access.

Ausdruck: Application oder DoCmd

Option: Eine der folgenden **acQuitOption**-Konstanten: **acQuitPrompt** (zeigt ein Dialogfeld an, in dem Sie gefragt werden, ob geänderte, aber nicht gespeicherte Datenbankobjekte gespeichert werden sollen), **acQuitSaveAll** (Standard – speichert alle Objekte, ohne ein Dialogfeld anzuzeigen), **acQuitSaveNone** (beendet Microsoft Access, ohne Objekte zu speichern).

Programmierbeispiel

Das folgende Beispiel zeigt, wie Access beendet wird, indem ein Dialogfeld auftaucht, in dem Sie gefragt werden, ob geänderte Datenbankobjekte, die noch nicht gespeichert sind, gespeichert werden sollen.

```
Application.Quit acQuitPrompt
```

Anmerkung

Microsoft empfiehlt, die **Quit**-Methode des **DoCmd**-Objekts nicht mehr zu verwenden, sondern nur auch auf die des **Application**-Objekts zuzugreifen.

Recalc

```
Form.Recalc
```

Sie können mit dieser Methode alle berechneten Felder eines Formulars sofort aktualisieren.

Programmierbeispiel

Nach der Eingabe eines Wareneingangs soll der Lagerbestand aktualisiert werden.

```
Sub Lagerverwaltung_AfterUpdate()
  Me.Recalc
End Sub
```

Refresh

```
Form.Refresh
```

Sie aktualisieren mit dieser Methode die Datensätze eines Formulars. Damit können Sie Änderungen, die Benutzer an den Daten vorgenommen haben, sofort berücksichtigen.

Programmierbeispiel

Wenn das Formular `Artikelverwaltung` den Fokus erhält, werden die Datensätze der zugrunde liegenden Datenherkunft aktualisiert.

```
Privat Sub Form_Activate()
  Me.Refresh
End Sub
```

Repaint

```
Form.Repaint
```

Sie können mit dieser Methode die Bildschirmanzeige eines Formulars sofort aktualisieren. Dabei werden gleichzeitig alle erforderlichen Neuberechnungen in Steuerelementen durchgeführt.

Programmierbeispiel

Wenn das Formular `Artikelverwaltung` den Fokus erhält, werden die Datensätze der zugrunde liegenden Datenherkunft aktualisiert.

```
Privat Sub Form_Activate()
  Me.Repaint
End Sub
```

Requery

```
<Ausdruck>.Requery
```

Sie können mit dieser Methode die Daten eines Formulars oder Steuerelements durch erneutes Abfragen der Datenherkunft sofort aktualisieren.

Ausdruck: BoundObjectFrame, CheckBox, ComboBox, CommandButton, Control, CustomControl, DoCmd, Form, Image, ListBox, ObjectFrame, OptionButton, OptionGroup, Page, Recordset (ADO), SubForm, TextBox oder ToggleButton

Programmierbeispiel

Im folgenden Beispiel werden die Daten des Warenbestands im Formular `Artikelverwaltung` erneut abgefragt und aktualisiert.

```
Sub abfrBestand()
  Dim ctlBestand As Control
  Set ctlListe = Forms!Artikelverwaltung! _
    Bestand : ctlListe.Requery
End Sub
```

RunCommand

```
DoCmd.RunCommand <Befehl>
```

Sie können mit dieser Methode einen eingebauten Menübefehl ausführen.

Befehl: Weil es sich hierbei um einen von weit mehr als zweihundert möglichen **acCommand**-Werten handeln kann, wird an dieser Stelle ausnahmsweise auf die Microsoft-Access-Hilfe verwiesen.

Programmierbeispiel

Es soll im aktuellen Formular der aktuelle Datensatz gelöscht werden.

```
DoCmd.RunCommand acCmdDeleteRecord
```

RunSQL

```
DoCmd.RunSQL(<SQLAnweisung>,
  <TransaktionVerwenden>)
```

Sie können mit dieser Methode eine SQL-Anweisung in der aktuellen Datenbank unmittelbar ausführen.

SQLAnweisung: Eine gültige SQL-Anweisung

TransaktionVerwenden: Mit **True** (-1), dem Standardwert, binden Sie eine Abfrage in eine Transaktion ein, während **False** (**0**) dazu führt, dass keine Transaktion durchgeführt wird.

Programmierbeispiel

Das folgende Beispiel erhöht alle Preise um zehn Prozent.

```
Sub Preiserhoehung()
  Dim sqlPreise As String
  sqlPreis = "UPDATE Artikel " &
             "SET Artikel.Preis = " &
             "Artikel.Preis * 1.1"
  DoCmd.RunSQL sqlpreis
End Sub
```

SetFocus

```
<Ausdruck>.SetFocus
```

Sie können mit dieser Methode den Fokus auf ein sichtbares Element setzen. Dabei müssen Sie bedenken, dass ein Formular und seine Steuerelemente so lange unsichtbar bleiben, bis das **Load**-Ereignis des Formulars abgeschlossen ist.

Ausdruck: BoundObjectFrame, CheckBox, ComboBox, CommandButton, Control, CustomControl, Form, Image, ListBox, ObjectFrame, OptionButton, OptionGroup, Page, SubForm, TextBox oder ToggleButton

Programmierbeispiel

Im folgenden Beispiel wird der Fokus (zum Beispiel nach dem Ändern eines Datensatzes) auf die Schaltfläche SPEICHERN gesetzt.

```
Forms!Artikelverwaltung!cmdSpeichern.SetFokus
```

ShowAllrecords

```
DoCmd.ShowAllRecords
```

Diese Methode setzt alle Filter eines Formulars zurück.

Anmerkung

Diese Methode betrifft nur Tabellen, Abfragen und Formulare in einer Microsoft-Datenbank (.MDB).

Programmierbeispiel

Im folgenden Beispiel werden alle Filter eines Formulars zurückgesetzt.

```
Forms!Artikelverwaltung.SetFocus
DoCmd.ShowAllRecords
```

SizeToFit

```
<Ausdruck>.SizeToFit
```

Sie können mit dieser Methode die Größe eines Steuerelements an den Text oder das Symbol anpassen, den oder das es enthält, und es damit je nach der Größe des darin enthaltenen Textes oder Bildes vergrößern oder verkleinern.

Ausdruck: BoundObjectFrame, CheckBox, ComboBox, CommandButton, Control, CustomControl, Image, Label, Line, ListBox, ObjectFrame, OptionButton, OptionGroup, Page, PageBreak, Rectangle, SubForm, TabControl, TextBox oder ToggleButton

Anmerkung

Die **SizeToFit**-Methode betrifft keine Steuerelemente in Datenzugriffsseiten.

Programmierbeispiel

Im folgenden Beispiel soll der Benutzer eine Webadresse in ein Dialogfeld eingeben. Diese Eingabe wird an eine Schaltfläche weitergegeben, die die Adresse anzeigt (und bei Klicken aufruft). Diese Schaltfläche soll in ihrer Größe immer so angepasst werden, dass die komplette Webadresse in ihr Platz findet.

```
strWebAdresse = InputBox("Geben Sie eine " _
  & "gültige Web-Adresse ein")
  cmdWebAdresse.Caption = strWebAdresse
  cmdWebAdresse.SizeToFit
```

TransferDatabase

```
DoCmd.TransferDatabase
```

Sie finden die Einzelheiten zu dieser Methode im Kapitel *Datenexport*.

Undo

```
<Ausdruck>.Undo
```

Sie können mit dieser Methode ein Steuerelement oder Formular zurücksetzen, wenn sich dessen Wert geändert hat. Damit haben Sie eine Möglichkeit, Änderungen eines Datensatzes wieder aufzuheben.

Ausdruck: CheckBox, ComboBox, Control, Form, ListBox, OptionGroup, TextBox oder ToggleButton

Programmierbeispiel

Im folgenden Beispiel werden alle Änderungen, die in einem Formular an einem Datensatz gemacht worden sind, wieder zurückgesetzt, bevor das Formular aktualisiert wird.

```
Private Sub Form_BeforeUpdate(Cancel As Integer)
  Me.Undo
End Sub
```

9 Ereignisse

Wenn Sie Formulare oder Berichte verwenden, werden bestimmte Vorgänge von Access als Ereignis interpretiert. So ist es beispielsweise jeweils ein Ereignis, wenn ein Bericht gedruckt oder ein Formular geschlossen wird. Ein Ereignis ist aber erst dann ein ganz bestimmtes Ereignis, wenn angegeben ist, für welches Objekt es gilt. Diese Zuordnung geschieht über die Eigenschaften der Objekte (entweder im Eigenschaftenfenster eines Makros oder über eine für diese Eigenschaft geltende Ereignisprozedur).

Access stellt für die Ereignisbehandlungsroutine (Event-Handler), die jedem Ereignis zugeordnet ist, einen vorgefertigten Prozedurenrumpf zur Verfügung. Dieser wird erzeugt, wenn Sie im Visual-Basic-Fenster oben links das entsprechende Objekt auswählen und anschließend im rechten Kombinationsfeld auf das gewünschte Ereignis klicken. Der Prozedurenbezeichner besteht aus dem Namen des Objekts und dem davon durch einen Unterstrich (_) abgetrennten Namen des Ereignisses. Müssen Parameter übergeben werden, stehen diese direkt hinter dem Namen in Klammern. Auch wenn ein Ereignis keine Parameter kennt, müssen Sie das leere Klammerpaar angeben.

```
Private Sub Objekt_Load()
Private Sub Objekt_AfterInser(Parameter)
```

Wenn Sie eine Prozedur (Gleiches gilt übrigens für Funktionen) mit Parametern erstellen wollen, müssen Sie diese in Klammern hinter den Funktionsnamen setzen. Außerdem müssen Sie den Variablentyp und die Übergabeform der Parameter festlegen. Den Datentyp der Parameter geben Sie entweder durch das Typenkennzeichen an oder mit der **As**-Anweisung (siehe auch im Kapitel *Datentypen und Eingabeformate* den Abschnitt *Datentypenkennzeichen*).

Die Übergabeform der Parameter bestimmt, auf welche Weise die Parameter übergeben werden. Dies kann auf zwei Arten erfolgen: `by Value` und `by Reference`. Die Schlüsselwörter dieser Übergabeformen heißen **`ByVal`**) und **`ByRef`**). Die Standardübergabeform ist **`ByRef`**. Hierbei wird die Speicherstelle, also die Referenz des zu übergebenden Wertes, übergeben. Bei dieser Übergabeform sind Änderungen einer Variablen innerhalb der Prozedur, an die der Wert übergeben wurde, auch außerhalb der Prozedur gültig, weil der neue Wert auf die gleiche Speicherstelle geschrieben wird. Möchten Sie dies verhindern, können Sie mit der Übergabeform **`ByVal`** erreichen, dass nicht die Adresse übergeben wird, sondern der Wert. So kann ein neuer Wert nicht den alten überschreiben, weil sozusagen mit einer Kopie des Wertes gearbeitet wird.

Bevor wir uns nun mit den Ereignissen im Einzelnen beschäftigen, sollen Sie einen Überblick über die Kategorien erhalten, in die Ereignisse grundsätzlich eingeteilt werden können. Gleichzeitig finden Sie hier schon einmal die wichtigsten Ereignisse zusammengefasst.

Datenereignisse

Diese treten ein, wenn Daten in ein Steuerelement eingegeben, gelöscht oder verändert werden, oder wenn der Fokus von einem Datensatz zu einem anderen wechselt: Delete, BeforeDelConfirm, AfterDelConfirm, BeforeInsert, AfterInsert, BeforeUpdate, AfterUpdate, Change, Current, NotInList, Updated.

Druckereignisse

Diese treten ein, wenn ein Bericht gedruckt oder zum Drucken formatiert wird: Format, Print, Retreat, Page, NoData

Fehlerereignisse

Diese treten ein, wenn es zu einem Fehler kommt: Error

Fensterereignisse

Diese treten ein, wenn Sie ein Formular öffnen, schließen oder seine Größe ändern: Close, Open, Load, Unload, Rezise

Filterereignisse

Diese Ereignisse treten in Verbindung mit dem Filtern von Daten ein: Filter, ApplyFilter

Fokusereignisse

Diese treten ein, wenn ein Bericht oder Formular den Fokus erhält oder verliert, oder wenn der Bericht oder das Formular aktiviert oder deaktiviert wird: Activate, Deactivate, Enter, Exit, GotFocus, LostFocus

Mausereignisse

Diese treten ein, wenn Sie in einem Formular oder Steuerelement eine Mausaktion ausführen: Click, DblClick, MouseDown, MouseUp, MouseMove

Tastaturereignisse

Diese treten ein, wenn Sie eine Eingabe über die Tastatur vornehmen oder wenn Tastenanschläge mit der Makroaktion **SendKeys** an die Anwendung gesendet werden: KeyDown, KeyUp, KeyPress

Zeitereignisse

Diese treten bei der Synchronisation von Daten ein: Timer

Aktivierungsreihenfolgen

Ereignisse laufen nicht immer isoliert ab, sondern sind häufig in einem Kontext zu betrachten, der etwas damit zu tun hat, in welcher Reihenfolge die Ereignisse aktiviert werden. Wenn Sie also bei Ihrer Arbeit keine unliebsamen Überraschungen erleben wollen, weil Dinge nicht so ablaufen, wie Sie das eigentlich geplant haben, sollten Sie sich die folgenden Aktivierungsreihenfolgen von Ereignissen vor Augen halten.

Berichte

Page → **NoData** → **Print** → **Format**

Datenänderung

Standard

BeforeInsert → **BeforeUpdate** → **AfterUpdate** → **AfterInsert**

Bewegen des Fokus zwischen Datensätzen und Datensatzaktualisierung

BeforeUpdate (Formular) → **AfterUpdate** (Formular) → **Exit** (Steuerelement) → **LostFocus** (Steuerelement) → **RecordExit** (Formular) → **Current** (Formular)

Löschen von Datensätzen

Delete → **BeforeDelConfirm** → **AfterDelConfirm**

Erstellen von Datensätzen

Current (Formular) → **Enter** (Steuerelement) → **GotFocus** (Steuerelement) → **BeforeInsert** (Formular) → **AfterInsert** (Formular)

Formulare

Beim erstmaligen Öffnen

Open → **Load** → **Resize** → **Activate** → **Current**

Beim Schließen

Unload → **Deactivate** → **Close**

Bewegen zwischen Formularen

Deactivate (Form1) → **Activate** (Form2)

Mausaktionen

Bei Objekten:

MouseDown → **MouseUp** → **Click** → **DblClick**

Bei Befehlsschaltflächen:

MouseDown → **MouseUp** → **Click** → **DblClick** → **MouseUp** → **Click**

Steuerelemente

Beim Öffnen eines Formulars

Open (Formular) → **Activate** (Formular) → **Current** (Formular) → **Enter** (Steuerelement) → **GotFocus** (Steuerelement)

Wechseln des Steuerelements innerhalb eines Formulars

Exit (Steuerelement alt) → **LostFocus** (Steuerelement) → **GotFocus** (Steuerelement neu)

Beim Schließen eines Formulars

→ **Unload** (Formular) → **Deactivate** (Formular) → **Close** (Formular)

Tastaturaktionen

Bei Steuerelementen

KeyDown → **KeyPress** → **KeyUp**

Mit Auslösen eines Ereignisses im Steuerelement

KeyDown → **KeyPress** → **Change** → **KeyUp**

Tastenanschlag bewirkt Wechsel des Fokus

Erstes Steuerelement

```
KeyDown → BeforeUpdate → AfterUpdate → Exit →
LostFokus
```

Zweites Steuerelement

```
Enter → GotFocus → KeyPress → KeyUp
```

Referenz

Activate (Aktivierung)

```
Private Sub <Ausdruck>_Activate()
```

Dieses Ereignis tritt ein, wenn ein Formular oder ein Bericht den Fokus erhält und zum aktiven Fenster wird.

Ausdruck: Form oder Report

Programmierbeispiel

```
Private Sub Form_Activate()
  MsgBox "Achtung! Neue Preise.", vbExclamation, _
  "Wichtige Information"
End Sub
```

AfterDelConfirm (NachLöschBestätigung)

```
Private Sub Form_AfterDelConfirm(_
  Status As Integer)
```

Dieses Ereignis tritt ein, nachdem der Benutzer einen Löschvorgang bestätigt oder abgebrochen hat.

Status: Dieser Parameter teilt Ihnen mit, ob der Datensatz erfolgreich gelöscht worden ist oder nicht. Er kann folgende Werte annehmen: **acDeleteOK** (der Datensatz ist erfolgreich gelöscht worden), **acDeleteCancel** (wenn im Ereignis **BeforeDeleteConform** die Variable **Cancel** auf **True** gesetzt und damit abgebrochen worden ist, wurde der Datensatz nicht gelöscht) und **acDeleteUserCancel** (der Löschvorgang wurde durch den Benutzer abgebrochen).

Programmierbeispiel

```
Private Sub Form_AfterDelConfirm(_
  Status As Integer)
  If Status = acDelelteOK Then
    MsgBox "Datensatz erfolgreich gelöscht."
  Else
    MsgBox "Der Löschvorgang wurde abgebrochen."
  End If
End Sub
```

AfterInsert (NachEingabe) BeforeInsert (VorEingabe)

```
Private Sub Form_AfterInsert(_
  Cancel As Integer)
Private Sub Form_BeforeInsert(_
  Cancel As Integer)
```

Diese beiden Ereignisse treten ein, wenn das erste Zeichen in einen neu angelegten Datensatz eingefügt bzw. nachdem ein neuer Datensatz angelegt wurde.

Cancel: **True** verhindert das Anlegen des Datensatzes, **False** lässt das zu.

AfterUpdate (NachAktualisierung) BeforeUpdate (VorAktualisierung)

```
Private Sub <Ausdruck>_AfterUpdate(_
  Cancel As Integer)
Private Sub <Ausdruck>_BeforeUpdate(_
  Cancel As Integer)
```

Diese beiden Ereignisse werden ausgelöst, sobald ein editierter oder neu angelegter Datensatz in der entsprechenden Tabelle gespeichert wird.

Sie unterscheiden sich nur im Zeitpunkt der Auslösung voneinander: **BeforeUpdate** tritt ein, bevor ein Datensatz endgültig gespeichert wird, während **AfterUpdate** eintritt, wenn der Datensatz schon in die Tabelle geschrieben worden ist.

Ausdruck: BoundObjectFrame, CheckBox, ComboBox, Form, ListBox, OptionButton, OptionGroup, TextBox oder ToggleButton

Cancel: **True** verhindert das Anlegen des Datensatzes, **False** lässt das zu.

Anmerkung

BeforeUpdate kann sehr gut dazu verwendet werden, Daten auf ihre Gültigkeit hin zu überprüfen (zum Beispiel in Form von Eingabebedingungen oder Überprüfungen darauf hin, ob der Begriff, der eingegeben werden soll, nicht schon in der Datenbank steht).

Programmierbeispiel

Im folgenden Beispiel wird in einer Debitorenverwaltung verhindert, dass eine Debitorennummer doppelt vergeben wird.

```
Private Sub DebitorenNr_BeforeUpdate(_
  Cancel As Integer)
  If(Not IsNull(DLookup("DebitorenNr", _
    "Debitorenverwaltung", "DebitorenNr ='" _
    & Me!DebitorenNr & "'"))) Then
    MsgBox "Diese Debitorennummer "
      & "ist bereits vergeben."
    Cancel = True
    Me!DebitorenNr.Undo
  End If
End Sub
```

ApplyFilter (AnwendenFilter)

```
Private Sub Form_ApplyFilter(_
  Cancel As Interger, ApplyType As Integer)
```

Dieses Ereignis wird ausgelöst, wenn der Benutzer einen existierenden Filter anwendet.

Cancel: **True** verhindert das Anwenden des Filters, **False** lässt es zu.

ApplyType: Legt fest, welche Aktion zum Auslösen des Filters geführt hat. Gültige Werte sind **acShowAllRecords (0)** (der Filter wird entfernt), **acApplyFilter (1)** (der zuletzt definierte Filter wird angewendet) und **acCloseFilterWindow (2)** (der Filterdialog wird geschlossen).

Anmerkung

Die Ereignisse **ApplyFilter** und **Filter** werden häufig zusammen verwendet.

Programmierbeispiel

Das folgende Beispiel blendet die Adresse der Kunden eines Unternehmens wieder ein, nachdem ein formularbasierter Filter angewendet worden ist. (Siehe auch das Programmierbeispiel für das **Filter**-Ereignis.)

```
Private Sub Form_ApplyFilter(_
  Cancel As Interger, ApplyType As Integer)
  Me!Adresse.Visible = True
End Sub
```

BeforeDelConfirm (VorLöschBestätigung)

```
Private Sub Form_BeforeDelConfirm
  (Cancel As Integer, Response As Integer)
```

Dieses Ereignis tritt ein, nachdem der Benutzer zwar Datensätze gelöscht hat, bevor aber der Dialog erscheint, der den Benutzer zur Bestätigung des Löschvorgangs auffordert.

Cancel: **True** verhindert das Löschen von Datensätzen, **False** lässt es zu.

Response: Legt fest, ob nach Abarbeitung der Prozedur die Standardwarnmeldung (**acDataErrDisplay** – Standardmeldung) oder nicht (**acDataErrContinue**) angezeigt wird.

Programmierbeispiel

```
Private Sub Form_BeforeDelConfirm
  (Cancel As Integer, Response As Integer)
  Dim Frage As String
  Frage = "Soll der Artikel wirklich " & _
    "gelöscht werden?"
  If MsgBox(Frage, vbCritical, vbYesNo, _
    "Artikel löschen") <> vbYes Then
    Cancel = True
  End If
  Response = acDataErrContinue
End Sub
```

BeforeInsert (VorEingabe)

Siehe das Ereignis **AfterInsert**.

BeforeUpdate (VorAktualisierung)

Siehe das Ereignis **AfterUpdate**.

Change (Änderung)

```
Private Sub <Ausdruck>_Change()
```

Dieses Ereignis tritt ein, wenn sich der Inhalt eines Feldes vom Typ **<Ausdruck>** ändert. Sie können beispielsweise mit Hilfe dieses Ereignisses Gültigkeitsregeln für die Dateneingabe »on the fly« aktivieren.

Ausdruck: ComboBox, TabControl oder TextBox

Programmierbeispiel

Im folgenden Beispiel wird darauf geachtet, dass ein Vorname aus maximal fünfzehn Zeichen besteht.

```
Privat Sub VName_Change()
Const MaxVName = 15
  If Len(Me!Vname.Text) > MaxVName Then
  MsgBox "Der Vorname darf aus maximal " & _
    Str(MaxVName) & " Zeichen bestehen."
  End If
End Sub
```

Click (Klicken)
DblClick (Doppelklicken)

```
Privat Sub <Ausdruck>_Click()
Privat Sub <Ausdruck>_DblClick()
```

Diese Ereignisse betreffen das Arbeiten mit der Maus. Das Ereignis **Click** wird ausgelöst, wenn die linke Maustaste einmal gedrückt und wieder losgelassen wird. Das Ereignis **DblClick** wird ausgelöst, wenn die linke Maustaste zweimal kurz hintereinander gedrückt und wieder losgelassen wird.

Ausdruck: BoundObjectFrame, CheckBox, ComboBox, CommandButton, Form, Image, Label, ListBox, ObjectFrame, OptionButton, OptionGroup, Page, Rectangle, Section, TabControl oder TextBox

Anmerkung

Wenn Sie ein Ereignis mit einer anderen als der linken Maustaste ausführen wollen, verwenden Sie die Ereignisse **MouseDown**, **MouseMove** und **MouseUp**.

Programmierbeispiel

```
Private Sub cmdAnwendungBeenden_Click()
  DoCmd.Quit
End Sub
```

Close (Schließen)

```
Private Sub <Ausdruck>_Close()
```

Dieses Ereignis tritt ein, wenn ein Formular oder Bericht geschlossen wird.

Ausdruck: Form oder Report

Anmerkung

Dieses Ereignis kann, im Gegensatz zum Ereignis **Unload**, nicht abgebrochen werden.

Programmierbeispiel

```
Private Sub Form_Close()
  MsgBox "Denken Sie an die Datensicherung!"
End Sub
```

Current (Anzeigen)

```
Private Sub Form_Current()
```

Dieses Ereignis tritt ein, wenn ein Datensatz den Fokus erhält oder ein Formular aktualisiert bzw. neu abgefragt wird.

Programmierbeispiel

Im folgenden Programmierbeispiel soll immer dann, wenn ein Artikel ausgewählt wird, im Formular `Lieferanten` der passende Lieferant angezeigt werden.

```
Function FormIsOpen(Formularname _
  As String) As Boolean
  FormIsOpen = IIf(SysCmd(_
    acSysCmdGetObjectState, acForm, _
    Formularname) = acObjStateOpen, _
    True, False)
End Function
Privat Sub Form_Current()
  If FormIsOpen("Lieferanten") = False Then
    DoCmd.OpenForm "Lieferanten"
```

```
    Forms!Lieferanten.SetFocus
    Forms!Lieferanten!LiefNr.SetFocus
    DoCmd.FindRecord Me!LiefNr, acEntire, _
      False, acDown, False, acCurrent, True
  End If
End Sub
```

DblClick (Doppelklicken)

Siehe das Ereignis **Click**.

Deactivate (Deaktivierung)

```
Private Sub Form_Deactivate()
```

Dieses Ereignis tritt immer dann ein, wenn ein Formular oder ein Bericht den Fokus an ein anderes Formular oder an ein Tabellen-, Abfrage-, Berichts-, Makro- oder Modulfenster oder an das Datenbankfenster abgibt.

Anmerkung

Bei dieser Aktion wird das Formular nicht »unsichtbar«. Jeder Wechsel, der von diesem Formular aus auf ein anderes Element vorgenommen wird, löst das Ereignis aus – was auf Dauer für den Anwender sehr nervig sein kann.

Programmierbeispiel

```
Private Sub Form_Deactivate()
  MsgBox "Bitte an die Datensicherung denken."
End Sub
```

Delete (Löschen)

```
Private Sub Form_Delete(Cancel As integer)
```

Dieses Ereignis wird beim Löschen eines Datensatzes ausgelöst.

Cancel: **True** verhindert das Löschen von Datensätzen, **False** lässt es zu.

Programmierbeispiel

```
Private Sub Form_Delete_
  (Cancel As Integer)
  MsgBox "Es dürfen keine Datensätze " &
    "gelöscht werden.", vbExclamation
  Cancel = True
End Sub
```

Dirty (Geändert)

```
Private Sub <Ausdruck>_Dirty(Cancel As Integer)
```

Dieses Ereignis tritt ein, wenn sich der Inhalt eines Formulars oder Kombinations- bzw. Textfeldes ändert.

Ausdruck: ComboBox, Form oder TextBox

Cancel: Mit **True** unterbinden Sie das Ereignis. Diese Einstellung entspricht dem Drücken der Taste [ESC] und bewirkt, dass die Änderungen am aktuellen Datensatz rückgängig gemacht werden.

Programmierbeispiel

Siehe die Eigenschaft **Dirty**.

Enter (Hingehen)
Exit (Verlassen)

```
Private Sub <Ausdruck>_Enter()
Private Sub <Ausdruck>_Exit()
```

Diese Ereignisse treten entweder unmittelbar bevor ein Steuerelement den Fokus erhält (**Enter**) oder unmittelbar vor der Abgabe des Fokus an ein anderes Steuerelement (**Exit**) ein. Es kommt nur dann zu diesen Ereignissen, wenn die Fokusübergabe innerhalb des Formulars vorgenommen wird (anders also als bei den Ereignissen **GotFocus** und **LostFocus**).

Ausdruck: BoundObjectFrame, CheckBox, ComboBox, CommandButton, CustomControl, ListBox, ObjectFrame, OptionButton, OptionGroup, SubForm, SubReport, TextBox oder ToggleButton

Programmierbeispiel

Im folgenden Beispiel wird vor dem Ausführen einer Bestellung geprüft, ob für diesen Kunden nicht eine Liefersperre besteht. Ein solches Feld, das »von außen« gefüllt wird, kann problemlos nicht sichtbar sein (Eigenschaft **Visible = False**).

```
Private Sub KundenNr_Enter()
  If Me!Liefersperre = "j" or _
    Me!Liefersperre = "J" Then
    MsgBox "Für diesen Kunden existiert eine " & _
      "Liefersperre. Bitte FiBu ansprechen."
  End If
End Sub
```

Error (Fehler)

```
Private Sub <Ausdruck>_Error(_
  DataErr As Integer, Response As Integer)
```

Dieses Ereignis tritt ein, wenn es in Access zu einem Laufzeitfehler kommt.

Ausdruck: Form oder Report

DataErr: Der Fehlercode, der von Access übermittelt wird und damit eine korrekte Auswertung der Fehlerursache zulässt.

Response: Legt fest, ob nach Abarbeitung der Prozedur die Standardwarnmeldung (**acDataErrDisplay** – die Standardmeldung) oder nicht (**acDataErrContinue**) angezeigt wird.

Exit (Verlassen)

Siehe das Ereignis **Enter**.

Filter

```
Private Sub Form_Filter(_
  Cancel As Interger, FilterType As Integer)
```

Dieses Ereignis wird ausgelöst, wenn der Benutzer eine Aktion ausführt, die etwas mit einem Filter zu tun hat (anwenden, bearbeiten usw.).

Cancel: **True** verhindert, dass ein Benutzer einen Filter definiert oder ändert, **False** lässt dies zu.

FilterType: Legt fest, welche Art von Filter der Anwender definieren will. Zulässige Werte sind **acFilterByForm (0)** (das Aktivieren eines formularbasierten Filters) oder **acFilterAdvanced (1)** (das Aktivieren eines jeden anderen Filters, zum Beispiel eines auswahlbasierten Filters oder eines Spezialfilters).

Anmerkung

Die Ereignisse **Filter** und **ApplyFilter** werden häufig zusammen verwendet.

Programmierbeispiel

Das folgende Beispiel blendet die Adresse der Kunden eines Unternehmens aus, da diese zur Bildung des Filters unwichtig ist. (Siehe auch das Programmierbeispiel für das **ApplyFilter**-Ereignis.)

Zunächst wird der Filter über eine Schaltfläche aktiviert.

```
Private Sub cmdWerteFiltern_Click()
  DoCmd.RunCommand acCmdFilterByForm
End Sub
```

Jetzt wird das Adressfeld ausgeblendet.

```
Private Sub Form_Filter(_
  Cancel As Integer, FilterType As Integer)
  If FilterType = acFilterByForm
    Mw!Adresse.Visible = False
  End If
End Sub
```

Format (Formatieren)

```
Private Sub Bereich_Format(_
  Cancel As Integer, FormatCount As Integer)
```

Dieses Ereignis tritt ein, wenn Access die Daten eines Berichts ermittelt, die zu einem Bereich gehören, aber bevor der Bereich formatiert wird.

Bereich: Detailbereich, Seitenfußbereich oder Seitenkopfbereich

Cancel: **True** bricht das Ereignis ab.

FormatCount: Dieser Parameter ermittelt, wie oft die **OnFormat**-Eigenschaft des aktuellen Bereichs eines Berichts ausgewertet wurde.

GotFocus (Fokuserhalt) LostFocus (Fokusverlust)

```
Private Sub <Ausdruck>_GotFocus()
Private Sub <Ausdruck>_LostFocus()
```

Dieses Ereignis tritt auf, wenn ein Element von Ausdruck den Fokus erhält bzw. verliert.

Ausdruck: BoundObjectFrame, CheckBox, ComboBox, CommandButton, CustomControl, Form, ListBox, ObjectFrame, OptionButton, TextBox oder ToggleButton

Programmierbeispiel

Wenn ein Formular den Fokus verliert, soll es ausgeblendet werden.

```
Private Sub Form_LostFocus()
  Me.Visible = False
End Sub
```

KeyDown (TasteAb)
KeyUp (TasteAuf)

```
Private Sub <Ausdruck>_KeyDown(
  KeyCode As Integer, Shift As Integer)
Private Sub <Ausdruck>_KeyUp(
  KeyCode As Integer, Shift As Integer)
```

Diese Ereignisse treten ein, wenn Sie eine Taste drücken (**KeyDown**) bzw. wieder loslassen (**KeyUp**).

Ausdruck: BoundObjectFrame, CheckBox, ComboBox, CommandButton, Form, ListBox, OptionButton, TabControl, TextBox oder ToggleButton

KeyCode: Ermittelt den Tastaturcode einer Taste, und zwar unabhängig davon, ob bei der Betätigung der Taste die Umschalttaste gedrückt ist oder nicht.

Shift: Dieser Parameter erlaubt es festzustellen, ob zusammen mit der Taste eine oder mehrere Tasten [⇧], [Alt] oder [⇩] gedrückt worden sind. **Shift** kann folgende Werte annehmen: **acShiftMask** (die Umschalttaste wird gedrückt), **acCtrlMask** (die Steuerungstaste wird gedrückt) und **acAltMask** (die [Alt]-Taste wird gedrückt).

Programmierbeispiel

In diesem Beispiel wird nur der Tastaturcode verarbeitet.

```
If KeyCode = vbKeyControl Then
  MsgBox "Sie hatten die Strg-Taste gedrückt."
```

Einen praktischen Einsatz zeigt das zweite Beispiel. Wenn im Feld Land die Tastenkombination [Strg]+[Alt]+[D] gedrückt wird, schreibt das System den Ländernamen Deutschland in das Feld ein, bei [Strg]+[Alt]+[F] Frankreich.

```
Private Sub Land_KeyDown(_
KeyCode As Integer, Shift As Integer)
  If (Shift And acShiftMask) > 0 And _
    (Shift And acCtrlMask) > 0 Then
      Select Case Chr(KeyCode)
```

```
      Case "D": Me!Land = _
        "Deutschland": KeyCode = 0
      Case "F": Me!Land = _
        "Frankreich": KeyCode = 0
    End Select
  End If
End Sub
```

KeyPress (Taste)

```
Private Sub <Ausdruck>_KeyPress(_
  KeyAscii As Integer)
```

Dieses Ereignis wird bei jeder Betätigung einer Taste ausgelöst.

Ausdruck: BoundObjectFrame, CheckBox, ComboBox, CommandButton, Form, ListBox, OptionButton, TabControl, TextBox oder ToggleButton

KeyAscii: Übergibt den Zeichencode der gedrückten Taste.

Programmierbeispiel

Das folgende Beispiel aus der Access-Hilfe konvertiert Text, der in ein Textfeld eingegeben wird, während der Eingabe zeichenweise in Großbuchstaben.

```
Private Sub ShipRegion_KeyPress(_
  KeyAscii As Integer)
  Dim strCharacter As String
  strCharacter = Chr(KeyAscii)
  KeyAscii = Asc(UCase(strCharacter))
End Sub
```

KeyUp (TasteAuf)

Siehe das Ereignis **KeyDown**.

Load (Laden)

```
Private Sub Form_Load()
```

Dieses Ereignis tritt ein, wenn ein Formular geöffnet wird.

Anmerkung

Dieses Ereignis dient dem gleichen Zweck wie das **Open**-Ereignis. Der Unterschied liegt darin, dass es nach dem **Open**-Ereignis ausgelöst wird, nicht abgebrochen werden kann und dass das Formular zum Zeitpunkt des Eintretens des Load-Ereignisses bereits mit dem ersten Datensatz gefüllt ist.

LostFocus (Fokusverlust)

Siehe das Ereignis **GotFocus**.

MouseDown (MaustasteAb) MouseMove (Mausbewegung) MouseUp (MaustasteAuf)

```
Privat Sub <Ausdruck>_MouseDown | _
  _MouseMove | _MouseUp (_
  Button As Integer, Shift As Integer[, _
  X As Single, Y As Single])
```

Das Ereignis **MouseDown** tritt ein, wenn Sie eine Maustaste drücken. Zu **MouseUp** kommt es, wenn Sie eine Maustaste loslassen, und **MouseMove** wird beim Bewegen der Maus ausgelöst.

Ausdruck: BoundObjectFrame, Checkbox, ComboBox, CommandButton, Form, Image, Label, ListBox, ObjectFrame, OptionButton, OptionGroup, Page, Rectangle, Section, TabControl oder TextBox

Button: Lässt die Unterscheidung zwischen dem Betätigen der linken (**acLeftButton**), der rechten (**acRightButton**) und der mittleren Maustaste (**acMiddleButton**) zu.

Shift: Dieser Parameter erlaubt es festzustellen, ob zusammen mit der Maustaste eine oder mehrere Tasten [⇧], [Alt] oder [⇩] gedrückt worden sind. **Shift** kann folgende Werte annehmen: **acShiftMask**, **acCtrlMask** und **acAltMask**. Dieser Parameter wird nur sehr selten verwendet.

X | Y: Die Koordinaten, an denen sich die Maus befinden muss, wenn das Ereignis ausgelöst werden soll. Diese Parameter werden in der Praxis so gut wie nie verwendet.

Anmerkung

Wenn es Ihnen nicht darauf ankommt, ein Ereignis mit einer anderen als der linken Maustaste auszuführen, verwenden Sie die Ereignisse **Click** und **DblClick**. Diese Ereignisse müssen nicht parametriert werden.

Programmierbeispiel

```
Privat Sub txtArtikel_MouseDown (_
  Button As Integer, Shift As Integer[, _
  X As Single, Y As Single])
  If Button = acRightButton
    MsgBox "Zu diesem Punkt gibt es " &_
    "kein Kontextmenü."
  End If
End Sub
```

MouseMove (Mausbewegung)

Siehe das Ereignis **MouseDown**.

MouseUp (MaustasteAuf)

Siehe das Ereignis **MouseDown**.

NoData (OhneDaten)

```
Private Sub Report_NoData(Cancel As Integer)
```

Dieses Ereignis tritt ein, wenn ein Bericht, der keine Daten enthält, zum Drucken formatiert worden ist. Damit haben Sie eine Möglichkeit, den Ausdruck von leeren Berichten zu verhindern.

Cancel: **True** verhindert das Drucken (einschließlich Vorschau) von leeren Berichten.

Programmierbeispiel

```
Private Sub Report_NoData(Cancel As Integer)
  Cancel = True
  MsgBox "Es gibt keine Daten zu drucken."
End Sub
```

Open (Öffnen)

```
Private Sub <Ausdruck>_Open(Cancel As Integer)
```

Dieses Ereignis wird beim Öffnen eines Formulars oder Berichts noch vor dem Anzeigen des ersten Datensatzes ausgelöst.

Cancel: Wenn dieser Parameter auf **True** gesetzt ist, wird das Öffnen des Objekts abgebrochen.

Programmierbeispiel

Das folgende Beispiel blendet das aktuelle Datum in die Titelzeile Ihres Formulars ein.

```
Private Sub Form_Open(Cancel As Integer)
  Me.Caption = Format (Date, "yyy-mm-dd")
End Sub
```

Page (Seite)

```
Private Sub Report_Page()
```

Dieses Ereignis tritt ein, wenn Access eine Seite eines Bereichs eines Berichts zum Drucken formatiert hat, aber bevor die Seite gedruckt wird. Sie verwenden dieses Ereignis, um einer Seite grafische Elemente hinzuzufügen oder um einen Rahmen für die Seite zu erstellen.

Print (Drucken)

```
Private Sub Bereich_Print(_
Cancel As Integer, PrintCount As Integer)
```

Dieses Ereignis tritt ein, wenn Access die Daten eines Bereichs eines Berichts zum Drucken formatiert hat, aber bevor der Bereich gedruckt wird.

Bereich: Detailbereich, Seitenfußbereich oder Seitenkopfbereich

Cancel: **True** bricht das Ereignis ab.

PrintCount: Mit diesem Parameter können Sie ermitteln, wie oft die **OnPrint**-Eigenschaft des aktuellen Bereichs eines Berichts ausgewertet wurde.

Resize (Größenänderung)

```
Private Sub Form_Resize()
```

Dieses Ereignis tritt ein, wenn ein Formular geöffnet oder in seiner Größe verändert wird.

Anmerkung

Achten Sie darauf, dass Sie im Umfeld des Ereignisses **Resize** keine der Aktionen **Positionieren**, **Maximieren**, **Minimieren** oder **Wiederherstellen** bzw. die entsprechenden Methoden für das Objekt **DoCmd** verwenden (**MoveSize**, **Maximize**, **Minimize**, **Restore**). Jede dieser Aktionen kann ein Ereignis **Resize** für das Formular auslösen und somit zu einem sich wiederholenden Ereignis führen.

Timer (Zeitgeber)

```
Private Sub Form_Timer()
```

Dieses Ereignis tritt in gleich bleibenden Intervallen ein, die von der Eigenschaft **Timer** des Formulars festgelegt werden.

Programmierbeispiel

Das folgende Beispiel sorgt dafür, dass beim Laden eines Formulars die aktuelle Uhrzeit in der Titelleiste auftaucht.

```
Private Sub Form_Load()
  Me.TimerInterval = 1000
End Sub

Private Sub Form_Timer()
  Me.Caption = Format(Now, "hh:mm:ss")
End Sub
```

Unload (Entladen)

```
Private Sub Form_Unload(Cancel As Integer)
```

Dieses Ereignis tritt ein, wenn ein Formular geschlossen wird, es aber noch nicht vom Bildschirm verschwunden ist.

Cancel: Mit **True** kann der Vorgang abgebrochen werden.

Programmierbeispiel

```
Private Sub Form_Unload(Cancel As Integer)
  If MsgBox("Formular schließen?", _
    vbYesNo) = vbYes Then
    Exit Sub
  Else
    Cancel = True
  End If
End Sub
```

Updated (Aktualisierung)

```
Private Sub OLEObjekt_Updated(_
  Code As Integer)
```

Dieses Ereignis tritt ein, wenn die Daten in einem OLE-Objekt geändert wurden.

OLEObjekt: BoundObjectFrame, CustomControl oder ObjectFrame

Code: Kann einen der folgenden Werte annehmen: **acOLEChanged** (der Inhalt des Objekts wurde verändert), **acOLESaved** (die Änderungen wurden in der Datenbank gespeichert), **acOLEClosed** (das Objekt wurde geschlossen) und **acOLERenamed** (das Herkunftsdokument wurde umbenannt).

Anmerkung

Zwischen dem **Updated**-Ereignis und den Ereignissen **BeforeUpdate** und **AfterUpdate** für gebundene und ungebundene Objektfelder gibt es keine direkten Beziehungen. Das **Updated**-Ereignis tritt auf, wenn sich die Daten in einem OLE-Objekt geändert haben, während die Ereignisse **BeforeUpdate** und **AfterUpdate** eintreten, wenn Daten aktualisiert werden.

10 Funktionen

Funktionen im Überblick

Funktionen ähneln einer Prozedur, und Prozeduren sind, vereinfacht ausgedrückt, Platzhalter für eine Gruppe von Anweisungen. Der Unterschied liegt darin, dass eine Funktion stets einen Wert zurückgibt. Eine Funktion kann daher in Ausdrücken auf die gleiche Weise eingesetzt werden wie eine Variable. Und da sie einen Wert zurückgibt, besitzt sie zwangsläufig einen Datentyp.

Wenn Sie mit Funktionen arbeiten wollen, haben Sie die Möglichkeit, benutzerdefinierte Funktionen zu entwerfen oder auf eingebaute Funktionen zurückzugreifen. Eine typische benutzerdefinierte Funktionsprozedur sieht wie folgt aus:

```
Function Beispiel_Funktion() As String
  ...
  Beispiel_Funktion = "TestWert"
End Function
```

Dabei ist **Beispiel**_Funktion der Funktionsname, über den auch der Rückgabewert übergeben wird. Wenn eine Funktion einen Wert zurückgeben soll, muss dieser Wert an die Funktion übergeben werden.

Alle Funktionen, die einen String zurückgeben, können entweder mit angehängtem Dollarzeichen ($) aufgerufen werden oder eben ohne. Scheinbar machen beide Versionen jeweils das Gleiche, daher wird das Dollarzeichen häufig weggelassen.

Wenn Sie definieren

```
Dim trText, TrimText As String
trText = "   Leerzeichen",
```

so liefern

```
TrimText = LTrim(trText)
```

und

```
TrimText = LTrim$(trText)
```

identische Ergebnisse. Der Unterschied (und bei komplexeren Funktionen spürbarer Performancegewinn) liegt darin, dass bei der ersten Version erst ein Variant-Wert erzeugt und dieser dann in einen String konvertiert werden muss, bevor er in der Variablen abgelegt werden kann – was eben Zeit kostet, während die zweite Variante sofort einen String liefert.

Das Arbeiten mit Funktionen macht volumenmäßig und auch in der Praxis einen großen Teil der Programmentwicklung aus. Deshalb habe ich in diesem Kapitel die wichtigsten Funktionen zusammengefasst. Sie lassen sich in Microsoft Access-VBA in drei grundsätzliche Funktionstypen aufteilen: Aggregatfunktionen, Rowset-Funktionen und skalare Funktionen. Rowset- und skalare Funktionen werden unter Access nur relativ selten verwendet, deshalb suchen Sie sie in diesem Überblick genauso vergebens, wie eine Reihe (eher selten gebrauchter) Aggregatfunktionen. Denken Sie, wenn Sie etwas vermissen, bitte immer daran, dass dieses Buch eben nur GE-PACKTe Informationen liefern kann, und beißen Sie im Bedarfsfall in den sauren Apfel der Microsoft Access-Hilfe.

Seien Sie nicht überrascht, wenn es Funktionen gibt, die den gleichen Namen haben wie einige Anweisungen. Einer der großen Unterschiede zwischen einer Funktion und einer Anweisung ist der, dass eine Funktion einen Wert zurückliefert und eine Anweisung mit diesem Wert weiterarbeiten kann. So gibt beispielsweise die Funktion **Mid** einen Wert zurück, der eine bestimmte Anzahl von Zeichen aus einer Zeichenfolge enthält, während die gleichnamige Anweisung eine bestimmte Anzahl von Zeichen in einer Zeichenfolge ersetzt. Sie müssen sich also schon überlegen, ob Sie eine Funktion oder eine Anweisung verwenden können – bestimmt wird dies durch das Ergebnis, das Sie erzielen wollen.

Wichtig
Im Index finden Sie die Funktionen auch unter ihren Gruppierungen. Wenn Sie beispielsweise nicht wissen, wie eine bestimmte mathematische Funktion heißt, suchen Sie unter dem Indexbegriff »Mathemat. Funktion« bzw. »Finanzmath. Funktion«. Ähnliches gilt für Stringfunktionen und andere.

Aggregatfunktionen

Diese Funktionen führen Berechnungen für eine Menge von Werten durch und geben einen einzelnen Wert zurück. Mit Ausnahme der SQL-Funktion **COUNT** ignorieren Aggregatfunktionen alle **NULL**-Werte. Aggregatfunktionen werden häufig mit der **GROUP BY**-Klausel einer **SELECT**-Anweisung verwendet.

Alle Aggregatfunktionen sind deterministisch, das heißt, sie geben bei jedem Aufrufen mit bestimmten Eingabewerten immer denselben Wert zurück. Sie können unter Access nur in der Auswahlliste einer **SELECT**-Anweisung (Unterabfrage oder äußere Abfrage) verwendet werden.

Rowset-Funktionen

Rowset-Funktionen können wie Tabellenverweise in einer Anweisung verwendet werden.

Alle Rowset-Funktionen sind nicht deterministisch, das heißt, bei jedem Aufrufen mit bestimmten Eingabewerten werden nicht immer die gleichen Ergebnisse zurückgegeben.

Skalare Funktionen

Dieser Funktionstyp verarbeitet einen einzelnen oder mehrere Werte und gibt einen einzelnen Wert zurück. Skalare Funktionen können überall dort verwendet werden, wo ein Ausdruck zulässig ist. Skalare Funktionen lassen sich in Kategorien zusammenfassen.

Datums- und Zeitfunktionen

Besprochene Funktionen: Date, DateAdd, DateDiff, DatePart, Day, IsDate, Minute, Month, Now, Second, Time, Weekday, WeekdayName, Year

Diese Funktionen verarbeiten Datums- und Zeit-Eingabewerte und geben Zeichenfolgen-, Zahlen-, Datums- oder Zeitwerte zurück.

Konfigurationsfunktionen

Diese Funktionen geben Informationen über die aktuellen Einstellungen der Konfigurationsoptionen zurück; sie werden hier aber nicht besprochen.

Mathematische Funktionen

Besprochene Funktionen: Int, Round, Sign, Sqr

Besprochene finanzmathematische Funktionen: PV, SLN, SYD

Diese Funktionen führen normalerweise mit als Argumente angegebenen Eingabewerten Berechnungen durch und geben einen numerischen Wert zurück.

Arithmetische Funktionen geben Werte des gleichen Datentyps wie der Eingabewert zurück. Trigonometrische und alle übrigen Funktionen wandeln den Datentyp des Eingabewertes um und geben einen Fließkommawert zurück. Finanzmathematische Funktionen dienen komplexen Finanzberechnungen.

Für eine Reihe von mathematischen (primär Winkel-) Funktionen gibt es in Access keine Entsprechung. Die Microsoft-Hilfe bietet eine Aufstellung, die die nicht integrierten mathematischen Funktionen enthält, die aus den integrierten mathematischen Funktionen abgeleitet werden können.

Da Access eigentlich eher selten für die Berechnung komplexer mathematischer Ausdrücke verwendet wird, finden Sie an dieser Stelle nur die Basisfunktionen, die im Alltag mehr oder weniger regelmäßig benötigt werden. Alles andere würde den Rahmen dieses Buches sprengen.

Metadatenfunktionen

Diese Funktionen geben Informationen über Datenbanken und Datenbankobjekte zurück; sie werden hier nicht besprochen.

Sicherheitsfunktionen

Diese Funktionen geben Informationen über Benutzer und Rollen zurück; sie werden hier nicht besprochen.

Statistische Systemfunktionen

Diese Funktionen liefern Informationen über das System; sie werden hier nicht besprochen.

Text- und Imagefunktionen

Diese Funktionen verarbeiten Text- bzw. Image-Eingabewerte oder -Spalten und geben sie als Informationen über die verarbeiteten Werte zurück; sie werden hier nicht besprochen.

Systemfunktionen

Diese Funktionen führen Operationen auf Werten, Objekten und Einstellungen in MS SQL Server aus und geben Informationen über diese zurück; sie werden hier nicht besprochen.

Zeichenkettenfunktionen (Stringfunktionen)

Besprochene Funktionen: Abs, Asc, Format, InStr, IsNull, IsNumeric, LCase, Left, LTrim, Mid, Right, RTrim, Str, String, Trim, UCase, Val

Diese Funktionen verarbeiten Zeichenfolgen-Eingabewerte und geben einen numerischen Wert oder eine Zeichenfolge zurück.

Umwandlungsfunktionen

Besprochene Funktionen: CBool, CCur, CDate, CDbl, CDec, CInt, CLng, CSng, CStr, CVar, FormatCurrency, FormatDateTime, FormatNumber, FormatPercent

Bei diesen Funktionen handelt es sich um eine Teilmenge der Stringfunktionen. Ihre Besonderheit ist es, dass sie Eingabewerte in einen anderen Wert umwandeln (zum Beispiel Zahlen in Zeichenketten usw.).

Sie finden längst nicht zu all diesen Funktionsarten Beispiele in diesem Buch, das Ihnen bekanntlich nur einen Überblick über die Dinge geben will, die sehr häufig in der praktischen Arbeit benötigt werden. Zugriffe auf das Dateisystem und einen Großteil der komplexen finanzmathematischen Funktionen, die Sie im Regelfall nur in speziellen Anwendungen benötigen, müssten Sie in der Microsoft-Access-Hilfe nachschlagen.

Referenz

Abs

```
Abs(<Zahl>)
```

Gibt den absoluten, positiven Wert des angegebenen numerischen Ausdrucks zurück. Dieser Wert ist vom gleichen Typ wie **<Zahl>**.

Zahl: Ein Ausdruck der exakten numerischen oder ungefähren numerischen Datentypkategorie, mit Ausnahme des BIT-Datentyps

Programmierbeispiel

Dieses Beispiel zeigt die Auswirkung der **Abs**-Funktion auf drei verschiedene Zahlen.

```
Select Abs(-1.3), Abs(0.0), Abs(1.3)
```

Das Ergebnis ist **1.3 0.0 1.3**.

Asc

`Asc(<Ausdruck>)`

Gibt den ASCII-Codewert des ersten Zeichens eines Zeichenausdrucks zurück.

Ausdruck: Ein Ausdruck des Typs **Integer**

Programmierbeispiel

Dieses Beispiel, das von einem ASCII-Zeichensatz ausgeht, gibt den ASCII-Wert des ersten Zeichens der Zeichenfolge »Das ist toll« zurück.

```
Dim ascWert
ascWert = Asc("Das ist toll")
```

Zurückgeliefert wird 68.

CBool

`CBool(<Ausdruck>)`

Diese Funktion konvertiert einen Ausdruck in einen Wert vom Typ **Boolean**.

Ausdruck: Eine gültige Zeichenfolge oder ein gültiger numerischer Ausdruck

Programmierbeispiel

```
Dim Wert1, Wert2, Vergleichswert
Wert 1= 259: Wert2 = 259
Vergleichswert = CBool(Wert1 = Wert2)
```

Vergleichswert erhält **True**.

CCur

`CCur(<Ausdruck>)`

Diese Funktion konvertiert einen Ausdruck in einen Wert vom Typ **Currency**.

Ausdruck: Ein gültiger Wert aus dem Bereich
-922.337.203.685.477,5808 bis 922.337.203.685.477,5807

CDate

CDate(<Ausdruck>)

Diese Funktion konvertiert einen Ausdruck, der beispielsweise vom Datentyp **String** ist, in einen Wert vom Typ **Date** (zurück).

Ausdruck: Ein beliebiger gültiger Datumsausdruck

Programmierbeispiel

```
Dim TDat, TKurzDat, TZeit, TKurzZeit
TDat = "27. August 2003"
TKurzDat = CDate(Tdat)  'Liefert 27.08.2003
TZeit = "23:22:55"
TKurzZeit = CDate(TZeit)  'Liefert 23:22:55
```

CDbl

CDbl(<Ausdruck>)

Diese Funktion konvertiert einen Ausdruck, der beispielsweise vom Datentyp **Currency** ist, in einen Wert vom Typ **Double**.

Ausdruck: Ein gültiger numerischer Wert aus dem Bereich -1,79769313486231E308 bis -4,94065645841247E-324 für negative Werte; 4,94065645841247E-324 bis 1,79769313486232E308 für positive Werte

CDec

CDec(<Ausdruck>)

Diese Funktion konvertiert einen Ausdruck, der beispielsweise vom Typ **Currency** ist, in einen Wert vom Typ **Decimal**.

Ausdruck: Ein gültiger numerischer Wert aus dem Bereich +/-79.228.162.514.264.337.593.543.950.335 für skalierte Ganzzahlen, das heißt Zahlen ohne Dezimalstellen. Für Zahlen mit 28 Dezimalstellen gilt der Bereich +/-7,9228162514264337593543950335. Die kleinste mögliche Zahl ungleich Null ist 0,0000000000000000000000000001.

CInt

CInt(<Ausdruck>)

Diese Funktion konvertiert einen Ausdruck, der beispielsweise vom Typ **Double** ist, in einen Wert vom Typ **Integer**.

Ausdruck: Ein gültiger numerischer Wert aus dem Bereich -32.768 bis 32.767; Nachkommastellen werden gerundet.

CLng

CLng(<Ausdruck>)

Diese Funktion konvertiert einen Ausdruck, der beispielsweise vom Typ **Double** ist, in einen Wert vom Typ **Long**.

Ausdruck: Ein gültiger numerischer Wert aus dem Bereich -2.147.483.648 bis 2.147.483.647; Nachkommastellen werden gerundet.

CSng

CSng(<Ausdruck>)

Diese Funktion konvertiert einen Ausdruck, der beispielsweise vom Typ **Double** ist, in einen Wert vom Typ **Single**.

Ausdruck: Ein gültiger numerischer Wert aus dem Bereich -3,402823E38 bis -1,401298E-45 für negative Werte; 1,401298E-45 bis 3,402823E38 für positive Werte

CStr

CStr(<Zahl>)

Diese Funktion konvertiert eine Zahl in einen **String**.

Zahl: Die Zahl, die konvertiert werden soll

Anmerkung

Diese Funktion ist ansatzweise vergleichbar mit der Funktion **Str**, die ebenfalls der Umwandlung von Zahlen dient. Der primäre Unterschied liegt darin, dass sie andere Ergebnisformen zurückliefert.

Programmierbeispiel

```
Dim TDouble,TString
TDouble = 23.986
TString = CStr(TDouble)  'Liefert "23,986"
```

CVar

```
CVar(<Ausdruck>)
```

Diese Funktion konvertiert einen Ausdruck, der beispielsweise vom Typ **Double** ist, in einen Wert vom Typ **Variant**.

Ausdruck: Ein gültiger numerischer Wert im Bereich des Typs **Double** oder nichtnumerische Werte im Bereich des Typs **String**

Date

```
Date
```

Enthält das aktuelle Systemdatum.

Anmerkung

Diese Funktion liest das aktuelle Systemdatum aus. Zum Einstellen dieses Datums verwenden Sie die Anweisung **Date**.

Programmierbeispiel

Zusammen mit dem Rechnungsdatum soll ein Mahndatum in eine Tabelle geschrieben werden. Das folgende Beispiel zeigt die Berechnung des Mahndatums.

```
Dim MahnDat
MahnDat = Date + 30
```

DateAdd

```
DateAdd(<Interval>, <Zahl>, <Datum>)
```

Diese Funktion fügt einem Datum eine Anzahl Zeiteinheiten hinzu.

Interval: Art der Zeiteinheit, die hinzugefügt oder subtrahiert werden soll. Dieses Intervall kann die folgenden Werte annehmen.

Zeiteinheit	Einstellung	Beschreibung
Year	yyyy	Jahr (1753–9999)
Quarter	q	Quartal (1–4)
Month	m	Monat (1–12)
Week	ww	Woche (1–54)
Day	d	Tag (1–31)
Dayofyear	y	Tag im Jahr (1–366)
Weekday	w	Wochentag (1 [Sonntag]–7 [Samstag])
Hour	h	Stunden (0–23)
Minute	n	Minuten (0–59)
Second	s	Sekunden (0–59)

Zahl: Anzahl der Zeiteinheiten, die addiert werden sollen. Es wird der ganzzahlige Anteil verwendet. Ist **Zahl** negativ, werden die Zeiteinheiten subtrahiert.

Datum: Datum, zu dem die Zeiteinheiten addiert oder von dem sie subtrahiert werden sollen

Programmierbeispiel

Im folgenden Beispiel werden drei Monate auf das aktuelle Tagesdatum hinzugerechnet.

```
Dim MahnDat
MahnDat = DateAdd ("m", 3, Date)
```

DateDiff

```
DateDiff(<DatePart>, <Date1>, <Date2>_
[, <FirstDayOfWeek>[, <FirstWeekOfYear>]])
```

Diese Funktion ermittelt die Differenz zwischen zwei Datumswerten und liefert sie in einer definierbaren Zeiteinheit zurück.

DatePart: Zeiteinheit, in der die Differenz zurückgeliefert werden soll. Siehe dazu die Tabelle bei der Funktion **DateAdd**.

date1, date2: Datumswerte, zwischen denen die Differenz ermittelt wird

FirstDayOfWeek: Eine Konstante, die den ersten Wochentag angibt. Wird sie nicht gesetzt, wird Sonntag angenommen. Diese Konstante kann folgende Werte annehmen: **vbUseSystem** (0) (die NLS-API-Einstellung wird verwendet), **vbSunday** (1) (Sonntag – die Standardeinstellung), **vbMonday** (2) (Montag), **vbTuesday** (3) (Dienstag), **vbWednesday** (4) (Mittwoch), **vbThursday** (5) (Donnerstag), **vbFriday** (6) (Freitag) und **vbSaturday** (7) (Samstag).

FirstWeekOfYear: Eine Konstante, die die erste Woche des Jahres angibt. Ist dieser Wert nicht angegeben, wird die Woche als erste Woche eines Jahres betrachtet, in der der 1. Januar liegt. Diese Konstante kann folgende Werte annehmen: **vbUseSystem (0)** (die NLS-API-Einstellung wird verwendet), **vbFirstJan1 (1)** (Anfang in der Woche mit dem 1. Januar – Standard), **vbFirstFourDays (2)** (Anfang in der ersten Woche, die mindestens vier Tage im neuen Jahr enthält) und **vbFirstFullWeek (3)** (Anfang in der ersten vollständigen Woche des Jahres).

Anmerkung

Beachten Sie unbedingt, dass in Deutschland die Woche mit einem Montag beginnt, und dass die erste Woche im Jahr die Woche ist, die mindestens vier Tage im neuen Jahr enthält. Wenn Sie diese Punkte nicht berücksichtigen, stimmt beispielsweise Ihr dritter Wochentag genauso wenig mit dem Kalendarium überein wie Ihre Kalenderwoche 34.

Programmierbeispiel

```
Dim DatWert
DatWert = DateDiff(_
"m", #07/07/2003#, #12/30/2003#)
```

Das Ergebnis ist 5.

DatePart

```
DatePart(<DatePart>, <Date1>, <Date2>_
[, <FirstDayOfWeek>[, <FirstWeekOfYear>]])
```

Diese Funktion ermittelt den numerischen Wert eines Teils eines Datums.

DatePart: Zeiteinheit, die zurückgeliefert werden soll. Siehe dazu die Tabelle bei der Funktion **DateAdd**.

date: Datum, aus dem ein Teil extrahiert werden soll

FirstDayOfWeek: Zu den Werten, die hier gesetzt werden können, siehe die Funktion **DateDiff**.

FirstWeekOfYear: Zu den Werten, die hier gesetzt werden können, siehe die Funktion **DateDiff**.

Anmerkung

Siehe die Anmerkung zur Funktion **DateDiff**.

Programmierbeispiel

```
Dim DatumsTeil
DatumsTeil = DateDiff("d", #12/30/2003#)
```

Das Ergebnis ist 30.

Day

```
Day(<Datum>)
```

Diese Funktion liefert den Tag eines Monats im Bereich 1 bis 31 zurück.

Datum: Das Datum, für das der Tag errechnet wird

Programmierbeispiel

```
Dim datWert1, datWert2
datWer11 = #10/21/2003#
datWert2 = Day(datWert1)
```

DBB

```
DBB(<Kosten>, <Endwert>, _
  <Nutzungsdauer>, <Zeitraum>[, <Faktor>])
```

Diese Funktion berechnet die Abschreibungen eines Vermögensgutes über einen bestimmten Zeitraum mit der geometrisch degressiven Methode.

Kosten: Anschaffungskosten

Endwert: Der Wert, den das Gut am Ende seiner Nutzungsdauer hat

Nutzungsdauer: Die Nutzungsdauer, über die abgeschrieben werden soll

Zeitraum: Der Zeitraum, für den die Abschreibung berechnet wird

Faktor: Der Faktor, um den der Wert verringert wird. Der Standardwert ist **2** (geometrisch degressiv).

FileDialog

```
FileDialog(<Konstante>)
```

Diese Funktion dient dem schnellen Zugriff auf die Dateidialoge von Microsoft Office (siehe gleichnamiges Objekt).

Konstante: Einer der folgenden Werte: **msoFileDialogFolderPicker**, **msoFileDialogFilePicker**, **msoFileDialogOpen** und **msoFileDialogSaveAs** (diese Konstante soll unter Access XP nicht sauber funktionieren; Sie müssen den entsprechenden Dialog eventuell manuell nachprogrammieren).

Format

```
Format(<Ausdruck>[, <Format>_
  [, <FirstDayOfWeek>[, <FirstWeekOfYear>]]])
```

Sie können mit dieser Funktion die unterschiedlichsten Datentypen in eine Zeichenkette umwandeln.

Ausdruck: Ein gültiger (Zahlen-)Wert

Format: Ein gültiger Formatausdruck

FirstDayOfWeek: Zu den Werten, die hier gesetzt werden können, siehe die Funktion **DateDiff**.

FirstWeekOfYear: Zu den Werten, die hier gesetzt werden können, siehe die Funktion **DateDiff**.

Anmerkung

Siehe die Anmerkung zur Funktion **DateDiff**.

Programmierbeispiel

```
Dim Zeit1, Datum1, Zeichen1
Zeit1 = #20:18:03#
Datum1 = #02/20/2003#
Zeichen1 = Format(Zeit1, "hh:mm:ss AMPM")
  ' Liefert "17:04:23"
Zeichen1 = Format(334.9, "###0.00")
  ' Liefert "334,90"
ZF1 = Format("JUTTA", "<")
  ' Liefert "jutta"
```

FormatCurrency

```
FormatCurrency(<Ausdruck>_
  [,<AnZahlDezimalstellen< >[,<FührendeNull> _
  [,<NegativeZahlen >[,Z<iffernGruppieren>]]]])
```

Diese Funktion kann dazu verwendet werden, Zahlen schnell und einfach in einem bestimmten Währungsformat als **String** auszugeben.

Ausdruck: Die zu formatierende Zahl

AnzahlDezimalstellen: Anzahl der Nachkommastellen. Standard ist **-1**, das heißt, die Ländereinstellungen des Computers werden verwendet.

FührendeNull: Eine der unter *Einstellungen* aufgeführten Konstanten, die angibt, ob bei Bruchzahlen eine führende Null angezeigt wird oder nicht.

NegativeZahlen: Eine der unter *Einstellungen* aufgeführten Konstanten, die angibt, ob negative Werte in Klammern gesetzt werden oder nicht.

ZiffernGruppieren: Eine der unter *Einstellungen* aufgeführten Konstanten, die angibt, ob Zahlen mit Hilfe des Trennzeichens zwischen Gruppen, das in den Ländereinstellungen des Computers festgelegt ist, getrennt werden oder nicht.

Einstellungen

Es können folgende Werte verwendet werden: **vbTrue** (-1) (wahr), **vbFalse** (0) (falsch) und **vbUseDefault** (-2) (es werden die Einstellungen in den Ländereinstellungen des Computers verwendet).

Programmierbeispiel

```
FormatCurrency(53.6665)  'Liefert "53,67 _"
```

FormatDateTime

```
FormatDateTime(D<atum>[, <Format>]
```

Diese Funktion kann dazu verwendet werden, Zahlen schnell und einfach in einem bestimmten Währungsformat als **String** auszugeben.

Datum: Der zu formatierende Datumsausdruck

Format: Das Datums- bzw. Zeitformat, das verwendet werden soll. Es kann einen der folgenden Werte annehmen: **vbGeneralDate** (0) (zeigt ein Datum [in Kurzform] und/oder eine Uhrzeit [im langen Format] an), **vbLongDate** (1) (zeigt ein Datum im langen Datumsformat der Ländereinstellungen des Computers an), **vbShortDate** (2) (zeigt ein Datum im kurzen Datumsformat der Ländereinstellungen des Computers an), **vbLongTime** (3) (zeigt eine Uhrzeit in dem Zeitformat der Ländereinstellungen des Computers an) und **vbShortTime** (4) (zeigt eine Uhrzeit im 24-Stundenformat [hh:mm] an).

Programmierbeispiel

```
FormatDateTime(Now,4)  'Liefert "22:48"
```

FormatNumber

```
FormatNumber(<Ausdruck>_
  [,<AnZahlDezimalstellen >[,<FührendeNull >_
  [,<NegativeZahlen >[,<ZiffernGruppieren>]]]])
```

Diese Funktion kann dazu verwendet werden, Zahlen schnell und einfach in einem bestimmten Zahlenformat als **String** auszugeben.

Ausdruck: Die zu formatierende Zahl

AnzahlDezimalstellen: Anzahl der Nachkommastellen. Standard ist **-1**, das heißt, die Ländereinstellungen des Computers werden verwendet.

FührendeNull: Eine der unter *Einstellungen* aufgeführten Konstanten, die angibt, ob bei Bruchzahlen eine führende Null angezeigt wird oder nicht.

NegativeZahlen: Eine der unter *Einstellungen* aufgeführten Konstanten, die angibt, ob negative Werte in Klammern gesetzt werden oder nicht.

ZiffernGruppieren: Eine der unter *Einstellungen* aufgeführten Konstanten, die angibt, ob Zahlen mit Hilfe des Trennzeichens zwischen Gruppen, das in den Ländereinstellungen des Computers festgelegt ist, getrennt werden oder nicht.

Einstellungen

Es können folgende Werte verwendet werden: **vbTrue** (**-1**) (wahr), **vbFalse** (**0**) (falsch) und **vbUseDefault** (**-2**) (es werden die Einstellungen in den Ländereinstellungen des Computers verwendet).

Programmierbeispiel

```
FormatNumber(53.6665)  'Liefert "53,67"
```

FormatPercent

```
FormatPercent(<Ausdruck>_
  [,<AnZahlDezimalstellen>[, <FührendeNull> _
  [,<NegativeZahlen>[, <ZiffernGruppieren>]]]])
```

Diese Funktion formatiert einen Wert als Prozentsatz, indem sie sie mit 100 multipliziert und ein Prozentzeichen (%) anhängt, und gibt den Ausdruck dann als **String** aus.

Ausdruck: Die zu formatierende Zahl

AnzahlDezimalstellen: Anzahl der Nachkommastellen. Standard ist **-1**, das heißt, die Ländereinstellungen des Computers werden verwendet.

FührendeNull: Eine der unter *Einstellungen* aufgeführten Konstanten, die angibt, ob bei Bruchzahlen eine führende Null angezeigt wird oder nicht.

NegativeZahlen: Eine der unter *Einstellungen* aufgeführten Konstanten, die angibt, ob negative Werte in Klammern gesetzt werden oder nicht.

ZiffernGruppieren: Eine der unter *Einstellungen* aufgeführten Konstanten, die angibt, ob Zahlen mit Hilfe des Trennzeichens zwischen Gruppen, das in den Ländereinstellungen des Computers festgelegt ist, getrennt werden oder nicht.

Einstellungen

Es können folgende Werte verwendet werden: **vbTrue** (**-1**) (wahr), **vbFalse** (**0**) (falsch) und **vbUseDefault** (**-2**) (es werden die Einstellungen in den Ländereinstellungen des Computers verwendet).

Programmierbeispiel

```
FormatPercent(53.6665)  'Liefert "5366,65%"
```

Hour

```
Hour(<Zeit>)
```

Diese Funktion liefert die Stunde einer Zeitangabe zurück (0–23).

Zeit: Die Uhrzeit, für die die Stunde ermittelt wird

Programmierbeispiel

```
Dim Zeit
Zeit = Hour(#20:18:03#)
```

Liefert 20 zurück.

InStr

```
InStr([<n>], <string>, <substring>_
  [, <Vergleich>])
```

Diese Funktionen liefern die Startposition einer Zeichenkette in einer anderen zurück.

string: Zeichenkette, in der gesucht werden soll

substring: Zeichenkette, nach der gesucht werden soll

n: Position, ab der in **string** gesucht werden soll. Fehlt diese Angabe, wird vom Beginn an gesucht.

Vergleich: Dieses Argument kann folgende Werte annehmen: **vbUseCompareOption** (-1) (führt einen Vergleich mit Hilfe der **Option Compare**-Anweisung durch), **vbBinaryCompare (0)** (führt einen binären Vergleich durch), **vbTextCompare** (1) (führt einen textbasierten Vergleich durch) und **vbDatabaseCompare** (2) (führt einen Vergleich durch, der auf Informationen in Ihrer Datenbank basiert).

Int

```
Int(<Zahl>)
```

Diese Funktion gibt den ganzzahligen Anteil einer Zahl zurück.

Zahl: Die Zahl, von der der ganzzahlige Anteil verwendet werden soll

Programmierbeispiel

```
Dim ZZahl
ZZahl = Int(34.8)    'Liefert 34
ZZahl = Int(34.1)    'Liefert 34
```

IsDate

```
IsDate(<Ausdruck>)
```

Ermittelt, ob der eingegebene Ausdruck ein gültiges Datum ist. Liefert in diesem Fall **True** zurück, anderenfalls **False**.

Ausdruck: Der zu überprüfende Ausdruck

IsNull

```
IsNull(<Ausdruck>)
```

Diese Funktion gibt an, ob ein Ausdruck NULL ist (also keine gültigen Daten enthält) oder nicht.

Ausdruck: Ausdruck, der auf NULL geprüft wird

Programmierbeispiel

```
If FeldInhalt IsNull Then ...
```

IsNumeric

```
IsNumeric(<Ausdruck>)
```

Diese Funktion ermittelt, ob ein Ausdruck ein gültiger numerischer Typ ist.

Ausdruck: Ausdruck, der darauf geprüft wird, ob er ein gültiger numerischer Ausdruck ist.

LCase
UCase

```
LCase(<Ausdruck>)
UCase(<Ausdruck>)
```

Diese Funktion wandelt die übergebene Zeichenkette in Kleinbuchstaben (`LCase`) bzw. Großbuchstaben (`UCase`) um. Dabei wird Rücksicht auf den Zeichensatz genommen.

Ausdruck: Zeichenkette, die umgewandelt werden soll

Programmierbeispiel

```
Dim Eingabe, Ausgabe
Eingabe = "GRUMPF"
Ausgabe = LCase(Eingabe)  'Liefert "grumpf"
```

Left
Right

```
Left(<String>, <Länge>)
Right(<String>, <Länge>)
```

Diese Funktion liefert Zeichen vom Beginn (**Left**) bzw. Ende (**Right**) einer Zeichenkette zurück.

String: Zeichenkette, von der die ersten Zeichen ermittelt werden sollen

Länge: Anzahl der zurückzugebenden Zeichen

Programmierbeispiel

Sie können diese Funktion zusammen mit der Funktion **InStr** verwenden, um zum Beispiel die Position eines Leerzeichens in einer Zeichenfolgen (einem Namen) herauszubekommen, um dann den Vornamen aus dieser Zeichenfolge herauszuholen.

LTrim
RTrim
Trim

```
LTRIM(<String>)
RTrim(<String>)
Trim(<String>)
```

Diese Funktionen entfernen führende Leerzeichen (**LTrim**), angehängte Leerzeichen (**RTrim**) oder sowohl führende als auch angehängte Leerzeichen (**Trim**) aus einer Zeichenkette.

String: Zeichenkette, die bereinigt werden soll.

Mid

```
Mid(<String>, <Position>, <Länge>)
```

Diese Funktion liefert einen Teil einer Zeichenkette zurück.

String: Zeichenkette, aus der ein Teil ausgegeben werden soll.

Position: Startposition des Rückgabewertes in der Zeichenkette

Länge: Länge der Zeichenkette, die zurückgegeben werden soll

Minute

```
Minute(<Zeit>)
```

Diese Funktion liefert die Minuten einer Zeitangabe zurück.

Zeit: Uhrzeit, für die die Minuten berechnet werden.

Month

```
Month(<Datum>)
```

Diese Funktion liefert den Monat eines Datums zurück.

Datum: Datum, für das der Monat berechnet wird

MsgBox

```
MsgBox(<Meldung>[, <Schaltfläche>] [, <Title>] _
  [, <Hilfe>, <Kontext>])
```

Diese Funktion zeigt eine Meldung in einem Dialogfeld an.

Meldung: Eine Zeichenfolge, die als Meldung im Dialogfeld erscheint. Mehrzeilige Meldungen müssen manuell mit **Chr(10)**, **Chr(13)** oder einer Kombination aus beiden Codes trennen.

Schaltfläche: Gibt die Anzahl und den Typ der anzuzeigenden Schaltflächen an. Dieser Parameter kann folgende Werte annehmen: **vbOKOnly (0)** (nur die Schaltfläche OK anzeigen), **vbOKCancel (1)** (die Schaltflächen OK und ABBRECHEN anzeigen), **vbAbortRetryIgnore (2)** (die Schaltflächen ABBRUCH, WIEDERHOLEN und IGNORIEREN anzeigen), **vbYesNoCancel (3)** (die Schaltflächen JA, NEIN und ABBRECHEN anzeigen), **vbYesNo (4)** (die Schaltflächen JA und NEIN anzeigen), **vbRetryCancel (5)** (die Schaltflächen WIEDERHOLEN und ABBRECHEN anzeigen), **vbCritical (16)** (die Meldung mit Stopp-Symbol anzeigen), **vbQuestion (32)** (die Meldung mit Fragezeichen-Symbol anzeigen), **vbExclamation (48)** (die Meldung mit Ausrufezeichen-Symbol anzeigen), **vbInformation (64)** (die Meldung mit Info-Symbol anzeigen), **vbDefaultButton1 (0)** (die erste Schaltfläche ist Standardschaltfläche), **vbDefaultButton2 (256)** (die zweite Schaltfläche ist Standardschaltfläche), **vbDefaultButton3 (512)** (die dritte Schaltfläche ist Standardschaltfläche), **vbDefaultButton4 (768)** (die vierte Schaltfläche ist Standardschaltfläche), **vbApplicationModal (0)** (der Benutzer muss auf das Meldungsfeld reagieren, bevor er seine Arbeit mit der aktuellen Anwendung fortsetzen kann), **vbSystemModal (4096)** (alle Anwendungen werden unterbrochen, bis der Benutzer auf das Meldungsfeld reagiert), **vbMsgBoxHelpButton (16384)** (fügt dem Meldungsfenster die Schaltfläche HILFE hinzu), **vbMsgBoxSetForeground (65536)** (legt fest, dass das Meldungsfenster immer im Vordergrund erscheint), **vbMsgBoxRight (524288)** (der Text ist rechtsbündig ausgerichtet) und **vbMsgBoxRtlReading (1048576)** (legt in hebräischen und arabischen Systemen fest, dass der Text von rechts nach links gelesen wird.).

Die erste Gruppe von Werten (0–5) beschreibt die Anzahl und den Typ der im Dialogfeld angezeigten Schaltflächen. Die zweite Gruppe (16, 32, 48, 64) beschreibt die Symbolart. Die dritte Gruppe (0, 256, 512) legt die Standardschaltfläche fest. Die vierte Gruppe (0, 4096) legt fest, in welcher Form das Dialogfeld gebunden ist. Verwenden Sie beim Addieren der Zahlen zu einem Gesamtwert für das Argument **Schaltfläche** nur eine Zahl aus jeder Gruppe.

Titel: Eine Zeichenfolge, die im Titel des Meldungsfensters angezeigt wird

Hilfe: Eine Zeichenfolge, die angibt, wo die Hilfedatei mit der kontextbezogenen Hilfe für das Dialogfeld zu finden ist. (Muss immer zusammen mit **Kontext** verwendet werden.)

Kontext: Ein numerischer Ausdruck mit der Hilfetextkennung für das entsprechende Hilfethema. (Muss immer zusammen mit **Hilfe** verwendet werden.)

Now

```
Now
```

Diese Funktion liefert das aktuelle Datum und die Uhrzeit zurück.

Programmierbeispiel

```
Dim Dat1, Dat2
Dat1 = Now
Dat2 = Format(Dat1, "yyyy-mm-dd")
```

PV

```
PV(<Zinssatz>, <nZahlungszeiträume>, _
  <ZahlungProZeitraum>[, <Endwert>[, <Fällig>]])
```

Diese Funktion bewertet den Barwert einer Annuität bei regelmäßigen konstanten und zukünftig zu leistenden Zahlungsausgängen und konstantem Zinssatz.

Zinssatz: Zinssatz pro Zeitraum (bei einem Jahreszins von 10 Prozent und monatlicher Zahlung wären dies 0,1 dividiert durch 12 oder 0,0083)

nZahlungszeiträume: Anzahl der Zahlungszeiträume.

ZahlungProzeitraum: Die Zahlung pro Zahlungszeitraum.

Endwert: Der Betrag, der nach der letzten Zahlung erreicht werden soll. Bei einem Kredit, der abbezahlt wird, beträgt der Endwert 0 (der Standardwert). Wollen Sie einen Betrag ansparen, ist **Endwert** der anzusparende Betrag.

Fällig: Bei 0 sind die Zahlungen am Ende eines Zahlungszeitraums fällig, bei 1 zu Beginn des Zahlungszeitraums.

Right

Siehe die Funktion **Left**.

Rnd

```
Rnd[(<Zahl>)]
```

Diese Funktion liefert eine Zufallszahl zurück.

Zahl: Der Wert dieses Arguments (vom Typ Single oder ein beliebiger numerischer Ausdruck) bestimmt, wie die Funktion eine Zufallszahl generiert. Wenn **Zahl** kleiner als null ist, ist die generierte Zahl immer identisch mit **Zahl**. Wenn **Zahl** größer als null ist, ist die generierte Zufallszahl die nächste Zahl in der Folge. Wird **Zahl** gleich null gesetzt, liefert die Funktion die zuletzt generierte zahl als Ergebnis. Wird **Zahl** nicht angegeben, ist das Ergebnis die nächste Zufallszahl in der Folge.

Programmierbeispiel

```
Dim Wert1
Wert1 = Rnd
```

Round

```
Round(<Ausdruck>[, <decimal>])
```

Diese Funktion rundet einen Ausdruck.

Ausdruck: Zu rundender Ausdruck

decimal: Anzahl Dezimalstellen. Fehlt **decimal**, wird eine ganze Zahl zurückgegeben, ansonsten eine Fließkommazahl, gerundet auf die entsprechenden Stellen.

RTrim

Siehe die Funktion **LTrim**.

Second

```
Second(Zeit)
```

Diese Funktion liefert die Sekunden einer Zeitangabe zurück.

Zeit: Uhrzeit, für die die Sekunden berechnet werden

Programmierbeispiel

```
Dim ZeitA, Sekunden
ZeitA = #17:33:56#
Sekunden = Second(ZeitA)   'Liefert 56
```

Sign

```
Sign(<Zahl>)
```

Diese Funktion liefert zurück, ob eine Zahl positiv, negativ oder 0 ist.

Zahl: Die Zahl, die auf ihr Vorzeichen kontrolliert wird

Rückgabewert

Ist **Zahl** positiv, wird **1** zurückgeliefert. Ist **Zahl** negativ, wird **-1** zurückgeliefert. Ist **Zahl** 0, wird auch **0** zurückgeliefert.

Programmierbeispiel

```
...
If Sign(Vergleichswert) < 1 Then
...
```

SLN

```
SLN(<Kosten>, <Endwert>, <Nutzungsdauer>)
```

Diese Funktion berechnet die arithmetische Abschreibung eines Vermögensgutes über einen bestimmten Zeitraum.

Kosten: Anschaffungskosten

Endwert: Der Wert, den das Gut am Ende seiner Nutzungsdauer hat

Nutzungsdauer: Die Nutzungsdauer, über die abgeschrieben werden soll

Sqr

```
Sqr(<Zahl>)
```

Liefert die Quadratwurzel einer Zahl zurück.

Zahl: Wert, für den die Quadratwurzel ermittelt wird

Programmierbeispiel

```
Dim QWurz
QWurz = Sqr(36)   ' Liefert 6
```

Str

`Str(<Zahl>)`

Diese Funktion liefert eine Zahl als Zeichenkette zurück.

Zahl: Eine Zahl, die in eine Zeichenkette konvertiert werden soll

Anmerkungen

Mit der **Format**-Funktion können Sie numerische Werte umwandeln, die als Datum, Uhrzeit, Währung oder in anderen benutzerdefinierten Formaten angezeigt werden sollen. Im Gegensatz zur Funktion **Str** fügt die **Format**-Funktion kein führendes Leerzeichen für das Vorzeichen von Zahl ein.

Diese Funktion erkennt nur den Punkt (.) als zulässiges Dezimalzeichen. Wenn die Möglichkeit zur Verwendung eines anderen Dezimalzeichens bestehen muss (zum Beispiel in internationalen Anwendungen), sollten Sie Zahlen mit der **CStr**-Funktion in eine Zeichenfolge umwandeln.

Die Funktion **Str** ist ansatzweise vergleichbar mit der Funktion **CStr**, die ebenfalls der Umwandlung von Zahlen dient, sie liefert aber Ergebnisse zurück.

Programmierbeispiel

```
Dim TDouble
TDouble = Str(23.986)  'Liefert " 23.986"
```

String

`String(<n>, <Code >| <Ausdruck>)`

Diese Funktion liefert **n** Zeichen von **Code** oder des ersten Zeichens von **Ausdruck**.

n: Gibt an, wie häufig ein Zeichen wiederholt werden soll.

Ausdruck: Wert vom Typ **Variant**. Ein Zeichen-Code, der ein Zeichen oder einen Zeichenfolgenausdruck angibt, dessen erstes Zeichen verwendet wird, um die zurückzugebende Zeichenfolge zu erstellen.

Programmierbeispiel

```
Dim TestString
TestString = String(3, "*")  ' Liefert "***"
TestString = String(3, "xyz")  'Liefert "xxx"
```

SYD

```
SYD(<Kosten>, <Endwert>, _
  <Nutzungsdauer>, <Zeitraum>)
```

Diese Funktion berechnet die Jahresabschreibungen eines Vermögensgutes über einen bestimmten Zeitraum.

Kosten: Anschaffungskosten

Endwert: Der Wert, den das Gut am Ende seiner Nutzungsdauer hat

Nutzungsdauer: Die Nutzungsdauer, über die abgeschrieben werden soll

Zeitraum: Der Zeitraum, für den die Abschreibung berechnet wird

Time

```
Time
```

Diese Funktion gibt bzw. setzt die aktuelle Systemzeit.

Programmierbeispiel

```
Dim NeueZeit1, NeueZeit2
NeueZeit1 = Time _
  'Liefert die aktuelle Systemzeit
NeueZeit2 = "22:30:20"
Time = CDate(NeueZeit2) _
  'Setzt die Systemzeit neu
```

Trim

Siehe die Funktion **LTrim**.

UCase

Siehe die Funktion **LCase**.

Val

```
Val(<Zeichenfolge>)
```

Diese Funktion liest die Zeichen einer Zeichenfolge bis zum ersten Zeichen aus, das nicht als Teil einer Zahl interpretiert wird, und gibt die in einer Zeichenfolge enthaltene Zahl als einen numerischen Wert zurück.

Zeichenfolge: Eine beliebige Zeichenfolge, die entweder mit Leerzeichen und dann Ziffern oder direkt mit Ziffern beginnt.

Anmerkung

Symbole und Zeichen, die oft Bestandteil eines numerischen Wertes sind (zum Beispiel Währungssymbole und Kommas), werden nicht erkannt.

Programmierbeispiel

```
PLZ = Val("47877 Willich")  'Liefert 47877
Wert = Val("188,78 EUR")  'Liefert 188
Wert = Val("188.78 EUR")  'Liefert 188,78
Wert = Val("EUR 188,78")  'Liefert 0
```

Weekday

```
Weekday(<Datum>[, <FirstDayOfWeek>])
```

Diese Funktion liefert den Wochentag des Datums **date** als ganze Zahl zurück.

Datum: Datum, für das der Wochentag berechnet wird

FirstDayOfWeek: Eine Konstante, die den ersten Wochentag angibt. Wird sie nicht gesetzt, wird Sonntag angenommen. Diese Konstante kann folgende Werte annehmen: **vbUseSystem** **(0)** (die NLS-API-Einstellung wird verwendet), **vbSunday** **(1)** (Sonntag – Standard), **vbMonday** **(2)** (Montag), **vbTuesday** **(3)** (Dienstag), **vbWednesday** **(4)** (Mittwoch), **vbThursday** **(5)** (Donnerstag), **vbFriday** **(6)** (Freitag) und **vbSaturday** **(7)** (Samstag).

Rückgabewert

Es wird eine Zahl für den Wochentag zurückgegeben. Dabei entspricht standardmäßig 0 Sonntag, 1 Montag usw. bis 6 Samstag. Dieser Wert kann über das Argument **FirstDayOfWeek** geändert werden.

Anmerkung

Siehe Anmerkung zur Funktion **DateDiff**.

WeekdayName

```
WeekdayName(<Wochentag>[, <Kurzform>][, <FirstDayOfWeek>])
```

Diese Funktion liefert den Namen eines Wochentags zurück.

Wochentag: Die numerische Bezeichnung des Wochentags

FirstDayOfWeek: Siehe die Funktion **Weekday**.

Anmerkung

Siehe Anmerkung zur Funktion **DateDiff**.

Programmierbeispiel

Finden Sie heraus, an welchem Tag Sie geboren sind.

```
Dim GebDat, TagNummer, TagName
GebDat = #8/27/1949#
TagNummer = Weekday(GebDat, vbMonday)
TagName = WeekdayName(TagNummer, vbMonday)
```

Year

```
Year(<Datum>)
```

Diese Funktion gibt das vierstellige Jahr eines Datums zurück.

Datum: Datum, für das das Jahr ermittelt wird

Programmierbeispiel

```
Dim TestDat, TestJahr
TestDat = #27. August 2003#
TestJahr = Year(TestDat)  'Liefert 2003
```

11 Anweisungen

Microsoft Access kennt keine speziellen Anweisungen, sondern greift auf solche zurück, die auch für VBA gelten. Sie finden deshalb in diesem Kapitel nur die Anweisungen zusammengefasst, die sich aus der Vielzahl der existierenden VBA-Möglichkeiten besonders gut für Access eignen. Seien Sie nicht überrascht, wenn es Anweisungen gibt, die den gleichen Namen haben wie Funktionen, die weiter vorne in diesem Buch stehen. Einer der großen Unterschiede zwischen einer Funktion und einer Anweisung ist der, dass eine Funktion einen Wert zurückliefert und eine Anweisung mit diesem Wert weiterarbeiten kann. So gibt beispielsweise die Funktion **Mid** einen Wert zurück, der eine bestimmte Anzahl von Zeichen aus einer Zeichenfolge enthält, während die gleichnamige Anweisung eine bestimmte Anzahl von Zeichen in einer Zeichenfolge ersetzt. Sie müssen sich also schon überlegen, ob Sie eine Funktion oder eine Anweisung verwenden wollen – bestimmt wird dies durch das Ergebnis, das Sie erzielen möchten.

Im Kapitel 5.1 *Variablen-Deklaration und Geltungsbereich* können Sie Informationen zu den Schlüsselwörtern **Public**, **Private** und **Static** nachschlagen, die Aussagen über den Geltungsbereich von Visual-Basic-Elementen machen. Bei der Definition von Prozeduren kann zusätzlich noch das Schlüsselwort **Friend** verwendet werden. Es ändert die Definition einer Prozedur in einem Formularmodul oder Klassenmodul, damit die Prozedur von Modulen aufgerufen werden kann, die sich außerhalb der Klasse befinden, jedoch Teil des Projekts sind, in dem die Klasse definiert ist. **Friend**-Prozeduren können nicht in Standardmodulen verwendet werden.

Call

`[Call] <Name> [<ArgListe>]`

Übergibt die Steuerung an eine Sub-Prozedur, eine Function-Prozedur oder eine Prozedur in einer Dynamic Link Library (DLL). **Call** ist dabei optional. Falls es angegeben wird, muss **ArgListe** in Klammern stehen. ein solcher Aufruf sieht wie folgt aus: **Call MeineProz(Arg1, Arg2,...)**. Ohne **Call** lautete der Aufruf **MeineProz Arg1, Arg2, ...**

Name: Der Name der aufzurufenden Prozedur

ArgListe: Durch Kommata getrennte Liste der Variablen, Datenfelder oder Ausdrücke, die an die Prozedur übergeben werden sollen

Programmierbeispiel

```
Private Sub Proz1()
   'Code der Prozedur
End Sub
Private Sub Proz2(Wert1 As Integer,
   Wert2 As Integer)
   'Code der Prozedur
End Sub
Private Sub Proz3()
  Call Proz1 'alternativ: Proz1
  Call Proz2(10,20) 'alternativ: Proz2 10, 20
End Sub
```

Const

`[Public | Private] Const <KonstName> [As Typ] = <<Ausdruck>>`

Sie können mit dieser Anweisung Konstanten deklarieren, die anstelle von Literalwerten verwendet werden können. Konstanten können im Gegensatz zu Variablen nicht versehentlich geändert werden, während das Programm ausgeführt wird.

KonstName: Name der Konstanten

Typ: Der Datentyp der Konstanten. Zulässige Typen sind **Byte**, **Boolean**, **Integer**, **Long**, **Currency**, **Single**, **Double**, **Date**, **String** oder **Variant**. Für jede deklarierte Variable muss es einen separaten **As Type**-Abschnitt geben.

Ausdruck: Ein Literalwert, eine andere Konstante oder eine beliebige Kombination, die beliebige arithmetische oder logische Operatoren (mit Ausnahme von **Is**) enthält.

Programmierbeispiel

Im folgenden Beispiel wird der Konstanten MWSt1 der Wert 16 % (0,16) zugewiesen.

```
Public Const MWSt1 = 0.16
```

Date

```
Date = <Datum>
```

Stellt das aktuelle Systemdatum ein.

Anmerkung

Zum Auslesen des aktuellen Systemdatums verwenden Sie die Funktion **Date**.

Programmierbeispiel

```
Dim dtmDate As Date
dtmDate = #4/15/03#
Date = dtmDate
```

Dim

```
Dim [WithEvents] <VarName>[([<Indizes>])] [As [New] <Typ>] [,
[WithEvents] <VarName>[([<Indizes>])] [As [New] <Typ>]]...
```

Deklariert Variablen und reserviert Speicherplatz dafür.

WithEvents: Dieses Schlüsselwort gibt an, dass die Variable in einem Ereignis eines ActiveX-Objekts verwendet wird.

VarName: Der Name der Variablen

Indizes: Dimensionen einer Datenfeldvariablen zur Erzeugung eines Arrays

New: Wenn Sie dieses Schlüsselwort verwenden, ist das Erstellen eines Objekts ausdrücklicher Bestandteil der Deklaration.

Typ: Der Datentyp der Variablen

Do...Loop

```
Do [{While|Until} <Bedingung>]
  [<Anweisungen>]
  [Exit Do]
  [<Anweisungen>]
Loop
```

oder

```
Do
  [<<Anweisungen>>]
  [Exit Do]
  [<Anweisungen>]
Loop [{While|Until} <Bedingung>]
```

Diese Anweisung wiederholt einen Block mit Anweisungen, solange eine Bedingung den Wert **True** hat oder bis eine Bedingung den Wert **True** erhält.

Bedingung: Ein numerischer Ausdruck oder Zeichenfolgenausdruck des Typs **Boolean**, der entweder **True** oder **False** ergibt

Anweisungen: Eine oder mehrere Anweisungen, die wiederholt werden, solange oder bis **Bedingung True** wird.

Anmerkung

Wenn Sie die Alternative **Do While** verwenden, wiederholt Access **Anweisungen** so lange, wie **Bedingung** den Wert **True** zum Ergebnis hat. Wenn Sie dagegen **Do Until** verwenden, wiederholt Access **Anweisungen** so lange, wie **Bedingung** den Wert **False** zum Ergebnis hat.

Achten Sie darauf, dass Sie keine Endlosschleifen erzeugen:

```
Dim x
  x = 0
  Do While x <= 0
    x = x + 1
  Loop
```

Diese Schleife bricht erst dann ab, wenn der Wertebereich der Variant-Variablen überschritten wird.

Sie können eine Schleife mit **Exit Do** verlassen:

```
Dim x
  x = 5
  Do
    MsgBox x
    x = x - 1
    If x = 1
  Exit Do
  Loop
```

End

End

Beendet die Ausführung einer Prozedur oder einen Anweisungsblock sofort und kann an einer beliebigen Stelle innerhalb einer Prozedur angegeben werden.

Anmerkung

Die **End**-Anweisung stellt eine Möglichkeit dar, das Anhalten des Programms zu erzwingen. Sie beendet die Ausführung von Code sofort, ohne die Ereignisse **Unload**, **QueryUnload** oder **Terminate** oder anderen Visual-Basic-Code aufzurufen.

Programmierbeispiel

Im folgenden Beispiel wird ein Passwort abgefragt und die Ausführung beendet, wenn der Benutzer ein falsches Passwort eingibt.

```
Sub Form_Load
```

```
  Dim Passwort, PWort
  Passwort = "Jupp"
  PWort = =InputBox("Geben Sie das Passwort ein")
  If PWort <> Passwort Then
    MsgBox "Sie haben ein falsches " _
      &"Passwort eingegeben."
    End
  End If
End Sub
```

End Function

```
End Function
```

Diese Anweisung beendet eine Visual-Basic-Funktion.

End If

```
End If
```

Diese Anweisung beendet einen **If...Then...Else**-Block.

End Property

```
End Property
```

Diese Anweisung beendet eine Prozedur vom Typ **Property Let, Property Get** oder **Property Set**.

End Select

```
End Select
```

Diese Anweisung beendet einen **Select Case**-Block.

End Sub

```
End Sub
```

Diese Anweisung beendet eine Visual-Basic-Prozedur.

End Type

```
End Type
```

Diese Anweisung beendet die Definition eines benutzerdefinierten Datentyps.

End With

```
End With
```

Diese Anweisung beendet einen **With**-Block.

Erase

```
Erase <Datenfeldliste>
```

Diese Anweisung löscht den Inhalt eines Arrays und initialisiert den Standardwert des Arrays wieder.

Datenfeldliste: Gibt eine oder mehrere durch Kommata getrennte Datenfeldvariable(n) an, die gelöscht werden sollen.

Wird **Earase** auf ein statisches Array angewendet, werden alle Elemente auf null (0) gesetzt. In String-Arrays werden Nullstrings ("") zugewiesen. **Erase** gibt den von dynamischen Datenfeldern belegten Speicher frei. Bevor Ihr Programm das Datenfeld erneut ansprechen kann, muss es die Dimensionen der Datenfeldvariablen in einer **ReDim**-Anweisung erneut deklarieren.

Programmierbeispiel

```
Erase varX
ReDim varX = (34, 8)
```

Exit

```
Exit Do
Exit For
Exit Function
Exit Property
Exit Sub
```

Diese Anweisung sorgt dafür, dass ein durch **Do...Loop**, **For...Next**, **Function**, **Sub** oder **Property** definierter Code-Block wieder verlassen wird.

Anmerkung

Verwechseln Sie die Anweisungen **Exit** nicht mit den **End**-Anweisungen. **Exit** definiert nicht das Ende einer Struktur.

For Each...Next

```
For Each <Element> In <Gruppe>
  [<Anweisungen>]
  [Exit For]
  [<Anweisungen>]
Next [<Element>]
```

Diese Anweisung ermöglicht es einem Programm, eine Gruppe von Anweisungen für jedes Element in einem Datenfeld (Array) oder einer Auflistung zu durchlaufen.

Element: Die Schleifenvariable, die ein Element des Arrays oder der Auflistung darstellt. Sie kann bei Auflistungen vom Typ **Variant** oder eine allgemeine oder spezielle Objektvariable sein. Für Datenfelder gilt, dass diese Variable vom Typ **Variant** sein muss.

Gruppe: Die Objektauflistung oder das Datenfeld, die bzw. das durchlaufen werden soll

Anweisungen: Eine oder mehrere Anweisungen, die für jedes Element in **Gruppe** ausgeführt werden

Exit For: Kann an beliebiger Stelle und beliebig oft in der Schleife verwendet werden und bewirkt einen sofortigen Abbruch. Es wird oft mit der Auswertung einer Bedingung (**If ... Then**) angewendet.

Anmerkung

Sie können die **For...Each...Next**-Anweisung nicht mit einem Datenfeld eines benutzerdefinierten Typs verwenden, da eine Variable vom Typ **Variant** keinen benutzerdefinierten Typ beinhalten darf.

Programmierbeispiel

Das folgende Beispiel listet alle geöffneten Formulare auf.

```
Dim frmName As Form
Dim frmElement
  For Each frmName In Forms
    frmElement = frmName.Name
    MsgBox frmElement
  Next
```

For...Next

```
For <Zähler> = <startWert> To _
    <endWert> [Step <Schritt>]
  [<Anweisungen>]
  [Exit For]
  [<Anweisungen>]
Next [<Zähler>]
```

Diese Anweisung wiederholt eine Gruppe von Anweisungen so oft wie angegeben.

Zähler: Eine numerische Variable, die bei jedem Durchlauf der Schleife um 1 erhöht wird

startWert: Der Startwert von **Zähler**

endWert: Der Endwert von **Zähler**

Schritt: Der Betrag, um den **Zähler** bei jedem Schleifendurchlauf verändert wird. Wird **Schritt** nicht angegeben, ist die Voreinstellung **1**. **Schritt** kann auch negativ sein.

Anweisungen: Eine oder mehrere Anweisungen, die so oft wie angegeben durchlaufen werden.

Programmierbeispiel

Das folgende Beispiel zählt einen Wert in einer Schrittweite von 5 bis zu einem Endwert hoch, den der Benutzer eingibt. Dabei fängt die Zählung bei 4 an.

```
Dim intZähl, intEnde As Integer
intEnde = Val(InputBox("Bitte den Endwert > 10 eingeben"))
  For intZähl = 4 To intEnde Step 5
    MsgBox intZähl
  Next intZähl
```

Function

```
[Public|Private|Friend] [Static] _
  Function <Name> [(<ArgListe>)] [As Typ]
  [<Anweisungen>]
  [<Name> = <Ausdruck>]
  [Exit Function]
  [<Anweisungen>]
  [<Name> = <Ausdruck>]
End Function
```

Diese Anweisung wird dazu verendet, Visual-Basic-Funktionen zu deklarieren.

Public | Private: Legt fest, dass die Prozedur für alle anderen Prozeduren in allen Modulen (**Public**) oder nur für die in diesem Modul (**Private**) zugänglich ist.

Friend: Sorgt dafür, dass die Prozedur von Modulen aufgerufen werden kann, die sich außerhalb der Klasse befinden.

Static: Legt fest, dass die lokalen Variablen der **Function**-Prozedur zwischen den Aufrufen erhalten bleiben.

Name: Der Name der Funktion, die deklariert werden soll

ArgListe: Liste der Variablen, die Argumente darstellen, die beim Aufruf übergeben werden. Die Argumente haben die folgende Syntax.

```
[OPTIONAL] [BYVAL|BYREF] [PARAMARRAY] _
<VarName>[()] [AS <Typ>] [= <StandardWert>]
```

Optional: Legt fest, dass ein Argument nicht erforderlich ist. Wird ein Argument als optional deklariert, müssen alle anderen Argumente ebenfalls mit diesem Schlüsselwort deklariert werden.

Anweisungen: Eine Gruppe von Anweisungen, die in der Prozedur ausgeführt werden sollen

Ausdruck: Rückgabewert der Funktion

ByVal | ByRef: Legt fest, ob das Argument als Wert (**ByVal**) oder als Referenz übergeben wird.

ParamArray: Wird nur als letztes Argument in **ArgListe** verwendet, um festzulegen, dass das letzte Argument ein **Optional**-Datenfeld von **Variant**-Elementen ist. Mit dem Schlüsselwort **ParamArray** können Sie eine beliebige Anzahl von Argumenten angeben. Es darf nicht zusammen mit **ByVal**, **ByRef** oder **Optional** verwendet werden.

VarName: Der Name der Variablen

Typ: Der Datentyp des Arguments

StandardWert: Eine Konstante oder ein Konstantenausdruck, der nur bei **Optional**-Parametern zulässig ist.

Exit Function: Führt zum unmittelbaren Verlassen der Prozedur.

Programmierbeispiel

```
Private Function Min(<Wert1> As Integer, _
  <Wert2> As Interger) As Integer
  If <Wert> < <Wert2> Then
    Min = <Wert1>
  Else
    Min = <Wert2>
  End If
End Function
```

GoSub...Return

```
GoSub <Zeile>
  ...
Return
```

Diese Anweisung führt einen Sprungbefehl aus. Sie verzweigt zu einem Unterprogramm innerhalb einer Prozedur und kehrt zum Ausgangspunkt zurück.

Zeile: Eine beliebige Zeilenmarke oder Zeilennummer

Anweisung: Das, was die Prozedur bzw. die Unterroutine erledigen soll

Anmerkung

GoSub und **Return** sind an allen Stellen in einer Prozedur zulässig, aber das zusammengehörende Anweisungspaar muss sich in ein und derselben Prozedur befinden. Eine Unterroutine kann mehrere **Return**-Anweisungen enthalten, aber beim Auftreten der ersten **Return**-Anweisung kehrt das Programm zu der Anweisung zurück, die unmittelbar auf die zuletzt ausgeführte **GoSub**-Anweisung folgt. Sie können mit **GoSub...Return** keine **Sub**-Prozeduren aufrufen oder verlassen.

Programmierbeispiel

```
Private Sub cmdWert_Click()
  If x = 5 Then
    GoSub FünfSub
    Exit Sub
  Else
    'Zusätzliche Anweisungen
    Exit Sub
  End If

FünfSub:
  'Anweisungen der Unterroutine
  Return
End Sub
```

GoTo

GoTo <Zeile>

Diese Anweisung führt einen einfachen Sprungbefehl aus. **GoTo** kann nur zu Zeilen innerhalb der umgebenden Prozedur verzweigen.

Zeile: Eine beliebige Zeilenmarke oder Zeilennummer

Anmerkung

Durch zu viele **GoTo**-Anweisungen wird der Code schwer verständlich, und das Testen des Codes wird schwieriger. Verwenden Sie daher möglichst nur die Anweisungen zur strukturierten Ablaufsteuerung (**Do...Loop**, **For...Next**, **If...Then...Else**, **Select Case**).

Programmierbeispiel

```
Private Sub cmdÖffnen_Click()
  'Anweisung Datensatz suchen
  On Error GoTo ErrorHandler
  'Keine Fehler, also Aktion
  Exit Sub
ErrorHandler:
  MsgBox "Der Datensatz wurde nicht gefunden"
Exit Sub
```

If...Then...Else

```
If <Bedingung> Then
  [<Anweisungen>]
  [Else <elseAnweisungen>]
End If
```

Diese Anweisung macht die Ausführung einer Anweisung oder einer Reihe von Anweisungen von einer Booleschen Bedingung (True/False) abhängig.

Alternativ können Sie die folgende Syntax verwenden.

```
If <Bedingung>1 Then
  [<Anweisungen>]
```

```
  [ElseIf <Bedingung>2 Then
      [<elseifAnweisungen>]...
  [Else
    [<elseAnweisungen>]]
End If
```

Bedingung1, Bedingung2: Ein Boolescher Ausdruck, der ausgewertet werden soll

Anweisungen, elseifAnweisungen, elseAnweisungen: Eine oder mehrere durch Doppelpunkte getrennte Anweisungen, die ausgeführt werden, wenn **Bedingung1, Bedingung2, ...** den Wert **True** hat.

Programmierbeispiel

```
If Gewinn  > 500000 And Gewinn < 2000000
  MsgBox "10% gehen an die Mitarbeiter."
  ElseIf Gewinn > 2000000 Then
    MsgBox "20% gehen an die Mitarbeiter."
  Else
    MsgBox "Nichts geht an die Mitarbeiter."
End If
```

Load

```
Load <Objekt>
```

Diese Anweisung lädt ein Formular oder ein Steuerelement in den Arbeitsspeicher.

Anmerkung

Ein mit der Anweisung **Load** geladenes Objekt befindet sich zwar im Arbeitsspeicher, ist aber nicht sichtbar. Somit hat der Benutzer zwar keine Möglichkeit, mit diesem Objekt in eine Interaktion zu treten, das Objekt kann aber über den Code in seiner zugehörigen Initialize-Ereignisprozedur beeinflusst werden.

Programmierbeispiel

```
Load MeinFormular
```

Mid

```
Mid(<ZeichenVar1>, <Start>[, <Länge>]) = <ZeichenVar2>
```

Diese Anweisung ersetzt Zeichen in einer Zeichnfolge durch andere Zeichen.

ZeichenVar1: Die Zeichenfolge, in der **Zeichen** ersetzt werden sollen

Start: Die Position in **zeichenVar1**, an der die Ersetzung beginnt

Länge: Die Anzahl der zu ersetzenden Zeichen. Wenn **Länge** nicht angegeben ist, wird die gesamte Zeichenfolge ersetzt.

ZeichenVar2: Die Zeichenfolge, durch die ersetzt wird

Anmerkung

Es werden niemals mehr Zeichen ersetzt, als in **ZeichenVar1** vorhanden sind.

Programmierbeispiel

```
Dim strg1, strg2 As String
strg1 = "Dies ist ein Test"
strg2 = " XXXX"
Mid(strg1,6,3) = strg2
'Liefert "Dies XXX ein Test"
```

On Error

```
On Error GoTo <Routine>
On Error Resume Next
On Error GoTo 0
```

Diese Anweisung sorgt bei einem Laufzeitfehler dafür, dass die Programmausführung in einer vorgegebenen Zeile fortgesetzt wird (die Anwendung sollte in solch einem Fall normalerweise in eine Fehlerbehandlungsroutine springen).

GoTo <Routine>: Ruft die Fehlerbehandlungsroutine auf.

Resume Next: Wenn es zu einem Fehler kommt, legt dieser Parameter fest, dass das Programm den Fehler ignoriert und mit der Anweisung weitermacht, die auf die fehlerverursachende Anweisung folgt (siehe auch die Anweisung **Resume**).

GoTo 0: Deaktiviert in der aktuellen Prozedur alle aktivierten Fehlerbehandlungsroutinen.

Anmerkung

Wenn Sie keine **On Error**-Anweisung verwenden, führt jeder Laufzeitfehler zur Anzeige einer Fehlermeldung und zum Beenden des Programms.

Programmierbeispiel

Im folgenden Beispiel sorgen Sie dafür, dass es im Falle eines Laufzeitfehlers erstens nicht zu einer Visual-Basic-Fehlermeldung, sondern zu einer durch den Programmierer erzeugten kommt, und dass eine eventuell aktivierte Fehlerbehandlungsroutine wieder deaktiviert wird.

```
Dim var1, var2 As Integer
Dim result As Double
var1 = 10
var2 = 0
On Error Resume Next
result = var1 / var2
If Err.Number = 11 Then
  MsgBox "Eine Division durch Null " _
    & " ist nicht zulässig", vbExclamation
  Else
    On Error GoTo 0
    MsgBox "Resume", vbInformation
End If
```

On...GoSub
On...GoTo

On <Ausdruck> **GoSub** <Zielliste>
On <Ausdruck> **GoTo** <Zielliste>

Diese Anweisung verzweigt, in Abhängigkeit eines numerischen Ausdrucks, zu einer von mehreren angegebenen Zeilen. Während **GoTo** eine einfache bedingte Verzweigung darstellt, ruft **GoSub** ein Unterprogramm auf, das mit **Return** abzuschließen ist.

Ausdruck: Ein numerischer Wert aus dem Bereich 0 bis einschließlich 255

Zielliste: Liste der Sprungadressen in der Anweisung

> **Tipp**
> Mehrfache Verzweigungen können weitaus strukturierter und flexibler mit der Anweisung **Select Case** erzeugt werden.

Programmierbeispiel

```
Dim inpQuart As Integer
inpQuart = InputBox("Geben Sie eine Ziffer " _
  & "zwischen 1 und 4 ein")
On inpQuart GoTo q1, q2, q3, q4
q1:
Debug.Print "Erstes Quartal"
q2:
Debug.Print "Zweites Quartal"
...
```

Option Compare

Option Compare {Binary|Text|Database}

Diese Anweisung legt auf Modulebene fest, wie Zeichenfolgen miteinander verglichen werden.

Binary: Dies ist die Standardeinstellung. Zeichen werden binär miteinander verglichen und binär sortiert. (Achtung: Dies bedeutet, dass auch Groß- und Kleinschreibung berücksichtigt werden.)

Text: Groß- und Kleinschreibung werden nicht berücksichtigt. Die Sortierreihenfolge wird durch das lokale System vorgegeben.

Database: Groß- und Kleinschreibung werden nicht berücksichtigt. Die Sortierreihenfolge wird durch die lokale ID der Datenbank vorgegeben.

Option Explicit

```
Option Explicit
```

Wird auf Modulebene verwendet, um die explizite Deklaration aller Variablen in diesem Modul zu erzwingen. Wenn diese Anweisung verwendet wird, muss sie im jeweiligen Modul vor jeder Prozedur stehen.

Randomize

```
Randomize [<Zahl>]
```

Diese Anweisung initialisiert einen Zufallszahlengenerator.

Zahl: Der Initialisierungswert für den Zufallszahlengenerator

Anmerkung

Wenn Sie Folgen von Zufallszahlen wiederholen möchten, rufen Sie die Funktion **Rnd** mit einem negativen Argument auf, unmittelbar bevor Sie **Randomize** mit einem numerischen Argument verwenden. Durch Verwenden von **Randomize** mit demselben Wert für **Zahl** wird die vorherige Folge nicht wiederholt.

Programmierbeispiel

Dieses Beispiel erzeugt Zufallszahlen im Bereich von 1 bis 6.

```
Randomize
Dim Wert1
Wert1 = Int((6 * Rnd) + 1)
```

ReDim

```
ReDim [Preserve] <Name>(<Indizes>) [As <Typ>]
```

Diese Anweisung wird verwendet, um (neuen) Speicherplatz für dynamische Datenfeldvariablen (Arrays) zu reservieren.

Preserve: Dieses Schlüsselwort sorgt dafür, dass die Daten in einem dynamischen Datenfeld erhalten bleiben, wenn seine Größe geändert wird.

Name: Der Name der Variablen

Indizes: Die Dimensionen der Datenfeldvariablen (bis zu 60 sind zulässig)

Typ: Der Datentyp der Variablen

Programmierbeispiel

Im folgenden Beispiel wird die Größe des Datenfelds verändert, ohne dass die Elemente gelöscht werden.

```
ReDim Preserve MeinArray(50)
```

Resume

```
Resume Next
Resume <Dest>
Resume [0]
```

Resume Next: Die Programmausführung wird hinter der Zeile fortgesetzt, die den Fehler hervorgerufen hat.

Resume Dest: Die Programmausführung wird in der Zeile fortgesetzt, die durch **Dest** vorgegeben wird.

Resume [0]: Die Programmausführung wird in der Zeile fortgesetzt, die den Fehler hervorgerufen hat.

Programmierbeispiel

Im folgenden Beispiel sehen Sie, wie ein Fehler abgefangen werden kann.

```
Private Sub cmdDatenfeld_Click()
  Dim intArray() As Integer
  ReDim intArray(5)
```

```
  On Error GoTo ErrorHandler
  intArray(6) = 0
  MsgBox "Resumed", vbInformation
  ExitSub
ErrorHandler:
  MsgBox "Das Datenfeld wird vergrößert"
  ReDim intArray(10)
  Resume
End Sub
```

Select Case

```
Select Case <Ausdruck>
  [Case <Ausdrucksliste(-n)>
  [<Anweisungen(-n)>]]...
[Case Else
  [<elseAnweisung(-n)>]]
End Select
```

Diese Anweisung ermöglicht es einem Programm, bestimmte Gruppen von Anweisungen in Abhängigkeit vom Wert eines Ausdrucks auszuführen.

-n: Dieser Parameter kann n-mal wiederholt werden.

Ausdruck: Ein beliebiger, auch numerischer Ausdruck, der ausgewertet werden soll

Ausdrucksliste: Eine durch Kommata getrennte Liste mit einem oder mehreren Ausdrücken. Diese Liste kann folgende Form haben: `<Ausdruck>`, `<Ausdruck>` **`To`** `<Ausdruck>`, **`Is`** `Vergleichsoperator <Ausdruck>`. Das Schlüsselwort **`To`** gibt einen Bereich von Werten an. Bei diesem Schlüsselwort muss der kleinere Wert immer links von **`To`** stehen. Verwenden Sie das Schlüsselwort **`Is`** in Kombination mit Vergleichsoperatoren (außer **`Is`** und **`Like`**), um einen Bereich von Werten anzugeben. Wenn Sie das Schlüsselwort **`Is`** nicht angeben, wird es automatisch eingefügt.

Anweisungen: Eine oder mehrere Anweisungen, die ausgeführt werden, wenn **Ausdruck** mit irgendeinem Teil in **Ausdrucksliste** übereinstimmt.

elseAnweisung: Eine oder mehrere Anweisungen, die ausgeführt werden, wenn **Ausdruck** mit keinem der Ausdrücke im **Case**-Abschnitt übereinstimmt.

Anmerkung

Sie können in jedem **Case**-Abschnitt mehrere Ausdrücke oder Bereiche verwenden, wie zum Beispiel in der folgenden Zeile:

```
Case 1 To 4, 11, 13, Is > Maximalwert
```

Sie können auch mehrere Ausdrücke für Zeichenfolgen angeben. Im folgenden Beispiel werden die Anweisungen des **Case**-Abschnitts ausgeführt, wenn eine Zeichenfolge genau mit **Alles** übereinstimmt, alphabetisch zwischen **Nüsse** und **Suppe** liegt oder dem aktuellen Wert von **TestElement** entspricht:

```
Case "Alles", "Nüsse" To "Suppe", TestElement
```

Select Case-Anweisungen können mehrfach verschachtelt werden.

Programmierbeispiel

```
Dim num1, num2 As integer
num1 = 2
num2 = 10
Select Case num1
Case 1 To 3
  Select Case num2
    Case 10
      MsgBox "num2 = 10"
    Case 11
      MsgBox "num2 = 11"
  End Select
Case Else
  MsgBox "Wert nicht zwischen 1 und 3"
End Select
```

Set

```
Set <ObjektVar> = {[New] <ObjektAusdr>|Nothing}
```

Diese Anweisung wird dazu verwendet, einer Variablen oder Eigenschaft einen Objektverweis zuzuweisen.

ObjektVar: Der Name der Variablen oder Eigenschaft

New: Das Schlüsselwort **New** ermöglicht das implizite Erstellen einer neuen Instanz der Klasse.

ObjektAusdr: Der Wert, der der Objektvariablen zugewiesen werden soll

Nothing: Gibt alle Ressourcen des zuvor referenzierten Objekts wieder frei.

Anmerkung

Die Anweisungen **Dim**, **Private**, **Public**, **ReDim** und **Static** deklarieren lediglich eine Variable, die ein Objekt referenziert. Ein tatsächlicher Verweis auf ein Objekt kommt erst zustande, wenn Sie mit der Set-Anweisung ein bestimmtes Objekt zuweisen.

Programmierbeispiel

In den folgenden Beispielen werden Variablen Verweise auf Objekte zugewiesen.

```
Dim objVar As Form
Set objVar = Forms!Stammdaten

Dim objVar As Object
Dim MeinObjekt As Object
Set objVar = MeinObjekt
Dim objVar, MeinObjekt, MeinText
Set objVar = MeinObjekt
MeinObjekt.Text = "Mein toller Text"
MeinText = MeinObjekt.Text

Set objVar = Nothing
```

Sub

```
[Private|Public] [Static] _
Sub <Name> [(<ArgListe>)]
  [<Anweisungen>]
  [Exit Sub]
  [<Anweisungen>]
End Sub
```

Diese Anweisung wird dazu verwendet, Visual-Basic-Prozeduren zu deklarieren.

Private | Public: Deklariert benutzerdefinierte Typen, die allen Prozeduren in allen Modulen aller Projekte (**Public**) oder nur innerhalb des Moduls, in dem sie deklariert wurden (**Private**), zur Verfügung stehen.

Static: Die lokalen Variablen der **Sub**-Prozedur bleiben zwischen Aufrufen erhalten.

Name: Der Name der Prozedur

ArgListe: Eine Liste von Variablen mit den Argumenten, die an die Prozedur beim Aufruf übergeben werden

Anweisungen: Eine Gruppe von Anweisungen, die in der Prozedur ausgeführt werden sollen

ArgListe: Liste der Variablen, die Argumente darstellen, die beim Aufruf übergeben werden. Die Argumente haben die folgende Syntax.

```
[OPTIONAL] [BYVAL|BYREF] [PARAMARRAY] _
  VarName[()] [AS Typ] [= StandardWert]
```

Optional: Legt fest, dass ein Argument nicht erforderlich ist. Wird ein Argument als optional deklariert, müssen alle anderen Argumente ebenfalls mit diesem Schlüsselwort deklariert werden.

Ausdruck: Rückgabewert der Funktion

ByVal | ByRef: Legt fest, ob das Argument als Wert (**ByVal**) oder als Referenz übergeben wird.

ParamArray: Wird nur als letztes Argument in **ArgListe** verwendet, um festzulegen, dass das letzte Argument ein **Optional**-Datenfeld von **Variant**-Elementen ist. Mit dem Schlüsselwort **ParamArray** können Sie eine beliebige Anzahl von Argumenten angeben. Es darf nicht zusammen mit **ByVal**, **ByRef** oder **Optional** verwendet werden.

VarName: Der Name der Variablen

Typ: Der Datentyp des Arguments

StandardWert: Eine Konstante oder ein Konstantenausdruck, der nur bei **Optional**-Parametern zulässig ist

Exit Sub: Führt zum unmittelbaren Verlassen der Prozedur.

Vorsicht
Sub-Prozeduren können sich selbst aufrufen, um eine bestimmte Operation durchzuführen (sie können also rekursiv sein). Rekursionen können jedoch zu Stapelüberläufen führen. Vermeiden Sie daher das Schlüsselwort **Static** in rekursiven **Sub**-Prozeduren.

Anmerkung
Sie können eine **Sub**-Prozedur nicht mit **GoSub**, **GoTo** oder **Return** aufrufen oder verlassen.

Time

```
Time = <Uhrzeit>
```

Stellt die aktuelle Systemzeit ein.

Anmerkung
Zum Auslesen der aktuellen Systemzeit verwenden Sie die Funktion **Time**.

Programmierbeispiel

Im folgenden Beispiel wird die Systemzeit auf 22:20 Uhr eingestellt.

```
Dim dtmTime
dtmTime = #10:20:00 PM#
Date = dtmDate
```

Type

```
[Private|Public] Type <VarName>
  <Elementname >[([<Indizes>])] As <DatenTyp>
  [<Elementname >[([<Indizes>])] As <DatenTyp>]
  ...
End Type
```

Sie verwenden diese Anweisung, um auf Modulebene benutzerdefinierte Datentypen mit einem oder mehreren Elementen zu definieren.

Private | Public: Deklariert benutzerdefinierte Typen, die allen Prozeduren in allen Modulen aller Projekte (**Public**) oder nur innerhalb des Moduls, in dem sie deklariert wurden (**Private**), zur Verfügung stehen.

VarName: Der Name des benutzerdefinierten Typs

Elementname: Der Name eines Elements des benutzerdefinierten Typs

Indizes: Die Dimensionen eines Datenfeldelements. Verwenden Sie Klammern nur für Deklarationen von Datenfeldern, deren Größe sich ändern kann. Die Syntax für das Argument **Indizes** ist:

```
[<Untergrenze> To] <Obergrenze> _
  [,[<Untergrenze> To] <Obergrenze>]...
```

Typ: Der Datentyp des Elements

Programmierbeispiel

Im folgenden Beispiel wird ein Datensatz für einen Kunden deklariert.

```
Private Type KundenInfo
  KundenNummer As String * 10
  VorName As String * 30
  NachName As String * 30
```

```
  Kategorie As String * 1
  Kreditlinie As Currency
End Type
```

Unload

```
Unload <Objekt>
```

Diese Anweisung entlädt ein Formular oder ein Steuerelement aus dem Hauptspeicher.

Anmerkung

Wenn ein Formular entladen wird, wird nur die angezeigte Komponente entladen. Der Code, der mit dem Modul des Formulars verbunden ist, bleibt im Hauptspeicher erhalten.

Programmierbeispiel

```
Unload MeinFormular
```

With

```
With <Objekt>
[<Anweisungen>]
End With
```

Diese Anweisung gibt einem Programm die Möglichkeit, eine Reihe von Anweisungen für ein einzelnes Objekt oder einen benutzerdefinierten Typ auszuführen, ohne den Namen des Objekts mehrmals angeben zu müssen.

Objekt: Der Name eines Objekts oder eines benutzerdefinierten Typs

Anweisungen: Eine oder mehrere Anweisungen, die für Objekt ausgeführt werden sollen

Programmierbeispiel

Im folgenden Beispiel werden Einträge in eine Variable **KundenInfo** getätigt.

```
With KundenInfo
  .KundenNummer = "47114812"
  .VorName = "Jutta"
  .NachName = "Schmidt"
  .Kategorie = "A"
  .Kreditlinie = 50000
End With
```

12 ADO (ActiveX Data Objects)

Mit Access 2000 hat Microsoft eine neue Technologie für Datenbankzugriffe angeboten, die *ADO* (ActiveX Data Objects) heißt. ADO wurde als benutzerfreundliche Schnittstelle auf Anwendungsebene für *OLE DB*, dem bisher letzten und leistungsfähigsten Datenzugriffsverfahren von Microsoft, konzipiert. Bei OLE DB handelt es sich um eine Gruppe von COM-Schnittstellen, die Anwendungen einen einheitlichen Zugriff auf Daten ermöglichen. Diese Schnittstellen unterstützen die DBMS-Funktionalitäten einer Datenquelle, so dass die Quelle ihre Daten mit anderen Systemen teilen kann. OLE DB soll auf Dauer ODBC ersetzen, das schon seit Jahren mit einer Reihe von strukturellen Problemen zu kämpfen hat. Access-Programmierer greifen normalerweise über ADO auf OLE DB zu. Die neuen, datenbezogenen Steuerelemente, die Datenumgebung und der Designer für Datenberichte sind OLE DB-bezogen.

Mit Hilfe von ActiveX-Data-Objekten können Sie auf Daten in einer Datenbank zugreifen, die von einer beliebigen OLE DB-Quelle bereitgestellt wird. OLE DB bietet einen sehr leistungsfähigen Zugriff auf eine beliebigen Datenquelle, einschließlich relationaler und nicht-relationaler Datenbanken, E-Mail- und Dateisysteme, Text und Grafiken, benutzerdefinierter Geschäftsobjekte und vielem mehr.

Die Art, wie OLE DB die Zugriffe auf Datenquellen durchführt, ist recht komplex. Glücklicherweise müssen Sie sich darum nicht kümmern, weil Ihre Schnittstelle zu dieser OLE DB-Schnittstelle die ADOs sind, die auf dem als Abbildung 12.1 dargestellten Objektmodell basieren.

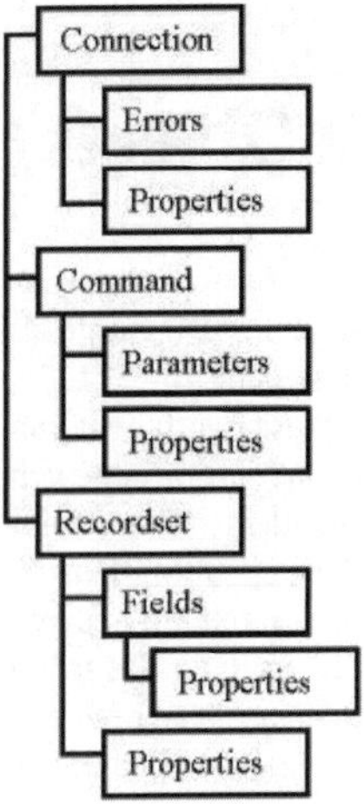

Abbildung 12.1: Das ADO-Objektmodell

Die oberste Ebene besteht aus den gleichberechtigten Objekten **Connection**, **Command** und **Recordset**. Alle drei verfügen über Auflistungen, die dann gleichnamige Objekte enthalten.

Eigentlich müsste als oberste hierarchische Ebene das **Collection**-Objekt stehen. Dieses Objekt kann andere Objekte enthalten.

ADO unterstützt vier Typen von Auflistungen:

- Das **Connection**-Objekt enthält die Collection **Errors**.
- Das **Command**-Objekt enthält die Collection **Parameters**.
- Das **Recordset**-Objekt enthält die Collection **Fields**.
- Die Objekte **Connection**, **Field** und **Recordset** enthalten alle eine Collection **Properties**, in der die entsprechenden **Property**-Objekte zu finden sind.

- **Connection**
  Eine Anwendung greift über eine Verbindung (Connection) auf eine Datenquelle zu. Die Verbindung ist notwendig, um Daten auszutauschen. Das Objekt **Connection** wird benutzt, um die Datenbank zu spezifizieren, die die Daten zur Verfügung stellt, und um zusätzliche Parameter vorzugeben (wie zum Beispiel Standarddatenbank, Cursortyp, Verbindungszeichenfolge, Verbindungszeitlimit und Abfragezeitlimit).
- **Command**
  Eine Anweisung (Command), die über eine eingerichtete Verbindung hinweg ausgeführt wird, kann eine Datenquelle auf die eine oder andere Art manipulieren. Das Objekt **Command** verwaltet Informationen zu einem Befehl.
- **Recordset**
  Falls es sich bei Ihrem Befehl um eine Abfrage handelt, erhalten Sie als Ergebnis eine Zeilenmenge zurück, die im Arbeitsspeicher in Form eines **Recordset**-Objekts verwaltet wird. Beachten Sie, dass ADO-Recordsets keinen speziellen Editiermodus kennen. Änderungen am aktuellen Datensatz, der sich im Kopierpuffer befindet, können also zu jeder Zeit vorgenommen werden, wobei diese Änderungen erst nach dem Ausführen der **Update**-Methode in die Datenbank übernommen werden. Neue Datensätze können nur hinzugefügt werden, wenn im Moment im Recordset keine Bearbeitung stattfindet (siehe auch die ADO-Eigenschaft **EditMode**).
- **Parameter**
  Es gibt Befehle, die vor ihrer Ausführung bestimmte Parameter erwarten. Wollen Sie beispielsweise mit dem Betrag weiterarbeiten, den eine Rechnung ausweist, müssen Sie diesen zunächst als Parameter in einem **Parameter**-Objekt hinterlegen. ADO-**Parameter**-Objekte können automatisch erstellt werden, indem man Abfragen an die Datenbank sendet.

- **Field**
  Eine Zeile eines **Recordset**-Objekts besteht aus einem oder mehreren Feldern, die in **Field**-Objekten abgelegt sind.
- **Error**
  Wenn Ihre Anwendung keine Verbindung zu einer Datenquelle aufbauen kann, wenn sie nicht in der Lage ist, einen Befehl abzuarbeiten, oder wenn Probleme beim Ausführen einer Operation auftauchen, spricht man von einem Fehler. Die entsprechenden Fehlerinformationen werden in einem **Error**-Objekt verwaltet.
- **Property**
  ADO-Objekte sind nicht statisch. Es besteht die Möglichkeit, dass ein Datenprovider individuelle Merkmale eines Objekts definiert. Diese Eigenschaften, die ursprünglich nicht vorhanden waren, nennt man auch *dynamische Eigenschaften.* Eigenschaften, die Visual-Basic-Objekte *per se* besitzen, heißen *integrierte Eigenschaften.*
- **Ereignisse**
  ADO nutzt – wie die anderen Schnittstellen von Visual Basic – Ereignisse, um Ergebnisse zu liefern. Es gibt zwei Arten von Ereignissen: **ConnectionEvents** (die ausgeführt werden, wenn Transaktionen vorgenommen, Befehle ausgeführt oder Verbindungen aufgebaut bzw. beendet werden) und **RecordsetEvents** (die benutzt werden, um den Fortschritt bei Änderungen im Datenbereich aufzuzeigen).
- **Eigenschaften**
  ADO-Objekte besitzen integrierte und dynamische Eigenschaftstypen: Integrierte Eigenschaften sind in ADO implementiert und stehen unter Verwendung der **MyObject.Property**-Syntax sofort für jedes neue Objekt zur Verfügung. Sie werden aber in der **Properties**-Auflistung eines Objekts nicht als **Property**-Objekte angezeigt, so dass Sie zwar ihre Werte ändern können, nicht aber ihre Merkmale. Wenn Sie also in diesem Kapitel von Eigenschaften lesen, sind immer die dynamischen Eigenschaften eines Objekts oder einer Auflistung gemeint.

Dynamische Eigenschaften werden durch den Datenprovider definiert, der der Aktion zugrunde liegt. Sie werden in der **Properties**-Auflistung für das entsprechende ADO-Objekt angezeigt. Diese zusätzlichen Eigenschaften werden als **Property**-Objekte in der **Properties**-Auflistung dieses **Recordset**-Objekts angezeigt. Auf dynamische Eigenschaften kann nur durch die Auflistung unter Verwendung der folgenden Syntax verwiesen werden: **MeinObjekt.Properties(0)** oder **MeinObjekt.Properties("Name")**.

Dateisystemobjekte

Die ADO-Dateisystemobjekte bieten die Möglichkeit, Routinen für Zugriffe auf das Dateisystem zu entwickeln. Sie können mit diesen Objekten Routinen zum Durchlaufen des Dateisystems und zum Erstellen von Textdateien und Ordnern (Verzeichnissen) erstellen.

Formatobjekte

Mit einem Format*objekt* können Sie die zwischen einer Datenbank und einem gebundenen Objekt weitergeleiteten Daten formatieren. Dieser Vorgang ist vergleichbar mit der Formatierung von Werten, die Sie über die Format*funktion* setzen können. Wenn ein Wert aus einer Datenbank gelesen wird, fügen die Formatobjekte Formatierungen hinzu, die für das gebundene Steuerelement geeignet sind.

Datenbindung

Wenn Sie Steuerelemente auf Formularen aneinander binden, haben Sie es mit einem statischen Vorgang zu tun. Setzen Sie aber ADO ein, ist es möglich, eine beliebige ADO/OLE DB-Datenquelle an einen beliebigen ADO/OLE DB-Datennutzer (zum Beispiel einem **DataGrid**-Steuerelement) zu binden, wobei die **DataSource**-Eigenschaft von Steuerelementen auch zur Laufzeit gesetzt werden kann. Damit erfolgt die Bindung an die Datenquellen dynamisch.

Das **BindingsCollection**-Objekt gibt Ihnen die Möglichkeit, selbst erstellte Klassen, bei denen es sich um Datenquellen und Datennutzer handeln kann, zu binden. Sie können individuelle Benutzersteuerelemente erstellen, die, ähnlich wie das ADO-Datensteuerelement, Datenquellen darstellen. Darüber hinaus lassen sich Benutzersteuerelemente erstellen, die, ähnlich wie das ADO Datentabellen-Steuerelement (**DataGrid**), komplex gebunden sind.

Weitergabe von ADO-Recordsets

ADO-Recordsets können über Vorgänge und (mit HTTP oder DCOM) sogar über Rechner hinweg weitergegeben werden. Damit erhalten Sie eine effiziente Methode, um Daten in einer mehrschichtigen Anwendung zwischen den Schichten zu verschieben.

12.1 Objekte und Auflistungen

Command

Dieses Objekt definiert eine SQL-Anweisung.

Enthält: Parameters (Auflistung), Properties (Auflistung)

Eigenschaften: ActiveConnection, CommandText, CommandTimeout, CommandType, Name, Prepared, State

Methoden: Cancel, Create, Execute

Anmerkung

Bevor man auf eine Datenquelle zugreifen kann, muss ein **Connection**-Objekt eingerichtet werden.

Programmierbeispiel

```
Dim cmd As New Command
Set cmd.ActiveConnection = meineConn
cmd.CommandText = "SELECT * FROM Artikel"
```

Connection

Dieses Objekt ermöglicht den Austausch von Daten. Es muss existieren, damit man auf eine Datenquelle zugreifen kann.

Enthält: Errors (Auflistung), Properties (Auflistung)

Eigenschaften: Attributes, CommandTimeout, ConnectionString, ConnectionTimeout, CurrentLocation, DefaultDatabase, IsolationLevel, Mode, Provider, State, Version

Methoden: BeginTransaction, Cancel, Close, CommitTransaction, Execute, Open, OpenSchema, RollbackTransaction, Save

Ereignisse: BeginTransaction, CommitTransaction, ConnectComplete, Disconnect, ExecuteComplete, InfoMessage, RollbackTransaction, WillConnect, WillExecute

Programmierbeispiel

Im folgenden Beispiel greifen Sie auf eine bereits in Access geöffnete Datenbank zu.

```
Dim meineConn As New Connection
Set meineConn = Application.CurrentProject.Connection
```

Error

Dieses Objekt stellt die Einzelheiten eines Fehlers bei einer Verbindung (einem Datenzugriff) dar.

Bestandteil von: Errors (Auflistung)

Eigenschaften: Description, HelpContext, NativeError, Number, Source, SQLState

Anmerkung

Jedes **Error**-Objekt stellt einen bestimmten Providerfehler, aber keinen ADO-Fehler dar. ADO-Fehler werden über die Laufzeitfehlerbehandlung bearbeitet. In Microsoft Visual Basic beispielsweise löst das Auftreten eines ADO-spezifischen Fehlers ein **On Error**-Ereignis aus, und der Fehler wird im **Error**-Objekt angezeigt. Eine vollständige Liste der ADO-Fehler finden Sie in der Microsoft-Access-Hilfe unter dem Eintrag **ErrorValueEnum** der »ADO-Konstanten«. Diese Konstanten stehen im Abschnitt »ADO-API-Referenz« in »Microsoft ActiveX Data Objects (ADO)« der »Microsoft ADO Programmer's Reference«.

Programmierbeispiel

Sie finden im Kapitel *Objekte* ein Anwendungsbeispiel für das **Error**-Objekt.

Errors

Diese Auflistung enthält alle **Error**-Objekte, die als Reaktion auf einen einzelnen Fehler in der Verbindung erstellt worden sind.

Bestandteil von: Connection (Objekt)

Enthält: Error (Objekt)

Eigenschaften: Count, Item

Methoden: Clear, Refresh

Anmerkung

Alle **Error**-Objekte lassen sich mit der **Clear**-Methode aus der Auflistung entfernen.

Field

Jedes dieser Objekte stellt eine Spalte eines **Recordset**- oder **Record**-Objekts dar.

Bestandteil von: Fields (Auflistung)

Eigenschaften: ActualSize, Attribute, DefinedSize, Name, NumericScale, OriginalValue, Precision, Status, Type, UnderlyingValue, Value

Methoden: AppendChunk, GetChunk

Programmierbeispiel

Im folgenden Beispiel wird in einer Tabelle ein temporäres, leeres Feld erstellt.

```
Set F = New Field
  With F
    .Name = "Artikelnummer"
    .Type = dbText
    .Size = 10
  End With
```

Fields

Diese Auflistung enthält alle **Field**-Objekte, die mit einem **Recordset**-Objekt verbunden sind.

Bestandteil von: Recordset (Objekt)

Enthält: Fields (Auflistung)

Eigenschaften: Count, Item

Methoden: Append, CancelUpdate, Delete, Refresh, Resync, Update

Parameter

Dieses Objekt stellt einen Parameter oder ein Argument einer SQL-Anweisung dar. Es ist mit einem **Command**-Objekt verbunden und wird mit der **CreateParameter**-Methode dieses Objekts erzeugt. Die allgemeine Anweisung dazu lautet:

```
Set Parameter = Command.CreateParameter_
  (Name, Type, Direction, Size, Value)
```

Bestandteil von: Parameters (Auflistung)

Eigenschaften: Attributes, Direction, Name, NumericScale, Precision, Size, Type, Value

Methoden: AppendChunk, Delete

Programmierbeispiel

Im folgenden Auszug eines Quelltextes wird gezeigt, wie man die Preise aller Artikel mit einem Parameter `Zuschlag` um zehn Prozent erhöhen kann.

```
Dim recSet AS New ReordSet
Dim cmd AS New Command
Dim parZuschlag as New Parameter
cmd.CommandText = "UPDATE artikel
  SET preis = preis * [Zuschlag]
...
Set parZuschlag = cmd.CreateParameter_
  ("preis", adCurrency, adParamInput)
cmd.Parameters.Append parZuschlag
par.Value = 1.1
...
Set recSet = cmd Execute
```

Parameters

Diese Auflistung enthält alle **`Parameter`**-Objekte, die mit einem **`Command`**-Objekt verbunden sind.

Bestandteil von: Command (Objekt)

Enthält: Parameter (Objekt)

Eigenschaften: Count, Item

Methoden: Append, Delete, Refresh

Properties

Diese Auflistung enthält alle **`Property`**-Objekte, die mit einem **`Connection`**-, **`Command`**-, **`Recordset`**- oder **`Field`**-Objekt verbunden sind.

Bestandteil von: Command (Objekt), Connection (Objekt), Field (Objekt), Recordset (Objekt)

Enthält: Property (Objekt)

Eigenschaften: Count, Item

Programmierbeispiel

Sie finden ein Programmierbeispiel im Kapitel *Objekte* unter der Auflistung **`Properties`**.

Property

Dieses Objekt stellt ein Merkmal eines ADO-Objekts dar. Jedes **`Property`**-Objekt entspricht einem Merkmal des ADO-Objekts, das spezifisch für den Provider ist.

Bestandteil von: Properties (Auflistung)

Eigenschaften: Attributes, Name, Type, Value

Programmierbeispiel

Sie finden ein Programmierbeispiel im Kapitel *Objekte* unter der Auflistung **`Properties`**.

Recordset

Dieses Objekt ermöglicht das Bearbeiten von Daten, die im Normalfall von einem Server auf einen Client geladen worden sind. Ein Recordset wird auch als *Datensatzgruppe* bezeichnet, von denen es zwar fünf verschiedene gibt, von denen uns wiederum nur drei interessieren: Dynaset, Table und Snapshot.

Die Recordset-Variante *Table* (Tabelle) repräsentiert direkt eine Tabelle. Die Datensatzgruppe enthält alle Datensätze, die in der Tabelle enthalten sind. Die Suche kann nur innerhalb von Datenfeldern durchgeführt werden, die mit einem Index versehen sind.

Die zweite Variante, das *Dynaset*, ist das Ergebnis einer Abfrage, die über mehrere verknüpfte Tabellen gehen kann. Der Zwang, eine Suche nur innerhalb indexierter Felder durchführen zu können, existiert beim Dynaset nicht.

Bei einem *Snapshot* handelt es sich um eine Momentaufnahme einer Gruppe von Datensätzen. Snapshots werden immer dann eingesetzt, wenn man in einer Mehrbenutzerumgebung ausschließen möchte, dass es während einer Auswertung zu Änderungen an den Datensätzen kommt.

Enthält: Fields (Auflistung), Properties (Auflistung)

Eigenschaften: AbsolutePage, AbsolutePosition, ActiveCommand, ActiveConnection, BOF, Bookmark, CacheSize, CursorLocation, CursorType, DataMember, EditMode, EOF, Filter, Index, LockType, MarshalOptions, MaxRecords, PageCount, PageSize, RecordCount, Sort, Source, State, Status, StayInSync

Methoden[1]**:** AddNew (D,T), CancelBatch, Cancel, CancelUpdate (D,T), Clone, Close, CompareBookmarks, Delete (D,T), Edit (D,T), Find, FindFirst (D,S), FindLast (D,S), FindNext (D,S), FindPrevious (D,S), GetRows, GetString, Move, MoveFirst, MoveLast, MoveNext, MovePrevious, NextRecordset, Open, Requery (D,S), Resync, Save, Seek (D,T), Supports, Update (D,T), UpdateBatch

Ereignisse: EndOffRecordset, FetchComplete, FetchProgress, FieldChangeComplete, MoveComplete, RecordChangeComplete, RecordsetChangeComplete, WillChangeField, WillChangeRecord, WillChangeRecordset, WillMove

1. Einige dieser Methoden kommen nur bei bestimmten Varianten eines Recordsets vor: D = Dynaset, T = Table, S = Snapshot

Wichtig

Sie sollten den Einsatz von Recordsets auf ein notwendiges Minimum beschränken, weil das Arbeiten mit Aktionsabfragen im Regelfall schneller ist und mit einer geringeren Belastung Ihres Netzwerks durchgeführt werden kann.

Programmierbeispiel

Im folgenden Beispiel werden bestimmte Artikel um zehn Prozent verteuert. Die Anzahl der Artikel, die von der Preiserhöhung betroffen sind, wird in einem Meldungsfenster ausgegeben.

```
Dim meinRecSet AS New Recordset
Dim sqlAbfrage AS String
Dim intAnzahl AS Integer
sqlAbfrage = "UPDATE artikel SET _
  preis = preis * 1.1 WHERE preis < 150"
Set meinRecSet = myCon.Execute_
  (sqlAbfrage, intAnzahl, adCmdText)
MsgBox Str$(intAnzahl)
```

12.2 Eigenschaften

ActiveConnection

```
<Ausdruck>.ActiveConnection
```

Diese Eigenschaft ordnet dem **Command**-Objekt vor Aufruf von **Execute** ein **Connection**-Objekt zu.

Ausdruck: Command, Record oder Recordset

Programmierbeispiel

```
Dim meineConn As New Connection
Dim meinCmd As New Command
'Definieren der Verbindung
...
Set meinCmd.ActiveConnection = meineConn
```

BOF
EOF

```
<Recordset>.BOF
<Recordset>.EOF
```

Diese Eigenschaften zeigen an, dass der Datensatzzeiger vor dem ersten (BEO – Begin Of File) bzw. hinter dem letzen (EOF – End Of File) Datensatz positioniert ist. Die Eigenschaften können die Werte **True** und **False** zurückgeben.

Recordset: Name des **Recordset**-Objekts

> **Wichtig**
> Sie sollten es vermeiden, den Datensatzzeiger auf der BOF- bzw. EOF-Position stehen zu lassen, weil dies keine gültige Datensatzposition ist.

Programmierbeispiel

Im folgenden Beispiel sollen so lange Daten ausgegeben werden, bis das Ende des Recordsets erreicht ist. Danach wird der Datensatzzeiger auf den letzten Datensatz positioniert.

```
Sub DatenAusgeben()
  Dim meineDB As Database
  Dim meinRecSet As Recordset
  Set meineDB = CurrentDB
  Set meinRecSet = _
```

```
    meineDB.OpenRecordset("Artikel")
  Do While meinRecSet.EOF = False
...
  Loop
  If meinRecSet.EOF Then
    meinRecSet.MoveLast
End Sub
```

Bookmark (Lesezeichen)

```
<Recordset>.Bookmark
```

Sie können mit dieser Eigenschaft einen bestimmten Datensatz im Recordset markieren, um ihn später wieder problemlos zum aktuellen Datensatz zu machen. Bookmarks verlieren ihre Gültigkeit, wenn die Datensatzgruppe, auf die sie sich beziehen, geschlossen wird.

Recordset: Name des **Recordset**-Objekts

Programmierbeispiel

Im folgenden Beispiel wird ein Recordset abgefragt und ein eventueller Treffer mit der Bookmark-Eigenschaft in einer Variablen hinterlegt.

```
Dim meineDB As Database
Dim meinRecSet As Recordset
Dim meinBook As String
Set meineDB = CurrentDB
Set meinRecSet = meineDB.Openrecordset_
  ("Artikel", dbOpenDynaset)
meinRecSet.FindFirst "ArtNr = ""A23B34"""
  If meinRecSet.NoMatch = False Then
    meinBook = meinRecSet.Bookmark
  End If
```

Sie greifen wie folgt wieder auf das Lesezeichen zu:

```
meinRecSet.Bookmark = meinBook
```

CommandText

`<Command>.CommandText`

Diese Eigenschaft enthält den auszuführenden Befehl in Form einer Zeichenfolge. Der Typ des Befehls wird über die **CommandType**-Eigenschaft definiert.

Command: Name des **Command**-Objekts

Programmierbeispiel

```
Dim updateCmd As New Command
With updateCommand
  Set .ActiveConnection = meineConn
  .CommandType = adCmdText
  .CommandText = "UPDATE artikel SET _
    artikel = artikel * 1.1 WHERE Preis < 150"
  .Execute
End With
```

CommandType

`<Command>.CommandType`

Diese Eigenschaft verweist auf den Typ des auszuführenden Befehls.

Command: Name des **Command**-Objekts

Einstellungen

Gültige Werte für diese Eigenschaft sind die Konstanten **adCmdStoredProc** (**CommandType** enthält den Namen einer auf einem SQL-Server gespeicherten Prozedur), **adCmdTable** (**CommandType** enthält den Namen einer Tabelle bzw. einer in einer Jet-Datenbank gespeicherten Abfrage), **adCmdText** (**CommandType** enthält eine SQL-Anweisung) und **adCmdUnknown** (gilt immer dann, wenn **CommandType** nicht zugewiesen wird).

Programmierbeispiel

Siehe die Eigenschaft **CommandText**.

CursorLocation

`<Ausdruck>.CursorLocation = <Einstellung>`

Diese Eigenschaft bestimmt den Ort, an dem die durch eine Datenbankabfrage gelieferten Datensätze verwaltet werden.

Ausdruck: Connection oder Recordset

Einstellung: Legt den Ort der Cursorverwaltung fest. Diese kann entweder auf dem Client (**adUseClient**) oder (standardmäßig) auf dem Server (**adUseServer**) stattfinden.

> **Wichtig**
> Leiten Sie die Cursorverwaltung auf den Client um. Bei Zugriffen auf einen SQL-Server sind clientseitige Cursor schneller als serverseitige, und bei Zugriffen auf Jet-Datenbanken (**.mdb**) sind sie in der Regel problemloser zu handhaben.

Programmierbeispiel

```
Dim meineConn As New Connection
meinConn.CursorLocation = adUseClient
meinConn.Open "Provider = ..."
```

EditMode

`<Recordset>.EditMode`

Sie können mit dieser Eigenschaft herausfinden, ob sich der aktuelle Datensatz in der Bearbeitung befindet.

Recordset: Name des **Recordset**-Objekts

Einstellungen

adEditNone (**0**) zeigt an, dass derzeit keine Bearbeitung stattfindet. Sind Daten im aktuellen Datensatz geändert, aber noch nicht gespeichert worden, wird **adEditInProgress** (**1**) angezeigt. **adEditAdd** (**2**) zeigt an, dass die Methode **AddNew** aufgerufen wurde und dass der aktuelle Datensatz im Kopierpuffer ein neuer Datensatz ist, der noch nicht in der Datenbank gespeichert wurde, während **adEditDelete** (4) anzeigt, dass der aktuelle Datensatz gelöscht wurde.

Programmierbeispiel

Bevor ein neuer Datensatz angelegt werden kann, wird geprüft, ob der aktuelle Datensatz gespeichert worden ist, gegebenenfalls wird er gespeichert.

```
If meinRecSet.EditMode = adEditInProgress Then
  meinRecSet.Update
  meinrecSet.AddNew
  meinRecSet.Fields("ArtikelNr") = "23ANA42"
End If
```

Filter

```
<Recordset>.Filter
```

Sie können mit dieser Eigenschaft bestimmte Datensätze aus einer Menge vorhandener Datensätze eines Recordsets filtern.

Recordset: Name des **Recordset**-Objekts

Einstellungen

Sie können als Einstellungen Zeichenfolgen, Bookmarks und vordefinierte Konstanten verwenden.

Zeichenfolge: **Feldname - Operator - Wert**

Feldname muss ein gültiger Feldname aus dem **Recordset**-Objekt sein. Falls der **Feldname** Leerstellen enthält, müssen Sie den Namen in eckige Klammern einschließen. **Operator** muss einer der folgenden Operatoren sein: <, >, <=, >=, <>, = oder **LIKE**. **Wert** ist der Wert, der mit den Feldwerten verglichen wird. Der gesamte Ausdruck muss in doppelten Anführungszeichen stehen. Handelt es sich bei **Wert** um eine Zeichenfolge, wird sie in einfache Anführungszeichen gesetzt (zum Beispiel **"ArtikelNr = '24DA67'"**).

Bookmark: Hierbei handelt es sich um Lesezeichen, die eindeutig auf Datensätze im Recordset verweisen.

Konstante: Die Konstante **adFilterAffectedRecords** (2) zeigt nur die Datensätze an, die von dem letzten **Delete-**, **Resync-**, **UpdateBatch-** oder **CancelBatch-**Aufruf betroffen sind. **adFilterConflictingRecords** (5) zeigt nur die Datensätze an, die die letzte Stapelaktualisierung nicht erfolgreich abgeschlossen haben. **adFilterFetchedRecords** (3) zeigt nur die Datensätze im aktuellen Cache an, das heißt die Ergebnisse des letzten Aufrufs zum Abrufen von Datensätzen aus der Datenbank. **adFilterPendingRecords** (1) zeigt nur die Datensätze an, die noch nicht an den Server geschickt wurden. Diese Konstante ist nur für den Stapelaktualisierungsmodus anwendbar. **adFilterNone** (0) entfernt den aktuellen Filter und stellt alle Datensätze für die Anzeige wieder her.

Programmierbeispiel

Das folgende Beispiel filtert alle Artikel eines bestimmten Lieferanten, dessen Lieferantennummer man in ein Textfeld eingibt. Die Anzahl der Artikel, die von diesem Lieferanten stammen, wird in einem Bezeichnungsfeld ausgegeben.

```
strLiefNr = txtLiefNr.Value
meinRecSet.Filter = "LieferantNr LIKE '" _
  & "strLiefNr"'"
lblErgebnis.Caption = meinRecSet.RecordCount
```

RecordCount

```
<Recordset>.RecordCount
```

Diese Eigenschaft gibt die Anzahl der (gefilterten) Datensätze in einem Recordset zurück.

Recordset: Name des **Recordset**-Objekts

Programmierbeispiel

Im folgenden Beispiel soll nur dann etwas geschehen, wenn das Recordset mindestens einen Datensatz enthält.

```
Dim meinRecSet As Recordset
...
Set meinRecSet = db.OpenRecordset("Artikel")
If meinRecSet.RecordCount > 0 Then
...
```

Sort

```
<Recordset>.Sort [<Feldname> [ASC | DESC],...]
```

Bei dieser Eigenschaft handelt es sich um eine Zeichenfolge aus einem oder mehreren Feldnamen, nach denen die Sortierung im **Recordset**-Objekt durchgeführt wird. Außerdem wird festgelegt, ob die einzelnen Felder in aufsteigender oder absteigender Reihenfolge sortiert werden.

Recordset: Name des **Recordset**-Objekts

Feldname: Der Name des Feldes oder der Felder, nach dem bzw. nach denen sortiert werden soll. Mehrere Felder werden durch Kommata abgetrennt.

ASC | DESC: Legt fest, ob die Sortierrichtung eines Feldes auf- oder absteigend sein soll. Die aufsteigende Sortierung (**ASC**) ist der Standard.

Programmierbeispiel

Im folgenden Beispiel werden die Umsätze von Außendienstlern in den Bundesländern aufgeführt. Bei gleichen Bundesländern soll nach fallenden Umsätzen sortiert werden.

```
meinRecSet.Sort = "BundLand, Umsatz DESC"
```

12.3 Methoden

AddNew

```
<Recordset>.AddNew <FeldListe>, <Werte>
```

Sie können mit dieser Methode in einem Recordset neue Datensätze erzeugen, die man dann mit der **Update**-Methode in die Datenbank befördert.

Recordset: Name des **Recordset**-Objekts

FeldListe: Ein einzelner Name oder ein Array mit den Namen der Felder, die für den neuen Datensatz benötigt werden.

Werte: Ein einzelner Wert oder ein Array mit den Werten für die Felder im neuen Datensatz.

Programmierbeispiel

Im folgenden Beispiel werden Angaben zu einem neuen Datensatz abgefragt, und der Datensatz wird angelegt und abgespeichert.

```
strArtikelNr = Trim(InputBox_
  ("Geben Sie die Artikelnummer ein:"))
strArtBezeichnung = Trim(InputBox_
  ("Geben Sie die Artikelbezeichnung ein:"))
strPreis = Trim(InputBox_
  ("Geben Sie den Preis ein:"))
curPreis = CCur(strPreis)
rsetArtikel.AddNew
rsetArtikel!ArtikelNr = strArtikelNr
rsetArtikel!ArtBezeichnung = strArtBezeichnung
rsetArtikel!Preis = curPreis
rsetArtikel.Update
```

CancelUpdate

```
<Recordset>.CancelUpdate
<Record>.Fields.CancelUpdate
```

Sie können diese Methode verwenden, um im **Recordset**-Objekt alle an der aktuellen Zeile vorgenommenen Änderungen oder eine neu hinzugefügte Zeile zu verwerfen. Diese Methode bricht alle anstehenden Einfügungen oder Löschvorgänge des **Field**-Objekts ab, bricht anstehende Aktualisierungen vorhandener Felder ab und stellt wieder ihre originalen Werte her.

Recordset: Der Name des **Recordset**-Objekts, für das die Änderung(en) rückgängig gemacht werden soll(en).

Record: Der Name des **Record**-Objekts, für das die Änderung(en) rückgängig gemacht werden soll(en).

Programmierbeispiel

Dieses Beispiel baut auf dem Beispiel der Methode **AddNew** auf. Fügen Sie an Stelle der **Update**-Anweisung eine Ausgabe (**MsgBox**) der neuen Datensatzinhalte ein, und fragen Sie die Schaltflächen dieses Meldungsdialogfensters ab.

```
If MsgBox(strMessage, vbYesNoCancel) = vbYes Then
  rsetArtikel.Update
  MsgBox "Daten im Recordset = " _
    & rsetArtikel!ArtikelNr & ", " & _
  rsetArtikel!ArtBezeichnung & " " & _
    rsetArtikel!Preis
Else
  rstEmployees.CancelUpdate
  MsgBox "Es wurde kein neuer Datensatz erzeugt."
End If
```

Close

```
<Ausdruck>.Close
```

Sie schließen mit dieser Methode ein geöffnetes Objekt sowie alle abhängigen Objekte.

Ausdruck: Connection (Objekt), Record (Objekt), Recordset (Objekt), Stream (Objekt)

Anmerkung

Das Schließen eines Objekts entfernt dieses nicht aus dem Speicher. Sie können seine Eigenschaftseinstellungen ändern und es zu einem späteren Zeitpunkt öffnen. Um ein Objekt völlig aus dem Speicher zu löschen, legen Sie nach dem Schließen des Objekts die Objektvariable auf **Nothing** fest.

Programmierbeispiel

```
...
rsetArtikel.Close
conn.Close
```

Delete

```
<Recordset>.Delete [Datensätze]
```

Sie können mit dieser Methode den aktuellen Datensatz oder eine Gruppe von Datensätzen löschen.

Recordset: Name des **Recordset**-Objekts, in dem Datensätze gelöscht werden sollen

Datensätze: Eine Konstante, die die Anzahl der durch die **Delete**-Methode beeinflussten Datensätze bestimmt. Gültige Werte sind **adAffectCurrent** (1) (es wird nur der aktuelle Datensatz gelöscht) und **adEffectGroup** (2) (alle Datensätze, die der vorher gesetzten **Filter**-Eigenschaft genügen, werden gelöscht (die für diese Eigenschaft gültigen Einstellungen sind als Bestandteil der Beschreibung der Eigenschaft in diesem Kapitel aufgeführt). Der Standardwert ist **adAffectCurrent**.

Anmerkungen

Datensätze können nur dann gelöscht werden, wenn im Moment keine Bearbeitung stattfindet.

Programmierbeispiel

Es wird der aktuelle Datensatz gelöscht.

```
If meinRecSet.EditMode = adEditNone
  meinRecSet.Delete
  meinRecSet.Update
End If
```

Es werden alle Datensätze gelöscht, die sich als Ergebnis der letzten Abfrage im Zwischenspeicher befinden.

```
meinRecSet.Filter = adFilterFetchedRecords
...
meinRecSet.Delete adAffectGroup
```

Execute

```
<Command>.Execute
```

Sie können mit dieser Methode eine Abfrage, eine SQL-Anweisung oder eine gespeicherte Prozedur ausführen, die in der **CommandText**-Eigenschaft angegeben ist.

Command: Der Name des **Command**-Objekts

Anmerkungen

Sie können die **Execute**-Methode problemlos dann aufrufen, wenn Sie dem **Command**-Objekt die Eigenschaften **ActiveConnection**, **CommandText** und **CommandType** zugewiesen haben.

Programmierbeispiel

Bei einem geöffneten Verbindungsobjekt wird eine **UPDATE**-Anweisung ausgeführt.

```
Dim newCmd As New Command
With newCmd
```

```
  Set .ActiveConnection = meineConn
  .CommandType = adCmdText
  .CommandText = "UPDATE Artikel Set_
    Preis = Preis * 1.1 WHERE _
    Preis < 100
  .Execute
End With
```

Find

```
<Recordset>.Find Kriterium, [SkipRows], _
  [SuchRichtung], [Start]
```

Sie können mit dieser Methode in einem Recordset nach dem Datensatz suchen, der dem angegebenen Kriterium entspricht

Recordset: Der Name des Recordset-Objekts, in dem gesucht werden soll.

Kriterium: Eine Suchanweisung

SkipRows: Ein Wert, der den Zeilenoffset der aktuellen Zeile oder das Start-Lesezeichen angibt, an dem mit der Suche begonnen wird. Der Standardwert ist null.

SuchRichtung: Eine Konstante, die die Suchrichtung vorgibt. **adSearchForward** sucht in Richtung Ende des Recordsets, während **adSearchBackward** in Richtung Recordsetanfang sucht.

Start: Ein Bookmark, das als Startposition für die Suche dient

Programmierbeispiel

Im folgenden Beispiel wird eine Verbindung zu einer SQL-Datenbank geöffnet, um nach Artikeln zu suchen, die von einem bestimmten Lieferanten stammen.

```
meineConn.Open "DSN=Artikel; _
  Provider=MSDASQL; uid=sa; pwd=;"
meinRecSet.Open "SELECT title_id FROM titles", _
  meineConn, adOpenStatic, adLockReadOnly, _
  adCmdText
```

```
meinRecSet.Find "LiefName = 'Rupply'"
```

FindFirst
FindLast

```
<Recordset>.FindFirst Kriterium
<Recordset>.FindLast Kriterium
```

Sie suchen mit Hilfe dieser Methoden den ersten bzw. letzten Datensatz im Recordset, der dem Suchkriterium entspricht.

Recordset: Der Name des **Recordset**-Objekts, in dem gesucht werden soll

Kriterium: Eine Suchanweisung

Programmierbeispiel

Im folgenden Beispiel werden alle Datensätze der Tabelle `Artikel` nach dem Lieferanten `Rupply` durchsucht und ausgegeben.

```
Dim dbank As Database
Dim meinRecSet As Recordset
Dim kriterium As String
Set dbank = CurrentDB()
Set meinRecSet = dbank.OpenRecordset_
  ("Artikel", dbOpenDynaset)
kriterium = "Lieferant = 'Rupply'"
meinRecSet.FindFirst kriterium
Do While meinRecSet.NoMatch = False
  Debug.Print meinRecSet!ArtikelName
  meinRecSet.FindNext kriterium
Loop
```

FindNext
FindPrevious

```
<Recordset>.FindNext
<Recordset>.FindPrevious
```

Sie suchen mit Hilfe dieser beiden Methoden nach dem nächsten bzw. vorherigen Datensatz, der einer mit **Find** oder **FindFirst** bzw. **FindLast** vorgegebenen Bedingung entspricht.

Recordset: Der Name des **Recordset**-Objekts, in dem gesucht werden soll

Programmierbeispiel

Siehe die Methode **FindFirst**.

Move

```
<Recordset>.Move [Anzahl], [Start]
```

Diese Methode verschiebt den Datensatzzeiger in einem **Recordset**-Objekt.

Recordset: Der Name des **Recordset**-Objekts, in dem gesucht werden soll

Anzahl: Ein ganzzahliger Wert, der die Anzahl der Datensätze festlegt, um die die aktuelle Datensatzposition verschoben werden soll.

Start: Ein Bookmark, das als Startposition für die Suche dient

MoveFirst
MoveLast
MoveNext
MovePrevious

```
<Recordset>.MoveFirst
<Recordset>.MoveLast
<Recordset>.MoveNext
<Recordset>.MovePrevious
```

Sie verschieben den Datensatzzeiger mit Hilfe dieser Methoden auf den ersten, den letzten, den nächsten bzw. den vorherigen Datensatz im **Recordset**-Objekt.

OpenRecordset

```
<Datenbankobjekt>.OpenRecordset_
  (<Datenquelle>[, <Typ>])
```

Sie erzeugen mit dieser Methode ein neues **Recordset**-Objekt.

Datenbankobjekt: Ein Objekt vom Typ **Database**

Datenquelle: Die Tabelle oder Abfrage, die als Datenquelle dient

Typ: Der Typ der Datensatzgruppe, der erstellt werden soll. Mögliche Werte sind **adOpenDynaset**, **adOpenSnapshot** und **adOpenTable**.

Programmierbeispiel

```
Dim dbank As Database
Dim meinRecSet As Recordset
Set dbank = CurrentDB()
Set meinRecSet = dbank.OpenRecordset_
  ("SELECT * FROM Artikle")
```

Update

```
<Recordset>.Update [<Felder>][, Werte]
<Record>.Fields.Update
```

Mit Hilfe dieser Methode werden Änderungen der aktuellen Zeile eines **Recordset**-Objekt oder der **Fields**-Auflistung eines **Record**-Objekts gespeichert.

Recordset: Name des **Recordset**-Objekts, dessen aktueller Datensatz gespeichert werden soll

Felder: Stellt die einzelnen Namen der Felder dar, die geändert werden sollen.

Werte: Bildet die Werte im aktuellen Datensatz ab.

Wichtig

Sie können auf die Anwendung der **Update**-Methode verzichten, wenn Sie zu einem anderen Datensatz wechseln. Dabei erfolgt die Übernahme der Änderungen in die Datenbank automatisch.

Programmierbeispiel

Im folgenden Beispiel wird ein Datensatz geändert und in der Datenbank gespeichert.

```
meinRecSet!Preis = neuPreis
meinRecSet.Update
```

12.4 Ereignisse

ADO-Ereignisse sind nur in einer weitaus geringeren Zahl vorhanden als normale Visual-Basic-Ereignisse. Sie lassen sich grob in folgende Bereiche einteilen:

- Transaktionsmanagement (**BeginTransComplete**, **RollbackTransComplete** und **CommitTransComplete**). Diese Ereignisse werden aufgerufen, nachdem die aktuelle Transaktion auf der Verbindung, dem **Connection**-Objekt, gestartet, ausgeführt oder zurückgesetzt wurde.
- Verbindungsmanagement (**WillConnect**, **ConnectComplete** und **Disconnect**). Diese Ereignisse reagieren auf eine Benachrichtigung, dass die aktuelle Verbindung starten wird, gestartet oder beendet wurde.
- Befehlsausführungsmanagement (**WillExecute** und **ExecuteComplete**). Diese Ereignisse reagieren auf eine Benachrichtigung, dass die Ausführung des aktuellen Befehls auf der Verbindung starten wird oder beendet wurde.
- Fehlerbehandlung (**InfoMessage** und **OnError**). Diese Ereignisse werden immer dann aufgerufen, wenn während einer Operation eine Warnung bzw. ein Fehler auftritt.

- Behandlung des Abfragestatus (**FetchComplete** und **FetchProgress**). Benachrichtigung über den Fortschritt der Datenabrufoperation oder über die Beendigung der Abrufoperation.
- Feldänderungsmanagement (**FieldChangeComplete** und **WillChangeField**). Diese Ereignisse reagieren auf die Benachrichtigung, dass sich der Wert des aktuellen Feldes ändert oder geändert hat.
- Navigationsmanagement (**EndOfRecordset**, **MoveComplete** und **WillMove**). Diese Ereignisse reagieren auf die Benachrichtigung, dass sich die aktuelle Zeilenposition in einem **Recordset**-Objekt ändert, geändert hat oder das Ende des **Recordset**-Objekts erreicht wurde.
- Zeilenänderungsmanagement (**RecordChangeComplete** und **WillChangeRecord**). Diese Ereignisse werden aufgerufen, wenn sich Daten in der aktuellen Zeile eines Recordset-Objekts ändern werden oder geändert haben.
- Änderungsmanagement (Recordset, RecordsetChangeComplete und WillChangeRecordset). Diese Ereignisse werden aufgerufen, wenn sich Daten im aktuellen Recordset-Objekt ändern werden oder geändert haben.

Da ADO-Ereignisse nur in wenigen Ausnahmefällen benötigt werden, wird auf eine ausführlichere Behandlung verzichtet.

13 Datenexport/ Datenimport

Daten, die Sie in Access erzeugen, können über die Exportfunktion von Access auch anderen Anwendungen zur Verfügung gestellt werden. Sie haben die Möglichkeit, nicht nur Tabellen, sondern so ziemlich jedes Objekt zu exportieren, das im Datenbankmodul von Access erstellt werden kann. Und so, wie Sie in der Lage sind, Objekte zu exportieren, können Sie sie auch in das Access-System importieren. Da die Vorgehensweise in beiden Fällen fast identisch ist, erfahren Sie hier die Einzelheiten des Exports. Wenn Sie Daten importieren wollen, gehen Sie einfach analog zu den beschriebenen Schritten vor und ersetzen einfach »Export« durch »Import«.

Wenn es darum geht, Daten in diverse Formate zu exportieren, stehen Ihnen folgende Möglichkeiten zur Verfügung:

- Das Menü DATEI|EXPORTIEREN
- Die Methode **TransferDatabase** des **DoCmd**-Objekts
- SQL-Anweisungen
- Direkter Export in *Extensible Markup Language* (XML) mit speziellen XML-Methoden

13.1 Der menügesteuerte Export/ Import

Der einfachste Weg, Daten aus Microsoft Access zu exportieren, ist der Weg über das Menü DATEI|EXPORTIEREN. Sie markieren zunächst im Datenbankfenster das Access-Objekt, das Sie exportieren wollen, öffnen das oben genannte Menü, wählen den Zieldatentyp und das Zielverzeichnis aus und geben der neuen Datei einen Namen – fertig. Diese Exportfunktion bietet mit 24 Hauptkategorien an Datentypen Möglichkeiten, Dateien zu erzeugen, die in so ziemlich jeder anderen Anwendung weiterverarbeitet werden können.

Eigentlich könnten Sie auf diese Art und Weise auch den XML-Export bedienen, aber da XML einige Besonderheiten besitzt, finden Sie weiter unten in diesem Kapitel in dem separaten Abschnitt *Access und XML* nähere Einzelheiten zum anwendungsunabhängigen Export von Daten aus Access heraus.

13.2 Die Methode TransferDatabase

```
DoCmd.TransferDatabase [Transfertyp,]_
  Datenbanktyp, Datenbankname[, Objekttyp]_
  , Herkunft, Ziel[, NurStruktur]_
  [, AnmeldungMerken]
```

Sie verwenden diese Methode, wenn Sie Daten, die in Form einer Tabelle, einer Abfrage oder eines Berichts vorliegen, exportieren oder wenn Sie sie importieren oder verknüpfen wollen.

Transfertyp: Legt die Art der Operation fest. Gültige Werte sind **acExport**, **acImport** (der Standard) und **acLink**.

Datenbanktyp: Der Name des zu exportierenden/importierenden Datenbankformats. Gültige Werte sind **dBASE III**, **dBASE IV**, **dBASE 5.0**, **Jet 2.x**, **Jet 3.x**, **Paradox 3.x**, **Paradox 4.x**, **Paradox 5.x**, **Paradox 7.x**, **Microsoft Access** (der Standard), **STS 2.0** und **ODBC-Datenbank**.

Datenbankname: Der vollständige Name (inkl. Pfad) der Datenbank, die zum Exportieren/Importieren verwendet werden soll

Objekttyp: Legt den Typ des Objekts fest, dessen Daten exportiert bzw. importiert werden sollen. Universell verwendet werden kann der Wert **acTable** (der Standard): Sie können andere Werte, wie beispielsweise **acQuery** und **acReport**, nur dann nutzen, wenn die Daten zwischen zwei Microsoft-Access-Datenbanken ausgetauscht werden.

Herkunft: Der Name des Objekts, das exportiert oder importiert werden soll

Ziel: Der Name des exportierten bzw. importierten Objekts in der Zieldatenbank

NurStruktur: Mit **True** wird nur die Datenstruktur kopiert.

AnmeldungMerken: Mit **True** werden in der Verbindungszeichenfolge einer verknüpften Tabelle der Benutzernamen (ID) und das Kennwort für eine ODBC-Datenbank gespeichert, zu der die Tabelle gehört. Auf diese Weise entfällt die Anmeldung beim Öffnen der Tabelle. Wenn Sie dieses Argument nicht angeben, wird der Standardwert (**False**) verwendet. Dieses Argument ist nur in Visual Basic verfügbar.

Anmerkung

Denken Sie daran, dass Export und Import nur funktionieren, wenn die Quell- und Zieldatenbanken bereits existieren. Sie lassen sich weder mit dieser Methode noch mit einem Makro erzeugen.

Achten Sie darauf, dass der Parameter »Datenbankname« korrekt mit Leerzeichen geschrieben wird.

Programmierbeispiel

Im folgenden Beispiel wird eine Tabelle in eine Access-Datenbank exportiert.

```
DoCmd.TransferDatabase acExport, _
  "Microsoft Access", "d:\Daten\Artikel.mdb", _
  acTable, "Artikel", "ArtikelAuswertung"
```

13.3 Export/Import über SQL-Anweisungen

SQL-Abfragen können entweder in einer Aktionsabfrage gespeichert und später aufgerufen werden, oder Sie verwenden die **Execute**-Methode des **Connection**-Objekts von ADO.

Eine Abfrage zum Import einer Paradox-Datenbank könnte wie folgt aussehen:

```
SELECT * INTO Artikel FROM _
  Artikelverwaltung IN 'd:\Daten\' 'Paradox 7.x;'
```

13.4 Access und XML

Microsoft und XML – das ist eine dieser Geschichten von Kompatibilität und Standards. Auch wenn Microsofts XML in vielen Bereichen ein proprietäres XML ist, das sich nicht in allen Punkten an den Standards des *World Wide Web Consortiums* (W3C) orientiert, sollen Sie einen kurzen Überblick über die Funktionalitäten bekommen, die Access zur Verfügung stellt.

Lassen Sie mich zuvor ein paar Begriffe klären, die mit XML zu tun haben, ohne dabei tiefer auf das einzugehen, was XML ausmacht:[1] ein Datenaustauschformat, mit dem Sie Daten zwischen ungleichen Systemen oder Anwendungen austauschen können. Dabei trennt XML die Daten von der Präsentation, so dass sie auf vielfältige Art und Weise dargestellt werden können. Die Struktur der Daten kann mit XML-Schemas so beschrieben werden, dass andere XML-fähige Programme sie erkennen können. Microsoft Access unterstützt das Standard-XML-Schema (XSD) des W3C.

Die Anzeige der Daten wird im Normalfall über ein XLS-Stylesheet (*Extensible Stylesheet Language*) beschrieben. Sie können mit seiner Hilfe angeben, welche Daten angezeigt und wie sie sortiert oder angeordnet werden. Damit sind Sie in der Lage, sicherzustellen, dass die XML-basierten Websites, die Sie veröffentlichen, konsistent sind und ein einheitliches Erscheinungsbild aufweisen.

1. Einen kompakten Überblick über XML finden Sie in Dan Rahmel, Visual Basic .NET GE-PACKT; mitp, 2002, ISBN 3-8266-0810-0

Für das Umwandeln eines XML-Dokuments in ein anderes XML-Dokument hat das W3C eine Spezifikation entwickelt, die sich *Extensible Stylesheet Language Transformation* (XSLT) nennt. Hierbei handelt es sich um eine auf XML basierte Sprache, mit der die Informationen zur Präsentation eines XML-Dokuments aus einem Quellformat in ein Zielformat und zurück umgewandelt werden.

Sie können, wenn Sie mit Access arbeiten, die Daten, das Schema (die Datenstruktur) oder beides in XML-Dateien exportieren.

Wenn Sie die Daten aus einer Tabelle, einer Abfrage, einem Formular, einem Bericht oder einem Datenblatt in eine XML-Datei exportieren, werden diese Daten in einer Datei mit der Endung `.XML` gespeichert.

Wenn Sie nur das Schema, das hinter den Daten steckt, in eine XML-Schemadatei exportieren wollen, werden diese Informationen in einer Datei mit der Endung `.XSD` gespeichert.

Sie legen die Struktur einer Tabelle, einer Abfrage, eines Formulars, eines Berichts oder eines Datenblatts in einer Datei ab, die normalerweise `<Name>_Bericht.XML` heißt. Dabei verwendet Access für Formulare und Berichte die von Microsoft entwickelte Access-spezifische Sprache *ReportML*, die für die Beschreibung von Datenbankobjekten in XML verwendet wird. Für Tabellen, Abfragen und Datenblätter handelt es sich bei der Präsentationsdatei um eine Vorlage in Form einer Kalkulationstabelle.

Menügesteuertes Arbeiten

Wenn Sie Daten im XML-Format menügesteuert exportieren wollen, unterscheidet sich das Vorgehen nicht von dem, was Sie im ersten Abschnitt dieses Kapitels kennen gelernt haben:

- Sie markieren das zu exportierende Objekt.
- Sie öffnen das Menü DATEI|EXPORTIEREN und wählen als Dateityp XML-DOKUMENTE aus.

- Sie geben der neuen Datei einen Namen und werden vor dem endgültigen Export noch gefragt, welche Informationen (Daten, Schema der Daten und/oder Präsentation der Daten) exportiert werden sollen.
- Über eine Schaltfläche WEITERE sind Sie in der Lage, die Kodierung festzulegen, zu bestimmen, ob das Schema als separate Datei oder eingebettet in das XML-Datendokument ausgegeben werden soll, und festzulegen, wie das Schema exportiert wird.

Damit erzeugt Microsoft Access die XML-Dateien, die dann von anderen Anwendungen weiterverwendet werden können.

Der Import erfolgt über das Menü DATEI|EXTERNE DATEN|IMPORTIEREN, ohne dass Sie dort großartig Parameter übergeben müssen.

XML in der Programmierung

Access kennt zwei Methoden, die es dem Programmierer ermöglichen, sowohl XML-Daten zu exportieren als auch zu importieren. Beide benötigen das **Application**-Objekt, damit man mit ihnen arbeiten kann.

ExportXML

```
Application.ExportXML(ObjectType, _
  DataSource[, DataTarget][, SchemaTarget]
  [, PresentationTarget][, ImageTarget]_
  [, Encoding][, OtherFlags])
```

Sie können mit dieser Methode, von der Sie hier nur die wichtigsten Parameter aufgeführt finden, Daten, das Schema und/oder Präsentationsinformationen für das angegebene Microsoft-Access-Objekt als XML-Dateien exportieren. Die Parameter, die diese Methode kennt, beschreiben eigentlich nichts anderes als die Dialogfelder beim Export über das Menü DATEI|EXPORTIEREN.

ObjectType: Dieser Parameter beschreibt, welcher Objekttyp exportiert wird. Gültige Werte sind **acExportDataAccessPage**, **acExportForm**, **acExportFunction**, **acExportQuery**, **acExportReport**, **acExportServerView**, **acExportStoredProcedure** und **acExportTable**.

DataSource: Der Name des Objekts, das exportiert werden soll. Rufen Sie die Methode aus einem Bericht oder Formular auf, wird dieses Objekt exportiert.

DataTarget: Name und Pfad der XML-Datei, die erzeugt werden soll

SchemaTarget: Name und Pfad der Schemadaten, wenn externe Schemadaten erzeugt werden sollen

PresentationTarget: Name und Pfad einer HTML- oder ASP-Datei für die Darstellung der Daten

ImageTarget: Die Angabe eines Pfades, wenn Bilder exportiert werden sollen.

Encoding: Der Zeichensatz, der für die exportierte Datei verwendet werden soll. Gültige Werte sind **acEUCJ**, **a**cUCS2, **acUCS4**, **acUTF8** (der Standardwert) und **acUTF16**.

OtherFlags: Dieser Parameter dient der Steuerung von Exportoptionen. Gültige Werte sind **1** (das Schema wird in das XML-Dokument eingebettet), **2** (Primärschlüssel und Indizes werden nicht exportiert), **4** (die XML-Darstellung wird serverseitig in Form einer ASP-Datei verarbeitet) und **8** (es handelt sich um Daten eines Microsoft-SQL-Servers).

Programmierbeispiel

Das folgende Beispiel exportiert die Tabelle `Artikel` in der aktuellen Datenbank als XML. Die Daten und das Schema werden als separate Dateien exportiert und das Schema weist das XSD-Format auf. Vorhandene Dateien werden überschrieben.

```
Application.ExportXML _
  ObjectType:=acExportTable, _
  DataSource:="Artikel", _
  DataTarget:="Artikel.xml", _
  SchemaTarget:="ArtikelSchema.xml", _
  SchemaFormat:=acSchemaXSD, _
  OtherFlags:=1
```

ImportXML

```
Application.ImportXML(DataSource_
  [, DataTransform][, OtherFlags])
```

Sie importieren mit dieser Methode Daten und/oder Präsentationsinformationen für ein Microsoft-Access-Objekt aus XML-Datei(en).

DataSource: Name und Pfad der zu importierenden XML-Datei

DataTransform: Der Name einer XLS-Datei, die zum Transformieren der XML-Datei verwendet werden soll

OtherFlags: Sie bestimmen mit diesen Werten, ob lediglich Daten an eine bestehende Tabelle angehängt werden (**acAppendData**), ob Struktur und Daten zu importieren sind (**acStructureAndData**) oder ob lediglich die Struktur der XML-Datei importiert wird (**acStructureOnly**). Weitere Parameter können die Werte **1** (die Importdatei überschreibt die Zieldatei, ohne darauf hinzuweisen), **2** (es wird – im Gegensatz zur Standardoperation – keine Struktur erstellt) und **4** (es werden – im Gegensatz zur Standardoperation – keine Daten importiert) annehmen.

Anmerkung

Probleme, die beim Importieren der XML-Daten auftreten, werden in einer Tabelle `ImportErrors` aufgelistet.

Programmierbeispiel

Es wird eine Datei mit Überschreiben der Zieldatei importiert.

```
Application.ImportXML _
  DataSource:="D:\Daten\Artikel.xml"
  OtherFlags:=1
```

Es werden die Struktur und die Daten einer Datei importiert.

```
Application.ImportXML _
CurrentProject.Path & "Artikel.xml"
```

14 Access und die Web-Anbindung

Das Internet und sein firmeninternes Pendant, das Intranet, sind aus unserer Welt nicht mehr wegzudenken. Für Sie bedeutet dies, dass Sie in der Lage sein sollten, Daten von Access-Datenbanken und -Projekten im Web zum Lesen und Zurückschreiben bereitzustellen.

Microsoft Access besitzt einige Funktionalitäten, die mit Aktivitäten im Web in Zusammenhang stehen und von denen im Rahmen dieses Überblicks nur auf die wichtigsten (teilweise nur kurz) eingegangen werden soll:

- Verwendung von Hyperlinks
- Datenzugriffsseiten
- Export von Daten im XML- und HTML-Format
- Export von Daten mit ASP

Das Thema des Datenexports wird, zumindest für den Bereich XML, bereits im Kapitel *Datenexport/Datenimport* abgehandelt. Da sich der XML-Export nicht ganz von HTML und ASPs trennen lässt, können Sie auch in diesem Kapitel nachschlagen, wenn Sie hier nicht alle benötigten Informationen finden sollten.

Generell lässt sich sagen, dass die Zusammenarbeit von Access mit dem Web im Moment noch verbesserungswürdig ist. (Diese Tatsache will Microsoft in der Nachfolgeversion von Access XP in Form von erweiterten Web-Funktionalitäten berücksichtigen.) Darüber hinaus erfordert gerade der Export der Daten in HTML- oder ASP-Seiten tiefer gehende Kenntnisse der entsprechenden Sprachen, wenn Sie Seiten erzeugen wollen, die nicht statische Ergebnisse liefern, sondern die dynamisch auf die Anfragen der Clients reagieren. Aus diesem Grund wird dieses Thema nur kurz angerissen und an dieser Stelle auf die entsprechende Sekundärliteratur verwiesen, die sich mit HTML- und ASP-Programmierung auseinander setzt.

14.1 Hyperlinks

Ein Hyperlink ist ein Text oder ein Objekt, hinter dem sich eine Adresse verbirgt, zu der Sie gelangen, wenn Sie auf den Text oder das Objekt klicken. Diese Adresse kann zu einer Stelle in einer Datei Ihres lokalen PC, des Intranets oder des Internets verweisen. Dies kann in Form einer URL-Adresse[1] (zum Beispiel `http://www.vmi-buch.de`) oder eines UNC-Netzwerkpfades[2] (zum Beispiel `\\MeinServer\Datenfreigabe\Verzeichnis`) geschehen. Darüber hinaus kann eine solche Adresse spezielle Informationen enthalten, zum Beispiel eine Textmarke in Ihrer Textverarbeitung oder einen Zellbereich in der Tabellenkalkulation.

Sie können Hyperlinks über den Feldinhalt von Tabellen und über die Objekte **ComboBox** (Kombinationsfeld), **CommandButton** (Befehlsschaltfläche), **Image** (Bild), **Label** (Bezeichnungsfeld), **ListBox** (Listenfeld) und **TextBox** (Textfeld) zur Verfügung stellen. Darüber hinaus gibt es noch die Möglichkeit, zu diesem Zweck auch Datenzugriffsseiten und Menüleisten zu verwenden.

Hyperlinks und Tabellen

Wenn Sie Hyperlinks in Tabellen speichern wollen, erzeugen Sie in Access eine Tabellenspalte, die den Datentyp **Hyperlink** besitzt. Jedes Hyperlinkfeld kann neben der eigentlichen Adresse auch eine Unteradresse und eine Beschriftung aufweisen. Intern werden die Daten wie folgt gespeichert:

```
Beschriftung#Adresse#UnterAdresse
```

1. URL – Uniform Resource Locator; die Adresse einer Ressource im Internet
2. UNC – Uniform (oder Universal) Naming Convention; eine einheitliche Namensgebungskonvention in Netzwerken

Die einzelnen Adressteile können mit der Methode **HyperlinkPart** ausgewertet und verwendet werden. Nähere Einzelheiten zu dieser Methode finden Sie weiter unten in diesem Kapitel im Abschnitt *Hyperlinks in der Programmierung*. Vielleicht sollten Sie sich für die Dateneingabe nur merken, dass beispielsweise `mitp verlag#www.vmi-buch.de` als `mitp verlag` angezeigt wird und auf die Webseite des Verlags Moderne Industrie verweist.

Hyperlinks und Steuerelemente

Wie Sie in der Einführung zu diesem Kapitel schon lesen konnten, können Sie über die Steuerelemente **ComboBox** (Kombinationsfeld), **CommandButton** (Befehlsschaltfläche), **Image** (Bild), **Label** (Bezeichnungsfeld), **ListBox** (Listenfeld) und **TextBox** (Textfeld) eine Hyperlinkschaltfläche erzeugen. Dabei gilt, dass Sie das gewünschte Ziel bei den ungebundenen Steuerelementen **CommandButton**, **Image** und **Label** über die Eigenschaft **HyperlinkAddress** oder **HyperlinkSubAddress** angeben, während die anderen Steuerelemente diese Möglichkeit nur über eine Bindung an ein Hyperlinkfeld ermöglichen.

Hyperlinks in der Programmierung

Microsoft Access bietet nur wenige Möglichkeiten, programmiertechnisch mit Hyperlinks zu arbeiten. Die wichtigsten finden Sie hier zusammengefasst.

FollowHyperlink (Methode)

```
Application.FollowHyperlink Adresse, _
  [Unteradresse], [NeuesFenster], _
  [VerlaufHinzufügen], [ExtraInfo], _
  [Methode], [HeaderInfo]
```

Sie können mit dieser Methode das in der Hyperlinkadresse angegebene Dokument bzw. Objekt übertragen und es in der ihm zugewiesenen Anwendung öffnen.

Adresse: Eine gültige Hyperlinkadresse

Unteradresse: Ein Ausdruck, der auf eine gültige Position in **Adresse** verweist. Der Standard ist eine leere Zeichenfolge (" ").

NeuesFenster: Mit **True** (**-1**) wird das Dokument in einem neuen Fenster geöffnet. Der Standardwert ist **False**.

VerlaufHinzufügen: Sie können über dieses Argument mit **False** festlegen, dass die angesprungene Adresse nicht im Ordner `Verlauf` abgelegt wird. Der Standardwert ist **True**.

ExtraInfo: Mit diesem Argument können Sie zusätzliche Daten an den Kommunikationspartner übergeben (zum Beispiel einen Suchparameter für eine ASP- oder eine IDC-Datei). In einem Webbrowser kann das Argument **Extrainfo** nach der Hyperlinkadresse angezeigt werden, wobei es durch ein Fragezeichen (?) von der Hyperlinkadresse getrennt ist.

Methode: Sie legen mit diesem Parameter fest, wie die zusätzliche Information übergeben wird. Die standardmäßig verwendete Konstante **msoMethodGet** sorgt dafür, dass das Argument **Extrainfo** an die Hyperlinkadresse angefügt wird; **Extrainfo** kann nur eine Zeichenfolge sein. Wenn Sie die Konstante **msoMethodPost** verwenden, wird das Argument **Extrainfo** als Zeichenfolge oder als Datenfeld vom Typ **Byte** bereitgestellt.

HeaderInfo: Eine Zeichenfolge, die die Kopfinformationen für die HTTP-Adresse enthält

Anmerkung

Sie können mit der Methode **FollowHyperlink** einem Hyperlink folgen, der in einem Steuerelement nicht vorhanden ist. Dieser Hyperlink kann von Ihnen oder dem Benutzer angegeben werden. So können Sie einen Benutzer beispielsweise auffordern, eine Hyperlinkadresse in einem Dialogfeld einzugeben, und dann mit der **FollowHyperlink**-Methode diesem Hyperlink folgen.

Programmierbeispiel

Im folgenden Beispiel wird der Standardbrowser geöffnet und die entsprechende Website in einem eigenen Fenster angezeigt.

```
FollowHyperlink "http://www.vmi-buch.de",_
  "",True
```

Ein WordPerfect-Dokument können Sie wie folgt öffnen:

```
FollowHyperlink "\\mas1\docs\anschreiben.wpd"
```

Hyperlink (Eigenschaft)

```
<Ausdruck>.Hyperlink
```

Sie können mit dieser Eigenschaft einen Verweis auf ein **Hyperlink**-Objekt zurückgeben und auf die Eigenschaften und Methoden eines **Hyperlink**-Objekts zugreifen, das einer Befehlsschaltfläche (**CommandButton**), einem Bild- (**Image**) oder einem Bezeichnungsfeld-Steuerelement (**Label**) zugeordnet ist.

Ausdruck: ComboBox, CommandButton, Control, Image, Label, ListBox oder TextBox

HyperlinkAddress (Eigenschaft)

```
<Ausdruck>.HyperlinkAddress
```

Sie können mit dieser Eigenschaft den Pfad zu einem Objekt, einem Dokument, einer Webseite oder einem anderen Ziel für einen Hyperlink angeben oder ermitteln, der einem Steuerelement von einem der unter **Ausdruck** aufgeführten Typen zugeordnet ist.

Ausdruck: Command, Image oder Label

Einstellungen

Sie finden unter der Eigenschaft **HyperlinkSubAddress**, die weiter unten in diesem Abschnitt steht, eine Übersicht über die Einstellungen, die auch für die Eigenschaft **HyperlinkAddress** gelten.

HyperlinkSubAddress (Eigenschaft)

`<Ausdruck>.HyperlinkSubAddress`

Sie können mit dieser Eigenschaft eine Position angeben oder ermitteln, die sich in dem Zieldokument befindet, das in der **HyperlinkAddress**-Eigenschaft angegeben ist.

Ausdruck: Command, Image oder Label

Einstellungen

Die folgende Tabelle enthält in kompakter Form Beispiele zu Einstellungen der Eigenschaften **HyperlinkAddress** und **HyperlinkSubAddress** (siehe weiter unten in diesem Kapitel).

HyperlinkAddress	Hyperlink-SubAddress	Beschreibung
http://www.vmi-buch.de/		Die Homepage des mitp-Verlags im Web.
Y:\Artikel\Artikel.htm		Die Artikel-Seite im Unterverzeichnis der Artikelverwaltung.
Y:\Artikel\Artikel.htm	Preiserhöhung	Die Namenskennung (name tag) `Preiserhöhung` auf der Artikel-Seite.
Y:\Docs\Vertrag.doc	Rückfrage	Die Textmarke `Rückfrage` im Dokument `Vertrag.doc`.
Y:\GschLtg\Budget.xls	Fibu!Kosten	Der Bereich `Kosten` in der Arbeitsmappe `Budget.xls`.
Y:\Seminare\Einstieg.ppt	30	Die dreißigste Folie der Präsentation `Einstieg.ppt`.

14.2 Datenzugriffsseiten

Bei einer Datenzugriffsseite handelt es sich um eine HTML-Webseite, die direkt mit den Daten einer Access-Datenbank verbunden ist. Bei dieser Form der Datenanbindung ist auch ein Hinzufügen und Editieren von Datensätzen möglich.

Datenzugriffsseiten sind HTML-Seiten. Das heißt, dass alle ihre Bestandteile (Datenbankanbindung, zugehörige Dateien usw.) nicht in der Datenbank, sondern als HTML-Dateien gespeichert werden (Access legt lediglich eine Verknüpfung auf die HTML-Seite in der Datenbank ab). Wenn es zusätzliche Informationen gibt, werden diese als XML-Quellcode in die HTML-Seite eingebunden.

Datenzugriffsseiten erstellen

Wenn Sie Datenzugriffsseiten erstellen wollen, müssen Sie nicht erst einen Kursus in HTML-Programmierung besuchen (obwohl das keine schlechte Idee wäre). Sie können alle Aufgaben, die notwendig sind, um zumindest Ihre statischen HTML-Seiten zu entwerfen, vom Editor Ihrer Datenbank erledigen lassen: Klicken Sie im Datenbankmodul auf SEITEN (NEU), und Sie können Ihre Seite dialoggesteuert entwerfen und abspeichern.

Das Veröffentlichen einer solchen Seite geschieht über Ihren Webserver, so wie Sie es mit allen Informationen machen, die Sie entweder im Internet oder in Ihrem Intranet zur Verfügung stellen wollen.

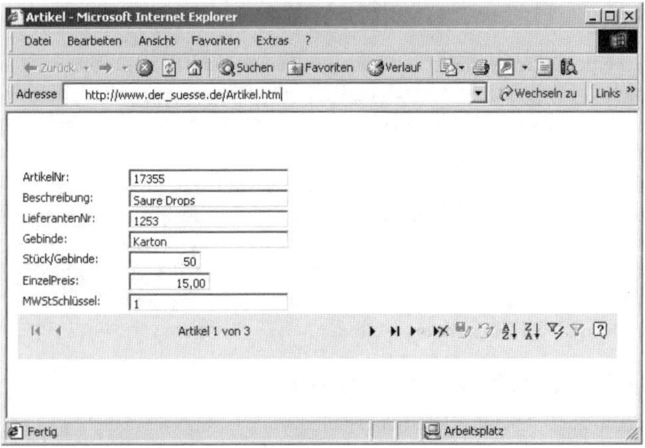

Abbildung 14.1: Eine Datenzugriffsseite im Einsatz

Datenzugriffsseiten senden und anzeigen

Für das Senden und Anzeigen von Datenzugriffsseiten gelten die folgenden Systemvoraussetzungen.

Um eine Datenzugriffsseite per E-Mail zu senden, benötigen Sie eine der folgenden Anwendungen:

- Microsoft Outlook 2000 (oder höher)
- Outlook Express, Version 5.0 (oder höher)
- Microsoft Exchange

Wenn Sie eine Datenzugriffsseite anzeigen wollen, die per E-Mail gesendet wurde, benötigen Sie eine der folgenden Anwendungen:

- Microsoft Outlook 2000 (oder höher)
- Outlook Express, Version 5.0 (oder höher)

- Die Kombination aus Microsoft Outlook 98 (oder höher) und Microsoft Internet Explorer 5 (oder höher)
- Die Kombination aus Outlook Express 98 (oder höher) und Microsoft Internet Explorer 5 (oder höher)

Wichtig

Datenzugriffsseiten werden vom Microsoft Internet Explorer erst ab Version 5 unterstützt.

14.3 HTML und ASP

Sie konnten in der Einleitung zu diesem Kapitel schon nachlesen, dass es um die Webfunktionalitäten von Access nicht gerade zum Besten steht. Dies wirkt sich auch auf das Arbeiten mit HTML und ASP aus.

Wenn von einem HTML-Export die Rede ist, dann sollten Sie festhalten, dass sich ein solcher Export auf reine Tabellen/Abfragen oder Berichte beschränkt. Der ASP-Export ist sogar nur in der Lage, einfache Listen in Tabellenform auszugeben. Natürlich können Sie auch HTML-Dateien in Access importieren (über das Menü DATEI|EXTERNE DATEN|IMPORTIEREN). Da Sie dabei aber keinen Einfluss auf den Vorgang nehmen können, soll er hier nicht weiter beschrieben werden.

Access bietet folgende Varianten für den HTML-Export bzw. -Import an:

- Statischer HTML-Code
- Dynamischer (servergenerierter) HTML-Code
- SQL-Anweisungen

Statischer HTML-Code

Statischer HTML-Code liefert Ergebnisse, auf die ein Client (der Browser) lesend zugreift. Die in der HTML-Datei abgelegten Informationen sind statisch. Sollte es in der zugrunde liegenden Datenbank Änderungen geben, muss die HTML-Seite neu generiert werden.

Sie können den entsprechenden Code über das Menü DATEI|EXPORTIEREN erzeugen, indem Sie dort den Dateityp HTML bzw. HTM wählen. Darüber hinaus gibt es die Methode **OutputTo**, die in der Lage ist, HTML-Code nicht nur statisch, sondern auch dynamisch auszugeben. Einzelheiten zu dieser Methode finden Sie im vorherigen Kapitel zum Export von Daten.

Dynamischer (servergenerierter) HTML-Code

HTML-Seiten, die erst dann erzeugt werden, wenn eine Clientanfrage vorliegt, werden *dynamisch* genannt. Dabei wird die Anfrage vom Webserver über die ODBC-Schnittstelle in Form einer SQL-Abfrage an die Datenbank weitergereicht.

Dynamische HTML-Seiten lassen sich nicht mehr über die »Bordwerkzeuge« von Access erzeugen. Sie benötigen zwei Dateien, die für den Inhalt der neuen HTML-Seite verantwortlich sind: eine Datei mit der Endung `IDC` (*Internet Database Connection*) und eine mit `HTX` (*HTML eXtension*).

Die IDC-Datei enthält die Informationen, die zur Herstellung der ODBC-Verbindung und zur Ausführung der SQL-Anweisung erforderlich sind. Weiterhin enthält sie den Namen der benötigten HTX-Datei, die als Vorlage für die eigentliche HTML-Seite dient.

Eine solche IDC-Datei könnte folgendes Aussehen haben:

```
Datasource:Artikel
Template:Tabellen.htx
SQLStatement: SELECT * FROM (artikel)
Username: jutta
Password: supidupi
```

Bei der HTX-Datei handelt es sich um eine HTML-Datei, in der eine Tabelle definiert wird. Sie enthält für die Einträge des Tabellenrumpfes Platzhalter, die vom Internetserver mit den gewünschten Daten ersetzt werden.

Sie können IDC- und HTX-Dateien zwar auch über das Menü DATEI|EXPORTIEREN erstellen, die Ergebnisse dieser Aktion haben aber den Nachteil, dass der Anwender das Ergebnis der Abfrage nicht beeinflussen kann. Es bleibt Ihnen also nur die Möglichkeit, leistungsfähige Webseiten manuell über Parameter zu programmieren. Gleiches gilt für IDC-Dateien, die variable Abfragen zulassen sollen. Das bedeutet, dass Sie sich intensiv mit einem Thema beschäftigen müssen, das den Rahmen dieses Buches sprengt: die HTML-Programmierung.

Ähnliches gilt für das Arbeiten mit ASP-Dateien. Sie sollten dabei nicht vergessen, dass Microsoft Access zwar auch in der Lage ist, eine ASP-Datei über die Exportfunktion zu erzeugen, dass das Ergebnis aber nur eine einfache Listenausgabe in Tabellenform ist. Daraus folgt, dass Sie nicht um eine intensivere Beschäftigung mit dieser Skiptsprache umhinkommen, wenn Sie produktiv mit ASP-Dateien im Access-Umfeld arbeiten wollen, weil die programminterne Exportfunktion an dieser Stelle (wie beim Export in HTML-Dateien) versagt. Es ist nur ein statischer Export möglich.

SQL-Anweisungen

Für den Datenexport über eine SQL-Abfrage bietet sich in erster Linie die **Execute**-Methode des **Connection**-Objekts von ADO an.

Eine Abfrage zum Export in eine HTML-Datei könnte wie folgt aussehen:

```
Application.CurrentProject._
  Connection.Execute _
  "SELECT * INTO [Artikel.html] _
  IN 'd:\Daten\' 'HTML Export;'
  FROM Artikelverwaltung"
```

S Stichwortverzeichnis

Symbole

# (Platzhalter) 33
$ in Funktionen 265
& (Zeichenverkettung) 40
' (Kommentar) 32
[Zeichenfolge] (Platzhalter) 35
* (Multiplikation) 40
* (Platzhalter) 33
+ (Addition) 43
+ (Positiv) 43
/ (Division) 41
_ (Negativ) 39
- (Subtraktion) 39
<- (Kleiner als oder gleich) 45
< (Kleiner als) 45
< > (Ungleich) 46
>- (Größer als oder gleich) 47
> (Größer als) 47
= (Gleich) 46
? (Platzhalter) 34
[!Zeichenfolge] (Platzhalter) 34
\ (Ganzzahldivision) 41
^ (Potenzierung) 42

A

Abbrechen (Eigenschaft) 165
AbbrechenEreignis (Makro) 15
Abfrage
  ausführen 229
Abs (Funktion) 270
Abschreibung siehe DDB (Funktion)
Abschreibung siehe SLN (Funktion)
Abschreibung siehe SYD (Funktion)
Access
  beenden 232
AccessObject (Objekt) 81
AccessObjectProperties (Auflistung) 82
AccessObjectProperty (Objekt) 83
Action (Eigenschaft) 140
Activate 244
ActiveConnection (Eigenschaft) 335
ActiveControl (Eigenschaft) 142
ActiveDataAccessPage (Eigenschaft) 143
ActiveDatasheet (Eigenschaft) 143
ActiveForm (Eigenschaft) 144
ActiveReport (Eigenschaft) 144
ActiveX Data Object 323
ActiveX-Steuerelement
  Grafik laden 227
AddItem (Methode) 213
Addition (Operator) 43
AddMenu (Methode) 19
AddNew (Methode) 343

AddressOf (Operator) 48
ADO 8, 323
  Ereignisse 351
  Methoden 343
ADO-Eigenschaften 335
Adressierung 80
AfterBeginTransaction (Eigenschaft) 145
AfterDelConfirm (Ereignis) 244
AfterDelConfirmTransaction (Eigenschaft) 145
AfterInsert (Eigenschaft) 145
AfterInsert (Ereignis) 245
AfterUpdate (Eigenschaft) 145
AfterUpdate (Ereignis) 245
AfterCommitTransaction (Eigenschaft) 145
Aggregatfunktion 267
Aktionen 14
Aktiviert (Eigenschaft) 177
Aktivierung (Ereignis) 244
Aktivierungsreihenfolge 242
AktualisierenDaten (Makro) 15
AktualisierenObjekt (Makro) 15
Aktualisierung (Ereignis) 262
AktuellerDatensatz (Eigenschaft) 172
All (Operator) 48
AllDataAccessPages (Auflistung) 83
AllDatabaseDiagrams (Auflistung) 84
AllForms (Auflistung) 85
AllFunctions (Auflistung) 85
AllMacros (Auflistung) 86
AllModules (Auflistung) 87
AllowAdditions (Eigenschaft) 146
AllowAutoCorrect (Eigenschaft) 147
AllowDeletions (Eigenschaft) 147
AllowEdits (Eigenschaft) 147
AllowFilters (Eigenschaft) 148
AllowFullMenus (Eigenschaft) 149
AllowMultiselect (Eigenschaft) 151
AllowSpecialKeys (Eigenschaft) 151
AllowToolbarChanges (Eigenschaft) 152
AllowZeroLength (Eigenschaft) 153
AllQueries (Auflistung) 87
AllReports (Auflistung) 88
AllStoredProcedures (Auflistung) 89
AllTables (Auflistung) 89
AllViews (Auflistung) 90
And (Operator) 49
Änderung
  rückgängig machen 238
Änderung (Ereignis) 248
AnfügenZulassen (Eigenschaft) 146
AnwendenFilter (Ereignis) 247
AnwendenFilter (Makro) 16
Anwendungssymbol
  benutzerdefiniertes 153
Any (Operator) 50
Anzeigeart (Eigenschaft) 176
Anzeigen
  Bild 92
  Diagramm 92
  OLE-Objekt 92
Anzeigen (Ereignis) 250
AnzeigenAlleDatensätze (Makro) 16
AppIcon (Eigenschaft) 153
Application (Eigenschaft) 155

Application (Objekt) **91**
ApplyFilter (Ereignis) **247**
ApplyFilter (Methode) **16, 214**
AppTitel (Eigenschaft) **155**
Asc (Funktion) **271**
ASP **369, 371**
Auflistung-Objekt **80**
AusführenAnwendung (Makro) **16**
AusführenBefehl (Makro) **16**
AusführenCode (Makro) **16**
AusführenMakro (Makro) **17**
AusführenSQL (Makro) **17**
Ausgabeln (Makro) **17**
AuswählenObjekt (Makro) **18**
AutoActivate (Eigenschaft) **156**
AutoCenter (Eigenschaft) **156**
Autoexec, Makro **13**
AutoExpand (Eigenschaft) **157**
AutoKorrekturZulassen (Eigenschaft) **147**
AutomatischErgänzen (Eigenschaft) **157**
AutomatischWeiter (Eigenschaft) **158**
AutomatischZentrieren (Eigenschaft) **156**
AutoResize (Eigenschaft) **157**
AutoTab (Eigenschaft) **158**
AutoWert (Datentyp) **65**

B

BackColor (Eigenschaft) **158**
BackStyle (Eigenschaft) **159**
Barwert siehe PV
BaseConnectionString **159**
Batchaktualisierungen (Eigenschaft) **160**
BatchUpdates (Eigenschaft) **160**
BearbeitungenZulassen (Eigenschaft) **147**
Beep (Methode) **24**
Befehlsschaltfläche **97**
  Standardschaltfläche **175**
BeforeBeginTransaction (Eigenschaft) **160**
BeforeDelConfirm (Ereignis) **247**
BeforeDelConfirmTransaction (Eigenschaft) **160**
BeforeInsert (Eigenschaft) **160**
BeforeInsert (Ereignis) **245**
BeforeUpdate (Eigenschaft) **160**
BeforeUpdate (Ereignis) **245**
BeforeCommitTransaction (Eigenschaft) **160**
BeiAktivierung (Eigenschaft) **194**
BeiÄnderung (Eigenschaft) **195-196**
BeiAngewendetemFilter (Eigenschaft) **194**
BeiDatenänderung (Eigenschaft) **173**
BeiDeaktivierung (Eigenschaft) **194**
BeiEntladen (Eigenschaft) **194**
BeiFehler (Eigenschaft) **197**
BeiFilter (Eigenschaft) **194**
BeiFokuserhalt (Eigenschaft) **197**
BeiFokusverlust (Eigenschaft) **197**
BeiLaden (Eigenschaft) **194**
BeiMausbewegung (Eigenschaft) **198**
BeiMaustasteAb (Eigenschaft) **198**
BeiMaustasteAuf (Eigenschaft) **198**

BeimDoppelklicken (Eigenschaft) **195**
BeimHingehen (Eigenschaft) **197**
BeimKlicken (Eigenschaft) **195**
BeimLöschen (Eigenschaft) **196**
BeimÖffnen (Eigenschaft) **194**
BeimSchließen (Eigenschaft) **194**
BeimVerlassen (Eigenschaft) **197**
BeiOhneDaten (Eigenschaft) **199**
BeiTaste (Eigenschaft) **198**
BeiTasteAb (Eigenschaft) **198**
BeiTasteAuf (Eigenschaft) **198**
Benutzer, aktueller **216**
BereichWiederholen (Eigenschaft) **203**
Bericht
    Ausdruck verhindern **200**
    drucken **229**
    Ereigsnis auslösen **194**
    Ränder **164**
Berichtsmodul **117**
Between (Operator) **51**
Bezeichnungsausrichtung (Eigenschaft) **189**
Bezeichnungsfeld **114**
Bildschirmanzeige **220**
Bildschirm-Objekt **130**
Bild-Steuerelement **114**
BOF (Eigenschaft) **336**
Bookmark **161**
Bookmark (Eigenschaft) **337**
Boolean (Datentyp) **69**
BorderColor (Eigenschaft) **162**
BorderStyle (Eigenschaft) **162**
BorderWidth (Eigenschaft) **164**
BottomMargin (Eigenschaft) **164**
BoundObjectFrame (Objekt) **92**
ButtonName (Eigenschaft) **165**
ByRef (by Reference **240**
Byte **76**
ByVal (by Value **240**

C

Call (Anweisung) **296**
Cancel **165**
CancelEvent (Methode) **15**
CancelUpdate (Methode **344**
CanGrow (Eigenschaft) **165**
CanShrink (Eigenschaft) **165**
CBool (Funktion) **271**
CCur (Funktion) **271**
CDate (Funktion) **272**
CDbl (Funktion) **272**
CDec (Funktion) **272**
Change (Ereignis) **248**
CheckBox (Objekt) **93**
CInt (Funktion) **273**
Click (Ereignis) **249**
CLng (Funktion) **273**
Close (Ereignis) **250**
Close (Methode) **23, 215, 345**
CloseButton (Eigenschaft) **166**
CodeData (Objekt) **94**
CodeProject (Objekt) **94**
Collection **80**
Collection (ADO-Objekt) **324**
Column (Eigenschaft) **166**
ColumnCount (Eigenschaft) **167**
ColumnHidden (Eigenschaft) **168**
ColumnWidth (Eigenschaft) **168**

ColumnWidths (Eigenschaft) **168**
ComboBox (Objekt) **96**
Command (Objekt) **325, 328**
CommandButton (Objekt) **97**
CommandText (Eigenschaft) **338**
CommandType (Eigenschaft) **338**
Connection (Objekt) **325, 329**
ConnectionEvent **326**
Const (Anweisung) **296**
Container-Objekt **79**
Control (Objekt) **98**
  Element wählen **206**
ControlBox (Eigenschaft) **169**
Controls (Auflistung) **98**
ControlSource (Eigenschaft) **169**
ControlType (Eigenschaft) **170**
CopyDatabaseFile (Methode) **19**
CopyObject (Methode) **20**
CSng (Funktion) **273**
CStr (Funktion) **273**
Currency (Datentyp) **75**
Current (Ereignis) **250**
CurrentData (Objekt) **100**
CurrentDb (Methode) **215**
CurrentObjectName (Eigenschaft) **171**
CurrentObjectType (Eigenschaft) **172**
CurrentProject (Objekt) **100**
CurrentRecord (Eigenschaft) **172**
CurrentUser (Methode) **216**
CurrentView **173**
CursorLocation (Eigenschaft) **339**
CustomControl (Objekt) **102**
CVar (Funktion) **274**

D

DAO **8**
DataAccessPage (Objekt) **102**
DataAccessPages (Auflistung) **103**
DataChange (Eigenschaft) **173**
DataEntry **174**
Date (Anweisung) **297**
Date (Datentyp) **66**
Date (Funktion) **274**
DateAdd (Funktion) **274**
DateDiff (Funktion) **275**
Dateidialog
  Dateifilter **181**
  Mehrfachauswahl **151**
  Schaltfläche benennen **165**
Dateidialogfeld
  aufrufen **106**
Dateidialogfenster
  Ausgangsverzeichnis **186**
  Dateiauswahl **206**
  Dateiname **186**
  Filterindex **180**
  Standardansicht **186**
  Titel **209**
Dateisystemobjekt **327**
Daten
  anzeigen **169, 204**
  bereitstellen **205**
Datenbank
  aktuelle **215**
  auf externe zugreifen **159**
  Starteinstellung **208**
Datenbankobjekt **171-172**

Datenbindung 327
Daten-Eigenschaft
AllowAdditions 146
AllowDeletions 147
AllowEdits 147
AllowFilters 148
Column 166
ColumnCount 167
ControlSource 169
CurrentRecord 172
DataEntry 174
Dirty 176
FilterOn 180
LimitToList 190
RecordLocks 201
Recordset 201
RecordsetType 202
RecordSource 203
RepeatSection 203
RowSource 204
DatenEigenschaft
RecordsetType 202
DatenEingeben 174
Datenereignis 240
AdterDelConfirm 244
AfterInsert 245
AfterUpdate 245
BeforeDelConfirm 247
BeforeInsert 245
BeforeUpdate 245
Change 248
Current 250
Delete 251
Updated 262
Datenformate 182
Datenherkunft (Eigenschaft) 203
Datenquelle
definieren 203
Recordset 201
RecordsetType 202
Datensatz
aktueller 172
Änderung herausfinden 176
auswählen 225
bearbeiten 147
filtern 148
hinzufügen 146
löschen 147
markieren 161
sperren 201
suchen 221
Datensätze zählen 217
DatensätzeSperren 201
Datensatzgruppe 333
Datensatzherkunft (Eigenschaft) 204
Datensatznummer 172
Datentypkennzeichen 77
Datenzugriffsseite 367
erstellen 367
Systemvoraussetzungen 368
DatePart (Funktion) 277
Datum (Datentyp) 66
Datums-/Zeitfunktion
Date 274, 282
DateAdd 274
DateDiff 275
DatePart 277
Day 277

IsDate 283
Minute 286
Month 286
Now 288
Second 289
Time 292
Weekday 293
WeekdayName 294
Year 294
Datumsfunktion 268
DAvg (Methode) 216
Day (Funktion) 277
DblClick (Ereignis) 249
DCount (Methode) 217
DDB (Funktion) 278
Deactivate (Ereignis) 251
Deaktivierung (Ereignis) 251
Decimal 76
DecimalPlaces (Eigenschaft) 174
Default (Eigenschaft) 175
DefaultView (Eigenschaft) 175
DefaultWebOptions (Objekt) 104
Delete (Ereignis) 251
Delete (Methode) 345
DeleteObject (Methode) 20
Dezimal 76
Dezimalstellenanzeige (Eigenschaft) 174
Dim (Anweisung) 297
Dirty (Ereignis) 252
DisplayType (Eigenschaft) 176
Division (Operator) 41
DLookup (Methode) 218
DMax (Methode) 218
DMin (Methode) 219
Do...Loop (Anweisung) 298
DoCmd (Eigenschaft) 177
DoCmd (Objekt) 105
Doppelklicken (Ereignis) 249
Double 77
Drucken (Ereignis) 261
Drucken (Makro) 18
Druckereignis 240
Format 255
NoData 259
Page 260
Print 261
DSum (Methode) 220
Dynaset 333

E

Echo (Makro) 18
Echo (Methode) 18, 220
EditMode (Eigenschaft) 339
EinblendenSymbolleiste (Makro) 18
Eingabeformat (Eigenschaft) 186
Eingabeformate 63
Eingabetastenverhalten (Eigenschaft) 179
Enabled (Eigenschaft) 177
End Function (Anweisung) 300
End If (Anweisung) 300
End Property (Anweisung) 300
End Select (Anweisung) 300
End Sub (Anweisung) 300
End Type (Anweisung) 301

End With (Anweisung) **301**
End(Anweisung) **299**
Enter (Ereignis) **252**
EnterKeyBehavior (Eigenschaft) **179**
Entladen (Ereignis) **262**
EOF (Eigenschaft) **336**
Eqv (Operator) **52**
Erase (Anweisung) **301**
Ereignis **14, 239**
    Reaktion auf **145, 160, 173, 204**
Error (Ereignis) **253**
Error (Objekt) **326, 329**
Errors (Auflistung) **330**
Event-Handler **239**
Execute (Methode) **346**
Exists (Operator) **53**
Exit (Anweisung) **302**
Exit (Ereignis) **252**
Export **353**
    ASP **369**
    HTML **369**
    menügesteuert **353**
    SQL-Anweisungen **355**
    TransferDatabase **354**
ExportXML (Methode) **358**

F

Fehler (Ereignis) **253**
Fehlerereignis **241**
    Error **253**
Fensterereignis **241**
    Close **250**
    Load **257**
    Open **260**
    Rezise **261**
    Unload **262**
Field (Objekt) **326, 330**
Fields (Auflistung) **331**
FileDialog (Funktion) **106, 278**
FileDialog (Objekt) **106**
Filter
    anwenden **214, 247**
    Ereignis auslösen **194**
Filter (Eigenschaft **340**
Filter (Eigenschaft) **180**
Filter (Ereignis) **253**
FilterAktiv (Eigenschaft) **180**
Filterereignis **241**
    Filter **253**
FilterIndex (Eigenschaft) **180**
FilterOn (Eigenschaft) **180**
Filters (Eigenschaft) **181**
FilterZulassen (Eigenschaft) **148**
Filterereignis
    ApplyFilter **247**
Finanzmath. Funktion
    PV **288**
    SLN **290**
    SYD **278, 292**
Find (Methode) **347**
FindFirst (Methode) **348**
FindLast (Methode) **348**

FindNext (Methode) **25, 221, 348**
FindPrevious (Methode) **348**
FindRecord (Methode) **25, 221**
Fokus
  Bericht **144**
  Datenblatt **143**
  Datenzugriffsseite **143**
  Formular **144**
  Steuerelement **142**
  weitergeben **158**
Fokusereignis **241**
  Activate **244**
  Deactivate **251**
  Enter **252**
  Exit **252**
  GotFocus **255**
  LostFocus **255**
Fokuserhalt (Ereignis) **255**
Fokusverlust (Ereignis) **255**
FollowHyperlink (Methode) **223, 363**
FontBold **181**
FontItalic **181**
FontUnderline **181**
For Each...Next (Anweisung) **302**
For...Next (Anweisung) **303**
Form (Objekt) **107**
Format (Eigenschaft) **182**
Format (Ereignis) **255**
Format (Funktion) **278**
FormatCondition (Objekt) **110**
FormatConditions (Auflistung) **111**
FormatCurrency (Funktion) **279**
FormatDateTime (Funktion) **280**
Format-Eigenschaft
  AutoCenter **156**
  AutoResize **157**
  BorderStyle **162**
  CloseButton **166**
  ControlBox **169**
  CurrentView **173**
  DefaultView **175**
  FontBold **181**
  FontItalic **181**
  FontUnderline **181**
  Format **182**
  LabelAlign **189**
Formatieren (Ereignis) **255**
FormatNumber (Funktion) **281**
Formatobjekt **327**
FormatPercent (Funktion) **281**
Forms (Auflistung) **111**
Formular
  Batchaktualisierung **160**
  Bildschirmanzeige aktualisieren **234**
  Datenherkunft aktualisieren **234**
  Datensätze aktualisieren **233**
  Ereigsnis auslösen **194**
  Felder aktualisieren **233**
  öffnen **228**
  Standardschaltfläche **175**
  Startansicht **175**
  Starteinstellung **207**
  zentrieren **156**
Formularbereich-Objekt **131**
Formularmodul **117**

Friend (Anweisung) 295
Function (Anweisung) 304
Funktion
- deklarieren 304
- Geltungsbereich 63
- Öffentlich 63

Funktionen 265

G

Ganzzahldivision (Operator) 41
Geändert 176
Geändert (Ereignis) 252
GeheZuDatensatz (Makro) 19
GeheZuSeite (Makro) 19
GeheZuSteuerelement (Makro) 19
Gespeicherte Prozedur
- ausführen 230

Gesperrt (Eigenschaft) 177
Gleich (Operator) 46
Globales Klassenmodul 118
Globales Standardmodul 117
GoSub...Return (Anweisung) 306
GotFocus (Ereignis) 255
GoTo (Anweisung) 307
GoToControl (Methode) 19
GoToPage (Methode) 19, 224
GoToRecord (Methode) 19, 225
GrößeAnpassen (Eigenschaft) 157
Größenänderung (Ereignis) 261
Größer als (Operator) 47
Größer gleich 47
GroupLevel (Objekt) 112
GroupOn (Eigenschaft) 183
GruppierenNach (Eigenschaft) 183
Gültigkeitsmeldung (Eigenschaft) 209
Gültigkeitsregel (Eigenschaft) 209

H

Hauptverbindungszeichenfolge 159
Herkunftstyp (Eigenschaft) 205
Hingehen (Ereignis) 252
Hintergrundart (Eigenschaft) 159
Hintergrundfarbe (Eigenschaft) 158
HinzufügenMenü (Makro) 19
Hour (Funktion) 282
Hourglass (Methode) 23, 226
HTML 369
HTML-Code
- dynamisch 370
- statisch 369

HTX 370
Hyperlink 362
- Datentyp 362
- in Steuerelementen 363
- in Tabellen 362
- Programmierung 363

Hyperlink (Datentyp) 69
Hyperlink (Eigenschaft) 184, 365
Hyperlink (Objekt) 113
HyperlinkAddress (Eigenschaft) 185, 365
HyperlinkAdresse (Eigenschaft) 185
HyperlinkSubAddress (Eigenschaft) 185, 366
HyperlinkUnteradresse (Eigenschaft) 185

I

IDC 370
If...Then...Else (Anweisung) 307
Image (Objekt) 114
Imagefunktion 269
Imp (Operator) 53
Import 353
  menügesteuert 353
  SQL-Anweisungen 355
  TransferDatabase 354
ImportXML (Methode) 360
In (Operator) 54
InitialFileName (Eigenschaft) 186
InitialView (Eigenschaft) 186
InputMask (Eigenschaft) 186
InStr (Funktion) 283
Int (Funktion) 283
Integer 76
Internet 361
Intranet 361
Is (Operator) 55
IsConnected (Eigenschaft) 187
IsDate (Funktion) 283
IsHyperlink (Eigenschaft) 187
IsLoaded 187
IsNull (Funktion) 284
IsNumeric 284
IstHyperlink (Eigenschaft) 187

J

Ja (Datentyp) 69
Joker 29, 33

K

KeepTogether (Eigenschaft) 188
KeyDown (Ereignis) 256
KeyPress (Ereignis) 257
KeyUp (Ereignis) 256
Klassenmodul
  global 118
Kleiner als (Operator) 45
Kleiner gleich (Operator) 45
Klicken (Ereignis) 249
Kombinationsfeld 96
  Ereignis auslösen 195
Kommentarzeichen 32
Konfigurationsfunktion 268
Konstante
  acActiveDataObject 226
  acAdd 229, 231
  acAll 222
  acAltMask 256, 258
  acAnywhere 221
  acAppendData 360
  acApplyFilter 247
  acBoundObjectFrame 171
  acCheckBox 171
  acCloseFilterWindow 247
  acComboBox 171
  acCommandButton 171
  acCtrlMask 256, 258
  acCurrent 222
  acCustomControl 171
  acDataAccessPage 172, 215
  acDataErrContinue 248, 253
  acDataErrDisplay 248, 253
  acDataForm 226

Konstante *(Fortsetzung)*
acDataQuery **226**
acDataTable **226**
acDefault **215**
acDeleteCancel **244**
acDeleteOK **244**
acDeleteUserCancel **245**
acDesign **228**
acDiagram **172, 215**
acDialog **228, 230**
acDown **222**
acEdit **229, 231**
acEntire **221**
acExport **354**
acExportDataAccessPage **358**
acExportForm **358**
acExportFunction **358**
acExportQuery **358**
acExportReport **358**
acExportServerView **358**
acExportStoredProcedure **358**
acExportTable **358**
acFilterAdvanced **254**
acFilterByForm **254**
acFirst **226**
acForm **172, 215**
acFormAdd **228**
acFormDS **228**
acFormEdit **228**
acFormOpenDataMode **228**
acFormPivotChart **228**
acFormPivotTable **228**
acFormPropertySettings **228**
acFormReadOnly **228**
acFormView **228**
acGoto **226**
acHidden **228, 230**
acIcon **228, 230**
acImage **171**
acImport **354**
acLabel **171**
acLast **226**
acLeftButton **258**
acLine **171**
acLink **354**
acListBox **171**
acMacro **172, 215**
acMiddleButton **258**
acModule **172, 215**
acNewRecord **226**
acNext **226**
acNormal **228**
acObjectFrame **171**
acOLEActivate **141-142**
acOLEActivateDoubleClick **156**
acOLEActivateGetFocus **156**
acOLEActivateManual **156**
acOLEChanged **263**
acOLEClose **141-142**
acOLEClosed **263**
acOLECopy **141-142**
acOLECreateEmbed **141-142**
acOLECreateLink **141-142**
acOLEDelete **141**
acOLEDisplayContent **176**
acOLEDisplayIcon **176**
acOLEFetchVerbs **141-142**
acOLEInsertObjDlg **141-142**

acOLEPaste **141-142**
acOLEPasteSpecialDlg **141-142**
acOLERenamed **263**
acOLESaved **263**
acOLEUpdate **141-142**
acOLEUpdateAutomatic **209**
acOLEUpdateManual **209**
acOLEVerbHide **211**
acOLEVerbInPlaceActivate **211**
acOLEVerbInPlaceUIActivate **211**
acOLEVerbOpen **211**
acOLEVerbPrimary **211**
acOLEVerbShow **211**
AcOpenDataMode **231**
acOpenDataMode **229, 231**
acOptionButton **171**
acOptionGroup **171**
acPage **171**
acPreview **228, 230**
acPrevious **226**
acQuery **172, 215, 354**
acQuitOption **232**
acQuitPrompt **232**
acQuitSaveAll **233**
acQuitSaveNone **233**
acReadOnly **229, 231**
acRectangle **171**
acReport **172, 215, 354**
acRightButton **258**
acSaveNo **215**
acSavePrompt **215**
acSaveYes **215**
acSearchAll **222**
acServerView **172, 215**
acShiftMask **256, 258**
acShowAllRecords **247**
acStart **222**
acStoredProcedure **172, 215**
acStructureAndData **360**
acStructureOnly **360**
acSubform **171**
acTabCtl **171**
acTable **172, 215, 354**
acTextBox **171**
acToggleButton **171**
acUp **222**
acView **230-231**
acViewDesign **229-231**
acViewNormal **229-231**
acViewPivotChart **229-231**
acViewPivotTable **229-231**
acViewPreview **229-231**
acWindowMode **230**
acWindowNormal **228, 230**
acWindowsMode **228**
adCmdStoredProc **338**
adCmdTable **338**
adCmdText **338**
adCmdUnknown **338**
adEditAdd **339**
adEditDelete **340**
adEditInProgress **339**
adEditNone **339**
adOpenDynaset **350**
adOpenSnapshot **350**
adOpenTable **350**
adSearchBackward **347**
adSearchForward **347**

Konstante *(Fortsetzung)*
adUseClient **339**
adUseServer **339**
Datentypen **297**
MsoExtraInfoMethod **224**
msoFileDialogFilePicker **278**
msoFileDialogFolderPicker **278**
msoFileDialogOpen **278**
msoFileDialogSaveAs **278**
msoFileDialogViewDetails **186**
msoFileDialogViewList **186**
msoFileDialogViewPreview **186**
msoFileDialogViewProperties **186**
msoFileDialogViewSmallIcons **186**
msoFileDialogViewThumbnail **186**
msoFileDialogViewWebView **186**
msoMethodGet **224, 364**
msoMethodPost **224, 364**
vbAbortRetryIgnore **286**
vbApplicationModal **287**
vbBinaryCompare **283**
vbCritical **286**
vbDatabaseCompare **283**
vbDefaultButton1 **287**
vbDefaultButton2 **287**
vbDefaultButton3 **287**
vbDefaultButton4 **287**
vbExclamation **286**
vbFalse **280-282**
vbFirstFourDays **276**
vbFirstFullWeek **276**
vbFirstJan1 **276**
vbFriday **276, 293**
vbGeneralDate **280**
vbInformation **287**
vbLongDate **280**
vbLongTime **280**
vbMonday **276, 293**
vbMsgBoxHelpButton **287**
vbMsgBoxRight **287**
vbMsgBoxRtlReading **287**
vbMsgBoxSetForeground **287**
vbOKCancel **286**
vbOKOnly **286**
vbQuestion **286**
vbRetryCancel **286**
vbSaturday **276, 293**
vbShortDate **280**
vbShortTime **280**
vbSunday **276, 293**
vbSystemModal **287**
vbTextCompare **283**
vbThursday **276, 293**
vbTrue **280-282**
vbTuesday **276, 293**
vbUseCompareOption **283**
vbUseDefault **280-282**
vbUseSystem **276, 293**
vbWednesday **276, 293**
vbYesNo **286**
vbYesNoCancel **286**
Kontextmenü
anpassen **152**
Starteinstellung **207**
Kontrollkästchen **93**
KopierenDatenbankdatei (Makro) **19**
KopierenObjekt (Makro) **20**
Kursiv **181**

L

Label (Objekt) 114
LabelAlign (Eigenschaft) 189
Laden (Ereignis) 257
LCase (Funktion) 284
LeereZeichenfolge (Eigenschaft) 153
Left (Funktion) 285
LeftMargin (Eigenschaft) 164
Like (Operator) 56
LimitToList (Eigenschaft) 190
Line (Objekt) 115
Linie-Steuerelement 115
LinkerRand (Eigenschaft) 164
ListBox (Objekt) 116
    Element wählen 206
ListCount (Eigenschaft) 190
Listenfeld 116
ListRows (Eigenschaft) 191

Load (Anweisung) 308
Load (Ereignis) 257
LoadPicture (Methode) 227
Locked (Eigenschaft) 177
Long 76
Long Integer 76
Löschen (Ereignis) 251
LöschenObjekt (Makro) 20
LöschenZulassen (Eigenschaft) 147
LostFocus (Ereignis) 255
LTrim (Funktion) 285

M

Makro 13
    Aktionen 14
    Autoexec 13
    Konvertierung 27
Makrokonvertierung 27
Mathematische Funktion 268
    Int 283
    Round 289
    Sign 290
    Sqr 290
Mausbewegung (Ereignis) 258
Mausereignis 241
    Click 249
    DblClick 249
    MouseDown 258
    MouseMove 258
    MouseUp 258
MaustasteAb (Ereignis) 258
MaustasteAuf (Ereignis) 258
Mauszeiger ändern 191
    Methode 226
Maximieren (Makro) 20
Maximize (Methode) 20, 227
Maximum berechnen 218
Mehrfachauswahl (Eigenschaft) 192
Meldung (Makro) 20
Meldung ausgeben 286
Memo (Datentyp) 70
Menü
    anzeigen 149
Menübefehl
    ausführen 235

Menüleiste
  anpassen 152
  Starteinstellung 207
Metadatenfunktion 269
Methoden 213
Mid (Anweisung) 309
Mid (Funktion) 285
Minimieren (Makro) 20
Minimize (Methode) 20, 227
Minimum berechnen 219
Minute (Funktion) 286
MitSystemmenüfeld (Eigenschaft) 169
Mittelwert berechnen 216
Mod (Restwert) 56
Module (Objekt) 117
Modules (Auflistung) 118
Month (Funktion) 286
MouseDown (Ereignis) 258
MouseMove (Ereignis) 258
MousePointer (Eigenschaft) 191
MouseUp (Ereignis) 258
Move (Methode) 349
MoveFirst (Methode) 349
MoveLast (Methode) 349
MoveNext (Methode) 349
MovePrevious (Methode) 349
MoveSize (Methode) 23
MsgBox (Funktion) 286
msoFileDialogViewLargeIcons 186
Multiplikation (Operator) 40
MultiSelect (Eigenschaft) 192

N

NachAktualisierung (Eigenschaft) 145
NachAktualisierung (Ereignis) 245
NachEingabe (Eigenschaft) 145
NachEingabe (Ereignis) 245
NachLöschbestätigung (Eigenschaft) 145
NachLöschBestätigung (Ereignis) 244
NachTransaktionsbeginn (Eigenschaft) 145
NachTransaktionscommit (Eigenschaft) 145
Namenskonvention 61
Negativ (Operator) 39
Nein (Datentyp) 69
NoData (Ereignis) 259
Is 55
NOT (Operator) 57
Now (Funktion) 288
Null (Datentyp) 71
Null (Operator) 55
NurListeneinträge (Eigenschaft) 190

O

ObererRand (Eigenschaft) 164
Object (Datentyp) 72
ObjectFrame (Objekt) 119
ObjectVerbs (Eigenschaft) 193
ObjectVerbsCount (Eigenschaft) 193
Objekt
  Adressierung 80
  aktuelle Ansicht 173
  Auflistung 80

Container **79**
schließen **215**
Objektaktivierung (Eigenschaft) **156**
Objektaktualisierung (Eigenschaft) **209**
Objektfeld
gebunden **92**
gebundenes **92**
ungebundenes **119**
Öffnen (Ereignis) **260**
ÖffnenAbfrage (Makro) **21**
ÖffnenBericht (Makro) **21**
ÖffnenDatenzugriffsseite (Makro) **21**
ÖffnenDiagramm (Makro) **21**
ÖffnenFormular (Makro) **21**
ÖffnenFunktion (Makro) **22**
ÖffnenGespeicherteProzedur (Makro) **22**
ÖffnenModul (Makro) **22**
ÖffnenSicht (Makro) **22**
ÖffnenTabelle (Makro) **22**
OhneDaten (Ereignis) **259**
OLE DB **323**
OLE-Objekt **193**
aktivieren **156**
aktualisieren **209**
Anzeigeform **176**
OLE-Objekt (Datentyp) **72**
OLE-Objekte
einfügen, bearbeiten **140**
On Error (Anweisung) **309**
On...GoSub (Anweisung) **311**
On...GoTo (Anweisung) **311**
OnActivate (Eigenschaft) **194**
OnApplyFilter (Eigenschaft) **194**
OnChange (Eigenschaft) **195**
OnClick (Eigenschaft) **195**
OnClose (Eigenschaft) **194**
OnDblClick (Eigenschaft) **195**
OnDeactivate (Eigenschaft) **194**
OnDelete (Eigenschaft) **196**
OnDirty (Eigenschaft) **196**
OnEnter (Eigenschaft) **197**
OnError (Eigenschaft) **197**
OnExit (Eigenschaft) **197**
OnFilter (Eigenschaft) **194**
OnGotFocus (Eigenschaft) **197**
OnKeyDown (Eigenschaft) **198**
OnKeyPress (Eigenschaft) **198**
OnKeyUp (Eigenschaft) **198**
OnLoad (Eigenschaft) **194**
OnLostFocus (Eigenschaft) **197**
OnMouseDown (Eigenschaft) **198**
OnMouseMove (Eigenschaft) **198**
OnMouseUp (Eigenschaft) **198**
OnNoData (Eigenschaft) **199**
OnOpen (Eigenschaft) **194**
OnUnload (Eigenschaft) **194**
Open (Ereignis) **260**
OpenDiagram (Methode) **21**
OpenForm (Methode) **21, 228**
OpenFunction (Methode) **22**
OpenModule (Methode) **22**
OpenQuery (Methode) **21, 229**
OpenRecordset (Methode) **350**
OpenReport (Methode) **21, 229**
OpenStoredProcedure (Methode) **230**
OpenTable (Methode) **22, 231**

OpenView (Methode) 21-22
OperStoredProcedure (Methode) 22
Option Compare (Anweisung) 311
Option Explicit 62
Option Explicit (Anweisung) 312
OptionButton (Objekt) 120
OptionGroup (Objekt) 121
Optionsfeld 120
Optionsgruppe 121
OR (Operator) 58
OutputTo (Methode) 17, 370

P

Page (Eigenschaft) 200
Page (Ereignis) 260
Page (Objekt) 122
PageBreak (Objekt) 123
Pages (Eigenschaft) 200
Pages (Objekt) 124
Parameter (Objekt) 325, 331
Parameters (Auflistung) 332
Platzhalter 29, 33
Positionieren (Makro) 23
Positiv (Operator) 43
Potenzierung (Operator) 42
Print (Ereignis) 261
Print (Methode) 231-232
Printer (Objekt) 124
Printers (Auflistung) 125
PrintOut (Methode) 18
Private (Anweisung) 295
Private (Schlüsselwort) 62
Properties (Auflistung) 125, 332
Property (ADO) 326
Property (Objekt) 333
Prozedur
    aufrufen 296
    Geltungsbereich 63
    Öffentlich 63
Public (Anweisung) 295
Public (Funktion) 63
Public (Schlüsselwort) 62-63
PV (Funktion) 288

Q

Quadratwurzel 290
Quit (Methode) 26, 232

R

Rahmenart (Eigenschaft) 162
Rahmenbreite (Eigenschaft) 164
Rahmenfarbe (Eigenschaft) 162
Randomize (Anweisung) 312
Recalc (Methode) 233
Rechteck-Steuerelement 126
RechterRand (Eigenschaft) 164
RecordCount(Eigenschaft) 341
RecordLocks 201
Recordset (Eigenschaft) 201
Recordset (Objekt) 325, 333
RecordsetEvent 326
Recordsettyp (Eigenschaft) 202
RecordsetType (Eigenschaft) 202
RecordSource (Eigenschaft) 203
Rectangle (Objekt) 126
ReDim(Anweisung) 313
Reference (Objekt) 127
References (Auflistung) 127

Refresh (Methode) 233
Registerkarte 122
Registersteuerelement 122, 133
Rem (Kommentar) 32
Rename (Methode) 26
Repaint (Methode) 234
RepaintObject (Methode) 15
RepeatSection (Eigenschaft) 203
Replikations- ID 77
Report (Objekt) 128
ReportML 357
Reports (Auflistung) 130
Requery (Methode) 15, 234
Restore (Methode) 26
Resume (Anweisung) 313
Rezise (Ereignis) 261
Right (Funktion) 285
RightMargin (Eigenschaft) 164
Rnd (Funktion) 289
RollbackTransaction (Eigenschaft) 204
Round (Funktion) 289
Rowset-Funktion 267
RowSource (Eigenschaft) 204
RowSourceType (Eigenschaft) 205
RTrim (Funktion) 285
RunCommand (Methode) 16, 235
RunMacro (Methode) 17
RunSQL (Methode) 17, 235

S

Sanduhr (Makro) 23
Save (Methode) 24
Schließen (Ereignis) 250
Schließen (Makro) 23
SchließenSchaltfläche (Eigenschaft) 166
Schlüsselwörter 29
Schreibschutz 177
SchriftFett 181
Screen (Objekt) 130
Second (Funktion) 289
Section (Objekt) 131
Seite (Eigenschaft) 200
Seite (Ereignis) 260
Seiten (Eigenschaft) 200
Seitenumbruch-Steuerelement 123
Seitenzahl
  drucken 200
Select Case (Anweisung) 314
Selected (Eigenschaft) 206
SelectedItems (Eigenschaft) 206
SelectObject (Methode) 18
SendenObjekt (Makro) 23
SendKeys (Methode) 25
SendObject (Methode) 23
Set (Anweisung) 316
SetFocus (Methode) 236
SetMenuItem (Methode) 23
SetWarnings (Methode) 26
SetzenMenüelement (Makro) 23
SetzenWert (Makro) 24
ShowAllRecords (Methode) 16
ShowAllrecords (Methode) 236
ShowToolbar (Methode) 18
Sicherheitsfunktion 269
Sichtbar (Eigenschaft) 212
Sign (Funktion) 290
Signalton (Makro) 24

Single 76
SizeToFit (Methode) 237
Skalare Funktion 268
SLN (Funktion) 290
Snapshot 334
Some 50
Sort (Eigenschaft 342
Sortierreihenfolge (Eigenschaft) 206
SortOrder (Eigenschaft) 206
Spaltenanzahl (Eigenschaft) 167
Spaltenbreiten (Eigenschaft) 168
Speichern (Makro) 24
SpezialtastenVerwenden (Eigenschaft) 151
SQL-Anweisung
ausführen 235
Sqr (Funktion) 290
Standard (Eigenschaft) 175
Standardansicht (Eigenschaft) 175
Standardmodul
global 117
Standardschaltfläche 175
Starteinstellung 207
Starteinstellungen 208
StartupForm (Eigenschaft) 207
StartupMenuBar (Eigenschaft) 207
StartupShortcutMenuBar (Eigenschaft) 207
StartupShowDBWindow (Eigenschaft) 208
Static (Anweisung) 295
Static (Schlüsselwort) 62
Statistische Systemfunktion 269
Steuerelement
Typ 170
Steuerelementinhalt (Eigenschaft) 169
StoppAlleMakros (Makro) 24
StoppMakro (Makro) 25
Str (Funktion) 291
String (Datentyp) 72
String (Funktion) 291
Stringfunktion 269
Abs 270
Asc 271
Format 278
InStr 283
IsNull 284
IsNumeric 284
LCase 284
Left 285
LTrim 285
Mid 285
Right 285
RTrim 285
Str 291
String 291
Trim 285
UCase 284
Val 293
Sub (Anweisung) 317
SubForm (Objekt) 132
SubReport (Objekt) 133
Subtraktion (Operator) 39
Suchen
Datensatz 221

SuchenDatensatz (Makro) **25**
SuchenWeiter (Makro) **25**
Summe berechnen **220**
SYD (Funktion) **292**
Symbolleiste
  anpassen **152**
Syntax **63**
Systemfunktion **269**
Systemmenü **169**
Systemzeit **292**

T

TabControl (Objekt) **133**
Tabelle
  öffnen **231**
Table **333**
Tastaturbefehle (Makro) **25**
Tastaturereignis **241**
  KeyDown **256**
  KeyPress **257**
  KeyUp **256**
Taste (Ereignis) **257**
TasteAb (Ereignis) **256**
TasteAuf (Ereignis) **256**
Text
  drucken **232**
Text (Datentyp) **73**
TextAlign (Eigenschaft) **189**
Textausrichtung **189**
Textausrichtung (Eigenschaft) **189**
TextBox (Objekt) **134**
Textfeld **134**
  Ereignis auslösen **195**
  mehrzeilig **179**
Textformatierung **181**
Textfunktion **269**
Time (Anweisung) **318**
Time (Funktion) **292**
Timer (Ereignis) **261**
TimerInterval (Eigenschaft) **208**
Titel, benutzerdefiniert **155**
Title (Eigenschaft) **209**
ToggleButton (Objekt) **135**
TopMargin (Eigenschaft) **164**
Transaktionsrollback (Eigenschaft) **204**
TransferArbeitsblatt (Makro) **25**
TransferDatabase (Methode) **25, 238, 354**
TransferDatenbank (Makro) **25**
TransferSpreadsheet (Methode) **25**
TransferSQLDatabase (Methode) **26**
TransferSQLDatenbank (Makro) **26**
TransferText (Makro) **26**
TransferText (Methode) **26**
Trim (Funktion) **285**
Twip **164**
Type (Anweisung) **319**

U

UCase (Funktion) **284**
Uhrzeit (Datentyp) **66**
UmbenennenObjekt (Makro) **26**

Umschaltfläche-Steuerelement 135
Umwandlungsfunktion 270
CBool 271
CCur 271
CDate 272
CDbl 272
CDec 272
CInt 273
CLng 273
CSng 273
CStr 273
CVar 274
FormatCurrency 279
FormatDateTime 280
FormatNumber 281
FormatPercent 281
Undo (Methode) 238
Ungleich (Operator) 46
Unload (Anweisung) 320
Unload (Ereignis) 262
Unterbericht-Steuerelement 133
UntererRand (Eigenschaft) 164
Unterformular-Steuerelement 132
Unterstrichen 181
Update (Methode) 350
Updated (Ereignis) 262
UpdateOptions (Eigenschaft) 209

V

Val (Funktion) 293
ValidationRule (Eigenschaft) 209
ValidationText (Eigenschaft) 209
Variable
Deklaration 61
deklarieren 312
Geltungsbereich 62
Inhalt drucken 232
Lebensdauer 62
Namenskonvention 61
Private 62
Public 62
Statisch 62
Variant (Datentyp) 74
Verb 141
Verb (Eigenschaft) 211
Verbindungszeichenfolge 159
Vergrößerbar (Eigenschaft) 165
Verketten von Zeichenfolgen 44
Verkleinerbar (Eigenschaft) 165
Verlassen (Ereignis) 252
Verlassen (Makro) 26
Visible (Eigenschaft) 212
VorAktualisierung (Eigenschaft) 160
VorAktualisierung (Ereignis) 245
VorEingabe (Eigenschaft) 160
VorEingabe (Ereignis) 245
VorLöschbestätigung (Eigenschaft) 160
VorLöschBestätigung (Ereignis) 247
VorTransaktionsbeginn (Eigenschaft) 160
VorTransaktionscommit (Eigenschaft) 160

W

W3C 356
Währung (Datentyp) 75
Warnmeldungen (Makro) 26
Web 361
WebOptions (Objekt) 136
Weekday (Funktion) 293
WeekdayName (Funktion) 294
Wiederherstellen (Makro) 26
With (Anweisung) 320

X

XML 356
  ExportXML 358
  ImportXML 360
Xor (Operator) 60

Y

Year (Funktion) 294

Z

Zahl (Datentyp) 76
Zahlenformate
  Standard 76
Zeichenfolge, leere 153
Zeichenkettenfunktion siehe Stringfunktion
Zeichenverkettung (Operator) 40
Zeilenanzahl (Eigenschaft) 191
Zeitereignis 241
  Timer 261
Zeitfunktion 268
Zeitgeber (Ereignis) 261
Zeitgeberintervall (Eigenschaft) 208
Zufallszahl 289
Zusammenhalten (Eigenschaft) 188

Dirk Chung, Robert Agular

HTML Ge-Packt

- Schnelles und effektives Nachschlagen aller HTML-Befehle
- Inklusive einer CSS-Referenz
- Praxisteil mit vielen nützlichen Tipps

ISBN 3-8266-1321-X
www.mitp.de

Thomas A. Powell

HTML Ent-Packt

- Umfassende Erläuterungen der gesamten Syntax von HTML 4.01 und XHTML 1.0
- Cascading Style Sheets 1 und 2
- Server- und clientseitige Programmierung mit CGI und ASP sowie ActiveX und Java

ISBN 3-8266-0894-4
www.mitp.de

ISBN 3-8266-0724-4
www.mitp.de

Thomas Gäßner

Excel Ge-Packt

Die praktische Referenz

In diesem Buch findet der ambitionierte Excel-Anwender komprimiertes Wissen in zahlreichen übersichtlichen Tabellen und Darstellungen zusammengefasst. Auf Doppelseiten finden Sie auf einen Blick alle Informationen zu einer Aufgabe oder Funktion erläutert mit Beispiel und allen Befehlsvarianten. Durch eine parallele Darstellung verschiedener Ausführungsvarianten über Tastenkombinationen, Symbole, Menüoptionen oder Mausaktionen werden Ihnen Zusammenhänge deutlich gemacht und diese helfen Ihnen, die für Sie effektivsten Möglichkeiten und Bearbeitungstechniken schnell zu finden. Desweiteren finden Sie übersichtliche Tabellen zu allen Tastenkombinationen in Excel. Ein Kapitel mit häufig verwendbaren Anwendungsbausteinen rundet diese Referenz ab. Alle Befehle sind versionsübergreifend erörtert. Mit diesem Werk sind für Sie die Zeiten des zeitraubenden Suchens vorbei!

ISBN 3-8266-0686-8
www.mitp.de

Meinhard Schmidt, Thomas Demmig

SQL Ge-Packt

Die praktische Referenz

SQL Ge-Packt bietet dem erfahrenen Programmierer ein kompaktes Nachschlagewerk über Syntax, Funktion und Anwendung aller SQL-Elemente der wichtigsten SQL-Server und ermöglicht einen schnellen Überblick über die unterschiedlichen Schreibweisen. Die SQL-Elemente sind thematisch in folgende Kapitel gegliedert: Reservierte Schlüsselwörter, Kommentare, Platzhalter, Operatoren, Datentypen und Konstanten, Prädikate, Klauseln und Eigenschaften, Funktionen, Anweisungen. Die einzelnen Elemente sind in den Hauptabschnitten alphabetisch sortiert. Darüber hinaus finden Sie Informationen darüber, ob das Element dem SQL-92-Standard entspricht.

Mit SQL Ge-Packt erhalten Sie ein komfortables Arbeitsinstrument für den täglichen Einsatz.